全国普通高等教育"十三五"规划教材

公共关系与商务礼仪

主　编　周红梅　陈观瑜

副主编　周志胜

电子科技大学出版社

图书在版编目（CIP）数据

公共关系与商务礼仪 / 周红梅，陈观瑜主编. -- 成
都：电子科技大学出版社，2018.3
　ISBN 978-7-5647-5868-4

　Ⅰ. ①公⋯ Ⅱ. ①周⋯ ②陈⋯ Ⅲ. ①公共关系学－
教材②商务－礼仪－教材 Ⅳ. ①C912.3②F718

中国版本图书馆 CIP 数据核字（2018）第 046188 号

公共关系与商务礼仪
Gonggongguanxi Yu Shangwuliyi
周红梅　陈观瑜　主编

策划编辑　万晓桐
责任编辑　万晓桐

出版发行电子科技大学出版社
成都市一环路东一段 159 号电子信息产业大厦九楼　邮编 610051
主　　页　www.uestcp.com.cn
服务电话　028-83203399
邮购电话　028-83201495

印　　刷　廊坊市广阳区九洲印刷厂
成品尺寸　185mm×260mm
印　　张　15
字　　数　342 千字
版　　次　2018 年 3 月第一版
印　　次　2023 年 8 月第二次印刷
书　　号　ISBN 978-7-5647-5868-4
定　　价　39.80 元

前　言

　　系统的公共关系理论和现代管理科学奠定了公共关系课程和专业的学科地位，越来越有效地指导着经济交往和社会实践活动，产生了良好的社会效益，在全球化经济的影响下，涉及到公共关系与商务礼仪的商务工作展现了更加明亮的前景。

　　本书以国家职业标准为依据，以应用能力培养为主线，以"实用、适用、够用"为原则，从职业分析入手，根据公共关系以及商务交际工作要求确定教材的具体内容，把原本分属公共关系与商务礼仪的两方面知识巧妙地结合在一起，形成独特的内容体系。本书在编写与修订的过程中，力图突出以下一些特点。

　　（1）把管理学的理论融会到公共关系的内容，结合商务礼仪的实践，开创跨界探究的新视点。

　　（2）排除了一般教材存在的理论过于繁杂的论述，以自主学习的理论为指导，精心安排了实训环节，丰富了本书的实操性。

　　（3）公共关系和商务礼仪的基本概念和相关理论的界定都蕴涵在本书的章节内容中，对希望在公共关系和商务礼仪等相关领域做更细致的探究的在校及社会学生都有帮助。

　　（4）对参与公共关系管理和商务礼仪、且需要在处理相关项目的应用中训练他人的管理者而言，可以把本书当作培训教材。希望受训者能真正读懂大部分从实务的角度来介绍的有效的方案和技术，并在职业生涯中发挥作用。

　　本书由广东理工学院的周红梅和陈观瑜担任主编，由江西师范高等专科学校的周志胜担任副主编。本书参考了大量的公共关系名著名篇以及公共关系案例和评析，也收纳了不少商务礼仪的实训例子，在此，对这些著作的作者深表谢意。本书的相关资料和售后服务可扫封底微信二维码或登录 www.bjzzwh.com 下载获得。

　　本书既可作为应用型本科院校和高职高专院校经济类、管理类、文秘类及相关专业教材，也可作为大、中专各专业学生的就业指导教材以及各类企事业单位工作人员的培训教材和参考读物。

　　由于编者水平有限，书中难免有所疏漏，敬请广大读者批评指正。

编　者

目 录

上 篇

第一章 绪 论

【本章导读】

学习公共关系，离不开了解和掌握公共关系的基本理论。本章从介绍公共关系的定义和公共关系学的内容范畴等概念入手，讨论公共关系的发展历程。

【本章目标】

➢ 了解公共关系的概念、结构和基本特征
➢ 现代公共关系含义的再认识
➢ 了解公共关系的起源于发展

第一节 公共关系基本知识

一、什么是公共关系

"公共关系"这个词最早出现于 1807 年美国《韦氏新 9 版大学辞典》，"公共关系"由英文 Public Relations（缩写 PR）翻译而来，准确的汉译应为"公众关系"，但它从引入中国大陆起就被称为公共关系。为了方便起见，人们常常把它简称为"公关"。公共关系从美国走向全球，虽说已有百年的历史，传入中国也有二十几年，但它是一门年轻、新兴的学科。由于它观察研究事物的角度、层面不同，且与其他学科的联系也比较紧密，再加上公共关系的活动内容很多，形式相当丰富，因此，如何给公共关系下定义，一直以来众说纷纭。有人统计过可以用文字解释"什么是公共关系"的表述至少已有 472 种。以下略举一些。

1978 年 8 月在墨西哥城召开的世界公共关系协会大会上一致同意："公共关系是分析趋势，预测后果，向组织领导人提供咨询意见，并履行一系列有计划的行动以服务于公众共同利益的一门艺术以及社会科学。"

《不列颠百科全书》（1981 年版）认为：公共关系是"旨在传递个人、公司、政府或其他组织的信息，并改善公众对其态度的种种政策或行动。"

国际公共关系协会（International Public Relations Association）给出的定义是："公共关系是一项经营管理的功能，属于一种经常性与计划性的工作。不论公私机构或组织，均通过它来保持与其相关的公众之了解、同情和支持，亦即审度公众的意见，使本机构的政策、措施尽量与之配合，再运用有计划的大量资料，争取建设性的合作，而获得共同利益。"

英国公共关系学会（British Institute of Public Relation）1987 年从专业机构的立场勾勒出公共关系的大概定义为："公共关系的实践是通过有计划和有效的努力来建立和维护组织机构及其公众之间的信誉和了解。"现在，这个定义被扩展为含有"声誉管理"的新内容："公共关系与声誉（你所实施的结果、你所陈述的话语以及别人对你的评价）有关，公共关系实践是伴随着赢得理解与支持、以影响意见和行为为出发点的负责声誉的行为准则。"

美国贝逊企业管理学院公共关系学系主任康菲尔德（B.R.Canfield）指出："公共关系是一种管理哲学，即在所有决策和行动上，都以公众利益为前提。此项原则应厘定于政策中，向社会大众阐扬，以获得谅解与信任。"

美国普林斯顿大学蔡尔滋教授（H.L.Chils）指出："公共关系是我们所从事的各种活动、所发生的各种关系的通称——这些活动与关系都是公众性的并且都有其社会意义。"公共关系是为了公众的利益，协调和修正我们个人和企业那些具有社会意义的行为。

美国公关学者弗兰克·杰夫金斯（Frank Jefkins）认为："公共关系就是一个组织为了达到与它的公众之间相互了解的确定目标，而有计划地采用一切向内或向外的传播和沟通方式的总和。"

美国公共关系协会（Public Relations Society of America）征询了两千多名公共关系专家的意见，从中选出以下四则定义。

（1）公共关系是企业管理机构经过自我检讨与改进后，将其态度公诸社会，借以获得顾客、员工及社会的好感和了解这样一种经常不断的工作。

（2）公共关系是一个人或一个组织为获取大众的信任与好感、借以迎合大众兴趣而调整其政策与服务方针的一种经常不断的工作。公共关系是将此种已调整的政策与服务方针加以说明，以获得大众了解与欢迎的一种工作。

（3）公共关系是一种技术，此种技术在于激发大众对于任何一个人或一个组织的了解而对之产生信任。

（4）公共关系是工商管理机构用以测验大众态度，检查本企业的政策与服务方针是否得到大众的了解与欢迎的一种职能。

美国学者雷克斯·哈罗博士（Rex L.Harlow）综合分析了 472 个定义后，提出了自己的定义："公共关系是一种独特的管理职能，它帮助一个组织建立并维护与公众之间双向的交流、理解、认可与合作；它参与处理各种问题与事件；它帮助管理者及时了解公众舆论，并对之做出反映；它确定并强调管理部门为公众利益服务的责任；它作为社会发展趋势的监视系统，帮助管理者掌握、并有效地利用社会变化，保持与社会变动同步；它运用健全的、正当的传播技能和研究方法作为主要的工具。"

国内公关界根据自己的理解和实践，也提出了不少公共关系的定义，其中比较有代表性，并产生较大影响的有以下几种。

公共关系专家祝振华博士认为："公共关系学，是以促进了解为基础，内求团结、外求发展的管理哲学。"

国内出版的首部公共关系学著作《塑造形象的艺术——公共关系学概论》中所下的定义是:"所谓公共关系,就是一个企业或组织,为了增进内部及社会公众的信任与支持,为自身事业发展创造最佳的社会形象,在分析和处理自身面临的各种内部外部关系时,采取的一系列政策与行动。"

有人认为,公共关系可以从以下五个方面给出定义。

第一,从字面解释,公共关系指的是一种关系;一种组织机构与公众环境之间的社会沟通与传播关系。

第二,指一种状态,一种客观存在而不以人们的意志为转移的社会状态,即组织在公众环境中所处的情形和状况,即"公共关系状况"。

第三,指一种活动,一种特殊的社会实践活动,人们自觉地调节和改善公共关系状态时所采取的行动,即组织在经营管理中运用信息传播沟通媒介,促进组织与相关公众之间的双向了解、理解、信任与合作,为组织机构树立良好的公众形象。即"公共关系活动",也叫"公共关系实务"。

第四,指一种观念,"公共关系状态"(客观存在) 与"公共关系活动"(能动行为)的交融之后,以观念和文化的形态形成一种价值观念、道德规范和行为准则,如公众意识、形象意识、传播意识、协调意识、互利意识、整体(团队)意识、创新意识、服务意识等。

第五,指一门学问,即研究公共关系的学问,研究它的历史、对象、范畴、特点、方法与规律等等的科学,即公共关系学。

从上述各种定义不难看出,它们都涉及了"传播、管理、交际"三种行为。在现代社会中,任何组织的生存和发展都离不开这三种行为。当公共关系进入各个国家和地区后,人们运用它在政治、经济、文化等领域开展丰富多彩的公共关系的实践活动,同时也促进了公共关系理论的研究和发展。各个国家的人们对公共关系的认识既有理性意义上的一致性,但又明显地带有本地区公共关系实践活动所形成的特殊性。人们对公共关系的新认识,在不同程度上丰富和发展着公共关系这门有着良好前景的新兴学科。

二、公共关系的结构

公共关系由"组织""传播"和"公众"三个基本要素构成。公共关系的主体是组织,公共关系的客体(对象)是公众,公共关系的手段是传播沟通。"组织"和"公众"是公共关系的承担者,二者之间的相互作用方式是"传播"(Communication,也译作"沟通")。组织与公众之间通过传播沟通活动使三个要素连接起来。从某种意义上说,现代公共关系是一种管理职能,这种管理职能的本质是"组织与公众之间的传播管理"。

三、公共关系的基本特征

通常,公共关系有如下五个基本特征。
(1)公共关系是一定社会组织与其相关的社会公众之间的相互关系。
(2)公共关系的目标是为组织广结良缘,在社会公众中创造良好的形象和社会声誉。
(3)公共关系的活动以真诚合作、平等互利、共同发展为基本原则。

（4）公共关系是一种创造"人和"的艺术。

（5）公共关系是一种长期活动。

第二节　现代公共关系含义的再认识

一、公共关系的作用与范围

现在，人们普遍认为公共关系是一门管理学科，它帮助各种类型和规模的组织获得成功和效益。

公共关系涉及声望、信誉、双向传播、信任、和谐、良好愿望以及建立在事实和充分信息基础上的相互理解。随着社会和组织认识到社会责任的重要性以及忽视公众舆论的错误性，公共关系实践得到了发展。

"相互理解"一词是良好公共关系的精髓。它鼓励消费者购买商品，令雇员满意地工作，让股东投资，使供应商提供良好的服务，以及得到行政当局最大的支持。

声望和相互尊重必须以良好行为为基础。各种形式和层次的双向传播要求高标准、职业化以及职业道德。

公共关系计划需要视觉和口头传播的专业技术，需要有效的媒介关系，但它更需要整个组织自上而下为建立、维护组织声誉而做出努力。

良好的公共关系计划管理对不同的公众，包括与组织有间接关系的公众负责。

策划管理是公共关系的一项基础工作，时机的选择很重要，同时还必须随时监测社会、经济和周围环境的变化。

以下这个六边形图（如图1-1所示）旨在说明公共关系的作用与范围。

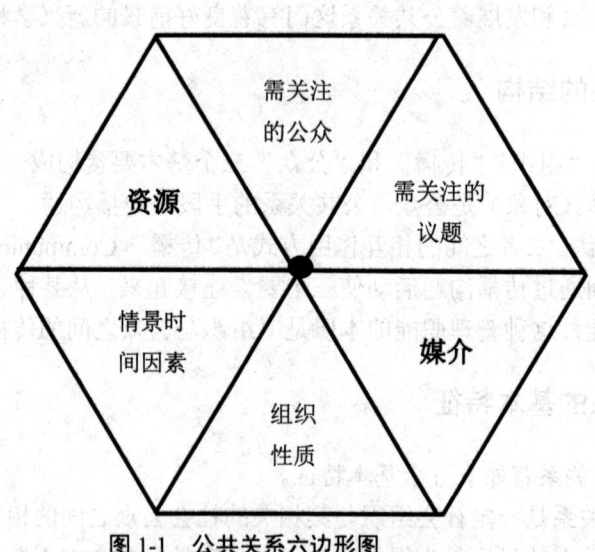

图1-1　公共关系六边形图

二、现代公共关系工作的特征

一般来说，现代公共关系工作的特征有以下几个。

（1）以组织的自我完善为前提。

（2）以真实、真诚为原则。

（3）以协调利益为基础。

（4）以信息沟通为主要手段。

（5）以创造和谐的组织环境为目的。

三、公共关系管理的职能

把公共关系作为一门经营管理的互动艺术来讨论，这种管理的职能主要体现在以下六个方面。

（1）信息采集。包括产品形象信息和组织形象信息。产品形象信息包括公众对产品价格、质量、性能、用途等方面的反映，对于该产品优点、缺点的评价及如何改进方面的建议。组织形象信息包括四方面内容：①公众对于本组织机构的评价；②公众对于组织管理水平的评价；③公众对于组织人员的评价；④公众对于组织人员服务质量的评价。

（2）咨询建议。即公共关系人员要向组织决策阶层和各管理部门提供有关公共关系方面的情况和意见。主要有以下几方面内容：①关于本组织在社会上的知名度和美誉度的评估和咨询；②公众心理的分析和预测和咨询；③对本组织经营的方针、政策、计划进行评议。

（3）传播沟通。公共关系实质上是组织与公众的"双向沟通"，即把外部公众信息向企业内部输入，而把企业内部的信息向外输出。前者主要是对信息采集和咨询建议而言的，后者则靠公共关系的另一项职能——传播沟通，使信息能够有效地输出。良好的公共关系是优良行为与诚实、正确的报道的结合。进行传播沟通的主要途径是各种新闻媒介，如网络、报纸、电台、电视、期刊等。

（4）社会交往。信息的交流，良好形象的建立，还可以通过直接的社会交往来进行。通过各种各样的社会交往活动，建立广泛的横向联系，树立良好的企业形象。

（5）教育引导。教育引导组织中每一个人重视本组织的形象和声誉，在员工中开展公共关系的教育与培训工作。

（6）协商咨询。对于一个开放系统来讲，其各要素之间、各系统与环境之间的协同作用是非常重要的。协调的方式是多种多样的，其中最重要的一种是反馈调节，即根据反馈信息来调整组织的行动。

四、公共关系学的对象和内容

公共关系学是研究公关活动及其发展规律的一门学科。更详细地说，公共关系学是研究社会组织与相关公众相互作用、相互协调、彼此合作的规律及工作方法的一门学科。公共关系学有自己特定的研究对象和内容。

（一）公共关系学研究的对象

通常，公共关系学研究的对象主要包括以下内容。

（1）社会组织及社会群体怎样去影响公众，怎样妥善地处理与公众的关系。

（2）公众的类别、构成、特点以及探讨促进双边关系的有效手段和途径。

（3）主体和客体间利用传播的手段进行相互沟通的方法和规律。

（4）组织形象的构成要素及目标形象塑造的方法、策略。

（二）公共关系学研究的内容

根据上述研究对象，公共关系学研究的内容有：公共关系的产生、定义、性质；公共关系构成要素、职能目标、实施原则、机构组成、人员素质要求、公关策略、公关案例及分析、分类等。总起来说，公共关系学研究内容包括公关历史、公关理论、公关实务三个方面。

五、一些与公共关系有关联的表述

（1）公众（Publics）。公众是对一个机构的目标和发展具有现实或潜在的利益关系和影响力的所有个人、群体或组织的总和，是公共关系传播沟通对象的总称，是公共关系的客体。在日常生活中，公众与人民、群众、人群几个概念容易相互混淆。我们应该注意它们之间的区别。

（2）社会组织（Social Organization）。人们为了合理地、有效地达到特定的目标，按照一定的宗旨、制度和系统依法建立起来的共同活动集体，是现代社会主要的社会组合形式和基层单位。公共关系主体指的就是这些相对独立地存在于社会中的各种社会组织。

（3）公众意见（Public Opinion）。公众意见就是社会舆论，也称公意。社会上众人的议论和意见，是社会思潮和社会动向的反映，是一种广泛的社会控制方式，有自上而下和自下而上的两种来源。前者由国家和权威组织发出，后者在群众或群众团体中酝酿形成，一般经过引起关注、议论、选择、交换的过程。舆论不可能一律，但代表大多数公众意见，会在争论中逐渐集中，成为占主导地位的舆论，起到影响人们看法、制约人们行为的作用。

（4）人际关系（Interpersonal Relations）。人际关系是指个人在社会交往中形成的人与人之间的相互作用和相互影响。即从个体关系的角度概括人的各种社会关系，包括个人在生活、生产及其他社会活动中形成的一切人与人之间的关系。

（5）人群关系（Human Relations）。人群关系是指群体内部活动和组织管理过程中人与人、人与群体和组织的关系。即从管理的角度，研究群体内部人的需要、动机、态度、行为及相互关系对组织效率、群体活力的影响。

（6）媒体（Medium，Media）。媒体又称"媒介""媒质"，是传播主体借以向传播客体发送信息的工具，如报纸、杂志、书籍、广播、电视、电影、网络等，是传播过程中的重要物质技术手段。

（7）宣传（Propaganda）。宣传是指以传播手段来获取公众对某种信仰、信条、观念、行为的理解和支持的活动。宣传主要是一种单向的心理诱导、行为的影响和舆论控制方式。

（8）市场（Marketing）。市场有狭义和广义之分，狭义是指买卖商品的场所；广义是指一定时间、地点和条件下商品交换关系的总和，即生产者、中间商和消费者之间交换关系的总和。

（9）广告（Advertising）。广告源于拉丁语 Advertere， 原意为"大喊大叫，引人注意"。广告作为一种传播形式，旨在促进商品的销售和劳务的扩大，影响公众的意见，获得公众的支持，从而推动某一事业和诱导某种反应。广告是一种"付费传播"即广告主花钱购买传播媒体（如报纸、广播、电视、招贴、网络、商品陈列等）的使用权，利用它对公众进行自我宣传，提高组织以及产品的知名度，以达到生产力的发展。

（10）促销（Sales Promotions）。企业通过人员或非人员的途径，把产品或劳务向消费者或最终用户进行报道、说服，帮助顾客认识商品或劳务，引起他们的注意，促进和影响他们的购买行为及消费方式，从而促使商品或劳务实现生产者向消费者的转移。

（11）企业的识别系统（Corporate Identity System）。企业的识别系统简称"CIS"，将企业、机构的经营理念和精神文化，通过整体的识别系统，传达给社会公众，促进社会公众对组织产生一致的认同感和价值观。

（12）管理（Management）。为实现一定目标而对多数人活动所进行的协调过程。

（13）公共关系协会（Public Relations Association）。公共关系协会是从事公共关系方面的研究、宣传、教育和普及工作，为公共关系工作人员提高信息交流机会和理论指导的公共关系机构。

（14）公共关系状态（A Status of Public Relations）。公共关系状态是一定社会组织或机构同公众关系的具体状况，在公众心目中的具体形象。

（15）公共关系活动（Activities of Public Relations）。运用传播沟通的方法来协调组织的社会关系，影响组织的公众舆论，塑造组织的良好形象，优化组织的运作环境的活动，是组织的经营管理职能。

（16）利益冲突（Profit Conflict）。人际交往双方在根本利益上不一致甚至根本冲突的状况，是人际关系障碍之一。利益冲突的人之间很难建立和发展良好人际关系。

（17）公共关系意识（A Notion of Public Relations）。在"没有公众的支持便没有事业成功"的认识基础上形成的一种自觉传播沟通、塑造形象、协调利益、改善生存环境、争取公众理解与支持的指导思想。

客观世界，关系无所不在，公共关系本身正是为求取组织和公众关系的最佳境界——和谐应运而生的，基于这个原因而产生的有关表述，使我们能更好地理解公共关系何以在当代社会、技术、经济、环境、政治的各个不同的关系层面上表现出广泛的可参与性和协调性。

六、公共关的一些基本观点

通常，公共关的一些基本观点表述如下。

（1）公共关系是一门管理学科。

（2）市场营销运用公共关系，但公共关系的概念更为广泛。

（3）交际是公共关系的传播方式之一，但不是公共关系唯一的手段。

（4）公共关系的传播特点是双向沟通，不是单向的传输行为，单一的宣传不能等同于公关。

（5）新闻媒介关系并不是公共关系的唯一关系；单纯依赖新闻渠道是难以实现公共关系传播目的的。

（6）公共关系在特定的情况下也运用广告方式向公众提供信息，提高组织的知名度，但这仅仅是公共关系宣传的一种手段，不是唯一的手段；公共关系比较重视运用"新闻报道"等比较客观的传播途径，以利于提高信息的可信度，但也不应把公共关系视作"免费广告"。

（7）公共关系对组织的成功管理可以起到一种至关重要的作用，但它首先必须是组织管理的一个不可分割的组成部分，而不只是处理问题时的一个辅助。

（8）公共关系的作用应该有别于其他管理工作的作用，因为它既有主动的成分又有反应的成分。

第三节　公共关系的起源和发展

一、公共关系的起源

有许多学者认为公共关系的源流可追溯到古代社会。古代的埃及、巴比伦和波斯的统治者虽然更多的是用武力、恫吓等手段来控制社会，但在处理与民众的关系时运用舆论手段占了相当重要的地位。这些古代的国家、政府、帝王都曾动用大量的金钱和人力去营造雕像、寺院、金字塔以及赞美诗等，用精湛的艺术描述他们东征西讨的英雄勋绩，树立统治者的声誉，宣扬自己伟大的神圣的身份。当年君王们制造舆论、控制舆论的意图属于原始公共关系思想的萌动。但是，也有学者认为，距今很远的古代领导人为了控制人民，运用过类似于公共关系的技巧；同时，在那个历史时期，虽然人们在不自觉地从事着各种具有公关性质的活动，但这些类似于公关的活动一般都局限于很小的范围内。而且他们所采纳的方法是单向宣传，不求相互理解，而相互理解才是现代公共关系概念的特征。

公元前 4 世纪古希腊的民主导致公众代表会议和陪审团制度的形成，它为公众提供了对话的讲坛。劝说和演讲引起了人们的重视。一批从事法律、道德、宗教、哲学研究与宣传的教师和演说家在社会上十分活跃，一些学者提出人们在交往沟通中，要从感情入手去增强宣讲和劝服艺术的感召力和真切可靠性，获取公众的了解与信任。代表人物有苏格拉底、柏拉图和亚里士多德。其中，亚里士多德利用严谨的思维逻辑和科学研究方法写出的《修辞学》，强调语言修辞在人际交往和宣讲中的重要性，被一些西方公共关系学者视为人类历史上最古老的公共关系经典之作。

古罗马时代，人们对民意有更深的认识，并提出"公众的声音就是上帝的声音"。古罗马人注重发展各种影响人的传播技术，改进诗歌形式，使它更加精炼，并巧妙地把宣传意图渗进艺术的表现之中。例如，为了减轻城市不断发展，农村人口大量进城导致的人口压力，也为了稳定农业人口，政府曾委托诗人写诗协作宣传。维吉尔所写的《田园诗》就是其中之一。诗歌通过赞美乡村生活、新鲜的空气、纯净的水流，以及处身于大自然之中的乐趣，来吸引人们对乡村生活的向往，潜移默化，使人们受到艺术美的熏陶，最终达到宣传的目的。在恺撒时代，由于手抄小册子的流行，促使恺撒发行了世界上最早的日报——《每日记闻》，来作为自己与臣民沟通的工具。而由恺撒写作的《高卢战记》，记载了他的业绩和功德，成为一部纪实性的经典之作广为流传。国外的公共关系学者称这部书是出色的公共关系实务宣传佳作。

中国古代公共关系的萌芽早于古希腊和古罗马。在春秋战国时期，中国的思想与言论是较为自由活跃的，那时便出现了百家争鸣、百花齐放的文化盛世。当时的士阶层，在社会上举足轻重，深受各诸侯君王们的器重与信赖，形成策士游说成风、舌战宣讲艺术发达的历史局面。《文心雕龙·论说》曾这样描述战国的游说者足智多谋、口才雄辩："战国争雄，辩士云诵，纵横参谋，长短角势；《转丸》骋其巧辞，《飞钳》伏其精术。一人之辩，重于九鼎之宝；三寸之舌，强于百万之师。"

中国古代十分强调争取"民心"在事业成功上的重要性。《老子·六六章》说："江海所以能为百谷王者，以其善下之也，故能为百谷王。是以圣人之欲上民也必以其言之下；欲先民也，必以其身后之。是以圣人处上而民不重，处前而民不害。是以天下乐推而不厌。"此即"得民心者得天下，失民心者失天下"。取信于民是中国古代争取民心的一种常用的方法。

我国古代最伟大的思想家、教育家孔子生活在"礼崩乐坏"的春秋时期，其时周王室微弱，诸侯虎视王位，争霸天下，黎民生活涂炭。孔子兴私学、弘仁道，以期推行贤人统治，平息纷乱，共赴大同。孔子及其弟子的一些言行，从现代的眼光来看，实质上就是公共关系活动或对这种活动的评价。孔子讲的中庸之道，即"人心惟危，道心惟微，惟精唯一，允执厥中"者，实际上指的是在天地自然之道的正中运行，是"无过、无不及"；说白了也就是既不左倾、也不右倾，始终保持正确的态度。提倡中庸之道，就是要提倡以诚、以宽、以礼待人；不偏听偏信，也不搞折中和放弃原则。宋代大儒朱熹说："中者，无过无不及之名也；庸，平常也。"程颢又解释说："不偏之谓中，不易之为庸。中者，天下之正道；庸者，天下之定理。"它反映了一种合情合理的精神，它能"致中和"，即达到中正和平，而"使无事不达于和谐的境界"。实施中庸之道，避免过激和片面性，有助于人际关系的改善和问题的正确处理。"言忠信，行笃敬"是孔子公共关系的实际规范。讲中庸之道的人，在处理一般人际关系中，应该要讲厚道，注意与人为善，以诚、以宽、以礼待人，要有不计较个人得失恩怨的胸襟，能够容纳各种不同意见，团结周围的人甚至是反对自己的人，共同把事情办好，也就是"礼之用，和为贵"，这些都是孔子公共关系思想的核心所在。

虽然人类社会早期实际上就存在着公共关系的某些观念和某些类似的活动，但这些东西仅仅是零星的观念和技巧而已，始终没有出现过自觉地研究、推行公共关系的需要，更谈不上形成系统的公共关系关系理论和产生有一定目标、规模和系统的经常性的公共关系活动。

具有现代意义的公共关系活动的出现可追溯到北美殖民地人民反对君主专制，为争取独立的斗争。当时的领袖们都是很好的公共关系宣传家，他们利用报纸、小册子、传单、制造事件、集会、辩论等呼吁独立的主张。比如，萨缪尔·亚当斯为了攻击英国，塑造美国形象，于 1750 年至 1783 年出版了 1500 多种小册子广为散发，利用这些"现代传播手段"反对英国的殖民统治，为美国革命制造舆论。

美国企业界利用报纸进行的富有戏剧性的新闻广告宣传，使美国成为最早把公共关系作为一种职业和学科的国家。也可以说这是具有现代意义的公共关系活动的另一源头。19世纪30年代，由美国的《纽约太阳报》领头，掀起了一场"便士报运动"。便士报的诞生使报纸的影响力迅速扩大。随着报纸发行量猛增，广告费随之上涨。为了节省广告费，一些工商企业聘请记者作为自己的新闻代理人，利用媒介进行"免费宣传"。这样，廉价媒介便引发了一场"报刊宣传活动"，即组织机构为自身的目的而雇佣报刊宣传员、新闻代理人，在报刊上为本组织进行有利的宣传，以此扩大社会影响。这种"报刊宣传活动"便是公共关系职业化的雏形，因为它在客观上造就了一批商业性的、并逐渐职业化的专业传播人士，即报刊宣传员队伍。他们大多来自新闻界，以自己的大众传播工作经验，为委托人提供比较专业化的公众传播服务。这批人便成为日后的公共关系人员的前身。从而使公共关系从它过去的模糊状态走出来，进入一个新的天地之中。并形成新闻机构的公共关系、广告宣传部门的公共关系和企业界的批评与改革的公共关系三个主要分支。

19世纪50年代，美国的一些铁路和土地开发者利用公共关系和其他宣传手段吸引人们到西部去。1888年，互助人寿保险公司聘用查尔斯·史密斯为其撰写新闻稿或文章，以塑造公司的形象，设立了第一个公司新闻宣传部。1889年，交流电的发明人乔治·威斯丁豪斯为他新创立的电器公司成立公共关系部门。雇佣记者 E.H.海因希斯来协助宣传交流电的知识，让公众了解他的公司。他们的努力成功地排除当时某些人企图阻碍交流电发展的企图，使交流电的观念为社会所接受。

美国工商界对公众传播的需要，也是当时美国社会现实矛盾发展造成的。19世纪末，美国资本主义发展进入高度垄断阶段。垄断资本家巧取豪夺，激发劳资矛盾，损害社会公益，引起了公众舆论的强烈不满。为此，大众传播界发动了一场旷日持久的"揭丑运动"（又称"清垃圾运动"和"扒粪运动"），发表了大量严厉谴责企业丑行和暴行的文章和漫画，对工商企业构成了巨大的公众舆论压力，严重影响了企业形象，恶化了企业的社会关系，制约企业的发展。这种情况，迫使工商企业不得不重视公众舆论和社会关系，纷纷求助于传播界，加强与公众的联络，改善自己的形象。由此，公共关系作为争取大众理解、支持的一种组织传播行为，日益职能化，成为企业的一种新型的经营管理功能；同时一种专门向社会各界提供专业性的传播沟通服务，为客户设计形象，矫正失误，缓和矛盾，提高声誉的新兴职业便开始形成了。

现代公共关系活动时期的重要代表人物第一个是美国人艾维·李（Ivy Lee），他是最早从事公共关系实践活动的先驱。艾维·李原来是美国纽约时报的记者，曾担任兼职的报刊宣传员。于1903—1906年与朋友开办了一家宣传顾问事务所，以公共关系的专业方式，为客户提供了许多有成效的传播沟通服务。他的思想在著名的《共同原则宣言》中体现出来。他认为"公众必须被告知"，他的工作是公开的、实事求是的，艾维·李的工作奠定了现代公共关系职业行为和职业准则的基础，为科学公共关系的建立和发展做出了杰出的贡献。他所开创的专业传播公司被视作最早的一家公关公司，他也因此被称为"现代公共关系之父"。一度被"扒粪运动"（又称"揭丑运动"）弄得声名狼藉的老洛克菲勒，为了改变不良的公司形象，就是接受了艾维·李的建议，开始赞助社会福利事业，建医院办学校，在街上主动向儿童施舍，并主动与普通员工打成一片，与工人的妻子跳舞，打破等级观念，等等。通过上述努力，老洛克菲勒终于逐步改变了巧取豪夺不顾社会公众利益的垄断寡头的形象，被人们公认为一位乐善好施的企业家，从而使洛氏集团走出了困境。第二个重要代表人物是被后人誉为公共关系泰斗的伯内斯，他是将公共关系引上科学轨道的先驱，使公共关系由一种活动、一种社会现象变为一门科学。1923 年，爱德华·伯内斯在他的代表作《舆论明鉴》一书中引用了公共关系一词，伯内斯公共关系思想的一个重要组成部分就是"投公众所好"。第三个重要代表人物是被誉为美国公共关系教育之父的斯科特·卡特李普，他在 1952 年出版了一本具有权威性的著作《有效公共关系》，书中提出了"双向平衡"理论和公共关系四步工作法等。《有效公共关系》被美国乃至世界公共关系爱好者奉为"公关圣经"。

综上所述，公共关系作为一种活动的产生，受制于三个基本条件：

（1）商品经济的繁荣是公共关系产生的经济基础；

（2）民主政治的发展是公共关系产生的政治前提；

（3）大众传播技术的发展是公共关系得以发展的物质条件。

二、公共关系学在美国的发展

美国的公共关系已有 70 多年的历史。美国公共关系职业和企业组织公共关系职能的形成与发展，客观上推动了公共关系学科的建立和发展。到了 1920 年，许多美国公关从业人员像爱德华·伯内斯和约翰·希尔已在宣讲创意性公共关系、前瞻性公共关系的好处；他们提出人们可以通过运用点子、想象力和创意去赢得美誉、信誉和公众的认知；他们还特别强调良好的声望必须建立在优越的表现、诚实以及履行社会责任的基础上。

1923 年是公共关系发展史上的一个重要里程碑。因为在那年，爱德华·伯内斯（Edward Bernays）出版了公共关系的第一本教科书——《舆论明鉴》（Crystallizing Public Opinion），标志着这门新学科的正式形成。在他的书中，爱德华·伯内斯第一次从学科的角度使用了"公共关系"一词。同年，他首次在纽约大学开设了公共关系课程，还建立了公共关系咨询事务所。1952 年他完成了其教科书《公共关系学》，使公共关系的原理和方法系统化、完整化、学科化。公共关系学科的形成，标志了公共关系思想从自发到自觉、从零碎到系统、从经验到科学、从不成熟到成熟的发展。

三、公共关系学在英国的发展

英国的公共关系历史只有 45 年的历史。尽管 1939 年以前英国有许多人在商界从事公共关系工作，但两次世界大战期间，英国公共关系工作主要还是在政府和官方。第二次世界大战有力地推动了这一"为政策寻求公众支持"的学科的发展，哪怕战时局势有时使人不得不采取令人不快的政策。

值得注意的是公共关系在美国出现时，主要是在工商企业，英国工商界的公共关系起步较晚，但当它开始发展时，英国的公共关系已在非商界和政府圈子里得到了长足的发展。

战争期间许多人从事公共关系工作，涌现了大量经验丰富的年轻人，他们渴望展示自己的才华。1948 年 2 月英国公共关系协会宣告成立，接着欧洲以及其他国家也陆续建立了类似的协会。

四、中国公共关系学的现状和未来

公共关系学是根植于西方商品经济的土壤中的，传播到中国已到了 20 世纪 80 年代中期。在市场经济的条件下，仅用了很短的时间，就取得了广泛的社会认可，而且在学科建设、人才培养和社会服务等方面，取得了可喜的成就。其发展速度之快，令越来越多的学者和企业为之瞩目。

公共关系学具有其独特的研究范畴、理论和方法，它作为一门独立的学科，其学术地位无可动摇，具有其他学科无可替代的作用。这些，为中国公共关系学的发展创造了良好的前提。中国公共关系学的学术界普遍认同：21 世纪，和平与发展仍然是世界主流。不同的国家和地区都在寻求新的发展机遇。国家间及社会组织和公众间彼此的对抗、隔膜，必将逐步让位于广泛的交流与合作。与之相适应的是，当代公关必将出现许多新特点，其灵活务实的特性将有更大的施展舞台。

中国的公关研究和公关活动前景广阔，将出现以下新趋势。

（一）走职业化的发展道路

走职业化的发展道路是各公关先进国家已走的道路，中国也不例外。走职业化的发展道路需要有两个保证：一个是大力发展职业公关公司和组织内部的公关部等，要有组织的保证；另一个是造就一支具有高学历的公关顾问、咨询、策划等公关专业人员，要有人才的保证。

现在，中国职业化的公关公司有了较大的发展，以中国环球公关公司为代表的具有公关性质与职能的各类公司大批涌现。组织内部的公关部也有一定的基础，一部分企业积累了不少经验。但由于经验与人才的不足，机制的不健全，其职业化的水平不高，专业公司的效益很低，尚不能适应国家政治、经济发展的形势。随着我国市场经济的更加完善，政治民主化将大大提高，信息产业将突飞猛进，企业公关和政府公关必将有一个大发展。这一切都要求中国公关界要有远大的目光、豁达的胸怀、崭新的思想、时代的责任感与紧迫感将加速公关职业化的进程。能否适应未来职业化的发展，关键在于人才，即要塑造一批公关专业人才，特别是高层次人才。

目前，中国虽然有号称几十万大军的公关队伍，但绝大多数还是基础礼仪宣传人才，有经验、有水平的专家、学者、顾问、设计家、策划家等数量很少，能力有限。近几年，公关专业人才建设已引起国家有关部门的重视，公关人员正式列入中国职业分类，公关人员的职责与思想行为规范也在逐步明确。社会职业公关教育发展势头良好，大学的公关专业人才教育，包括本科生、硕士生，已有良好的发展趋向。这就为面向社会 21 世纪的中国公共关系提供了最重要的人才保证。

尽管目前中国的公共关系职业化存在的问题很多，但是前景依然是光明的，因为这是中国社会发展的客观需要。我们的任务是尽快缩小与发达国家公关的差距，超前的制定具有中国特色的公关发展方针、政策、措施、办法，切切实实加大公关职业化的广度与力度，这是一项重大的历史使命。

（二）CI 与 CS 的科学组合

CI（企业识别 Corporate Identity），也称为 CIS（Corporate Identity System）。CI 与 CS（顾客满意 Customer Satisfaction）从 20 世纪 90 年代初引进中国，其发展之快，作用之大是人们始料不及的。以企业为先锋的 CI 识别系统的设计，增强了企业的精神活力、行为规范和标识风格，成功地树立了企业良好形象，扩大了企业的社会影响，在市场品牌大战中发挥了重要作用。

20 世纪 90 年代中期以后，CI 被拓展到更广阔的领域，一个政府形象、城市形象、行业形象的形象塑造与设计工程在中国大地兴起，以精神文明为核心的形象建设工作，受到党和国家各级领导的重视和广大社会公众的热烈欢迎。CI 的思想原则和设计手段，已被企业、事业单位、政府部门广泛运用，它所产生的社会效果与经济效益是很大的。

20 世纪 90 年代后期，CS 又悄然在中国大地兴起。一些企业在 CI 的基础上，又把目光投向"顾客满意"这个现代经营战略上来。企业以顾客满意为其整个经营的指导思想，投顾客之所求、所需、所好，以顾客的观念立场来营造"顾客至上"的理念，开拓新的市场与产品，寻求顾客满意的服务与设计，让顾客参与咨询辅助决策，想尽一切办法留住顾客，获取长期的以一带十的回报效应。CS 将可能成为跨向更大市场的钥匙与通行证。CS 还极有可能推广到政府与事业单位的工作中去，深层次地揭示组织发展与公众关系处理的内涵与魅力。

将来，CI 与 CS 还会有更大的发展，它们将相辅相成，各以自己的优势服务社会。CI 立足企业或社会组织本身的形象、特征、风格、理念、行为，吸引公众，服务公众，有效地扩大社会影响，提高知名度。它宣扬的是"我是谁"，"怎么认识我、记住我"。CS 以顾客和社会公众为立足点，千方百计寻求顾客满意的程度，塑造一种经营美学。它讲的是"公众要什么"，"要我做什么"，力求实现组织与公众在感情上、心理上、行为上的沟通与协调。CI 与 CS 都具有战略意义。它们由里至外和由外至里的科学组合，特别有利于把企业的经营搞活，以实现现代化管理的科学化。

（三）传媒的变革

几十年来，公共关系之所以能快速的发展和应用，与传播的现代化密不可分。在以人际传播为主要手段的传统社会里，由于传播技术功能的局限，公关很难形成"大气候"。只有到了媒体"革命"的大众传播时代，公共关系才插上翅膀。有线和无线电子传播技术的开发，突破了时空地域的界线，使偌大的世界一下变成了"地球村"。

在信息社会里，公共关系不仅承担着信息传播的功能作用，而且又是社会组织与公众联系的桥梁和纽带，有了现代传播，公共关系才名副其实地生存下来。以报纸、杂志、广播、电视为主导的现代传播，为社会组织的生存发展提供了快捷有效的传播条件。所以，长期以来，驾驭大众传播是所有组织开展公关工作都十分重视的大事。但是，事物是不断发展变化的，当知识经济时代到来时，传播技术的"革命"又再次兴起。高科技的发展，电脑计算机的广泛应用，突然使中国公关从业者们意识到网络传播深刻的变革与巨大的作用。网络与电子刊物直接冲击着传统的大众传媒，网上传播更能提高传播的效能，扫除时空的障碍，使传播的机动能力和服务方式更为自由、现实与大众化。

目前，无线通信工具更是达到与网络的互联互通。通过互联网络，人与人、组织与组织之间可以互通有无地实行类似面对面的交流与探讨，传播媒体与信息传播的低廉造价和简便的操作，为组织、家庭、个人提供了最优化的条件和方便，一机知天下的梦想终于变成现实。新型传播将由传统的单向性向双向性延伸转化。渗透着观念、感情、需求的网络，使传播的内容更加丰富多彩，传播的功能价值也会成倍的增大。网络彻底地改变了人们的生活与组织的工作方式，公关策划与活动的组织，也必将以崭新的思维与创意，推动着我国公关事业的发展。

现阶段，我国正处在计划经济转向社会主义市场经济的过程中，随着市场机制不断地完善、法制不断健全，各种新课题将不断涌现。这些，为中国公关界摆脱西方公关理论的束缚，创造有中国特色的公关学提供了现实的土壤。公共关系学是一门发展中的综合性学科。公共关系，究其实质，不是狭隘的人际关系技巧，而是在企业理念深刻影响下的"一种具有战略意义的管理职能"，同样也是一种有效的微观管理。它是全方位的战略管理，也是一种组织的文化建设，代表着 21 世纪的发展潮流。除了借鉴国外新近发展起来的科学理论外，在公关理论建设上，我国公关界有着得天独厚的优势。我国丰富的历史文化遗产是一座尚待挖掘的人文宝库。我国古典文化的鲜明人文特征、天人合一的世界观、讲求和谐的辩证人生观、义利统一的伦理观等，在许多方面与现代的企业伦理观念、公共组织的社会责任理论、人的全面发展等新型管理理论，存在相融相通之处，值得重视。一些国际著名的公关学专家，如美国的詹姆期·格鲁格、英国的萨姆·布莱克等，对中国创建自己独特的公关学寄予了殷殷厚望。我国的一些学者在公关学领域默默耕耘，目前也取得了一些有价值的学术成果。比如，有的学者提出适度竞争、均衡协调、持续发展、居安思危等思想，已成为中国公关学思想内核，这些都是令人可喜的研究成果。我们有理由相信，经过公关学术界的不懈努力，中国公关理论的前途是光明的。

案例及案例评析

【案例 1.1】澳大利亚艺术酒店：打破常规的创意——一夜情

为了提升淡季订房率，吸引更多商旅客户的注意，澳大利亚艺术酒店集团（Art Series Hotels）策划了一场名为"一夜情怀"的体验活动。澳大利亚艺术酒店拥有 3 家五星级艺术主题酒店，每家都是受某个澳大利亚当代艺术家的启发而设计。活动期限是从 2012 年12 月 16 日至 2013 年 1 月 13 日期间，凡是入住集团旗下 3 家酒店中的任何一位旅客，均可享受"免费续夜"服务。也就是说，只要没有其他客人入住，就无需退房，繁忙的旅客完全可以交一天房费（165 澳元，约人民币 1000 元），在酒店里想睡多久就睡多久。提出这一创意的是墨尔本传播策划公司 Naked Communications。"延迟退房，让客人免费续住并不会给酒店造成任何损失，因为这些只是未售出的存货。我们希望以小博大，引起媒体宣传推广，酒店又不必自掏腰包。"对于这个点子，该公司创始人亚当·费瑞尔道出了创意的初衷：很多客人抱怨他们必须在上午 11 点前匆匆收拾行李退房。我们问酒店，假如没有其他人立刻入住，为什么还要设立这样的规定？结果没人能给出答案。我们似乎无意间发现惯性思维下的漏洞。于是，免费续夜的想法就此产生。对于那些乐不思蜀还想多留一会儿的房客，只需在活动期间的每天上午 8～11 点间 "懒洋洋地" 打电话到前台询问。酒店工作人员便会告知最晚退房时间，可能是下午 1 点或 3 点，倘若第二天没人住，那就意味着还能多蹭一晚。酒店官网称，活动期间，客人能够续住的天数没有上限。

【评析】

公关理论指导下的实践能让行业增益！本案例涉及创意公共关系的理念。策划公司用开放的视野，突出地表达了服务行业可以打破惯性思维，创造愿景的力量！当我们懂得运用公共关系中的策划创意，当下的各行各业就能 "融合创新"。最近，中国国际公共关系协会主办的第十三届中国最佳公共关系案例大赛终审会在北京落下帷幕，以新媒体为代表的传播格局的改变，为行业发展注入了新动力，同时也对行业发展提出了更高的要求。为了推动中国公共关系业的专业化、规范化、国际化发展，促进行业提升与进步。我们很需要如本案例这样的、带着创新精神的公关案例。这样才能反映出我们的公共关系实务的技术水平。探讨公共关系升级的方向和路径，答案都在于创新！

【案例 1.2】奥利奥 100 周年：饼干上的历史

大凡周年庆都是公关和营销中的重要宝库，品牌年轮的分割点可以让品牌可以超越产品本身，用更自然和更人性化的方式去讲述故事，拉近和消费者的距离。奥利奥的 100 年周年庆活动，不仅有效地利用了社交媒体实现好玩的互动，同时也把产品有机地融入互动和营销活动中。

奥利奥迎来 100 岁生日了。在这一百年里，奥利奥陪伴了许多人度过美好的每一天。通过调查，公关公司决定以此为活动主旨，以年轻消费者和辣妈潮爸为目标对象，创建了一个 "Daily twist"（每日一扭）的品牌项目，从 Twitter 中摘取每天的热点事件结合奥利奥进行创作。在持续一百天的时间里，每一天为粉丝们进行奥利奥创作，粉丝们可以分享讨论，再从中筛选出最佳创意。例如风靡一时的骑马舞，彩色电视诞生，Pac Man（经典游戏吃豆人）诞生，人类第一次登月成功……

奥利奥 100 周年庆典首先从平面广告开始，和一般品牌只强调自己的品牌历史和文化不同，奥利奥更懂得什么样的内容更容易打动消费者——用一堆奥利奥饼干、牛奶和玻璃杯拼出过去 100 年的历史。而且，奥利奥知道什么样的历史讲述具有让你目光停留 3 秒的魔力。当然，100 年的历史不过是扭一扭，舔一舔和点一点。这组平面广告在平面媒体、户外广告牌和脸书上发布和传播，核心是吸引大家到官方网站，奥利奥的官方网站也没有落入 "送祝福送大奖" 的俗套，奥利奥清楚地知道如何把这一品牌的节日变成大众的节日——以此分享心中的童趣，通过对本次活动的评估，大家认定：奥利奥这样的庆典活动收到了良好的公关效果。

【评析】

此案例主要体现了公共关系状态、公共关系活动、公共关系观念三个知识点。三者之间的关系是：公共关系活动的结果形成特定的公共关系状态，而自觉、科学的公共关系活动又必须在现代公共关系观念的指导下进行。

（1）公共关系活动，是指运用传播沟通的方法去协调组织的社会关系，影响组织的公众舆论，塑造组织的良好形象，优化组织的动作环境的一系列公共关系工作。奥利奥通过项目调查、项目策划、项目实施和项目评估等公共关系操作实务，围绕奥利奥100周年策划并实施了这次公共关系活动，把营销与产品的历史意义结合，收到了良好效果。

（2）公共关系状态，是指一个组织与其公众环境之间客观上存在的关系状况和舆论状况。奥利奥知道什么样的历史讲述具有让观众目光停留3秒的魔力，在持续一百天的时间里，每一天都有机会让粉丝们分享互动，紧密了组织与公众间的关系，扩大了舆论影响。

（3）公共关系观念，是一种引导、规范组织行为不端的价值观念和行为准则。此次活动的策划人员正是通过形象观念、公众观念、传播观念、协调观念、互惠观念和服务观念，策划并实施了此次成功的营销。

思考题

1. 有人认为，可以从管理说、传播说、传播管理说、咨询说、关系说、协调说形象说等七个侧面定义公共关系，请各举一例说明。

2. 以一个组织的运转为例，谈谈你对公共关系定义的理解与看法。

3. 谈一谈一个商业公司与一个慈善团体或者与一个政府部门在公共关系实践方面的相同或不同点。

4. 公共关系、宣传与广告之间的本质差别是什么？

5. 有人根据公共关系工作的业务特点，将公共关系的活动方式分为宣传型、交际型、服务型、社会活动型和征询型五种类型。有人针对不同的组织环境和组织公共关系的具体状态，又将公共关系的活动方式分为建设型、维系型、防御型、进攻型、矫正型五种类型。谈谈你对这两种分类的理解。

实务培训

一、公共关系实践的具体内容是什么？

（1）为促进组织与其目标公众（组织内部和外部）的相互理解而进行策划、开展活动。

（2）发现并消除摩擦或误解的根源。

（3）促进组织与公众的相互沟通。

（4）就组织形象的展现提出建议。

（5）通过宣传、广告、展览、会议、网络等手段扩大组织的影响。

二、为什么公众必须被告知？

现代公关之父艾维·李在他的《原则宣言》中明确提出"公众必须被告知"的公共原

则。他说:"我们的责任,是代表企业单位及公众组织,就公众关心并与公众利益相关的问题,向新闻界和公众提供迅速而真实的消息。""公众必须被告知"的基本原则,是现代公共关系必须坚决遵守的原则。而这一原则的精髓就是:作为公共关系主体的社会组织(企业、政府机构或其他团体组织等)对其公众(相关的组织和个人)的基本权益的尊重和保护。而"讲真话"则是这一原则得以体现的保证,即"知情权"的落实必须建立在"讲真话"的前提之上。公共关系的"公众必须被告知"与"讲真话"原则被后来的法律实践所接纳,许多国家在确立消费者的权益的法律保障方面,普遍地把消费者的"知情权"作为消费者的最根本的权益予以确认。

我国的《消费者权益保护法》也对此作了明确的规定。从这个意义上说,正是现代公关对"公众必须被告知"及"讲真话"的首先提倡,才使得人们对消费者在消费行为中的基本权益有清晰的认识,为最后形成法律保障铺平道路。其次,"知情权"的法律表述是"知悉真情权",即消费者享有其购买、使用的商品或者接受服务的真实情况的权利,包括对商品价格、产地、生产者、用途、性能、等级、生产日期、检验合格证明、使用方法说明、售后服务等有关情况。对于消费者而言,对商品知情的目的,是为了获得购买自主的选择权,只有在知情的条件下方能进行正确的选择,而选择的结果也应当是安全可靠的、公平合理的。"知情权"可以体现出消费者的基本权益,或者说可以涵盖消费者权益的最主要的特征,是因为消费者的消费过程的安全可靠性和商品交易的公平合理性只有在消费者充分知情的条件下方能成立。当以上权益受到侵害时,也只有在知情的条件下,才能对权益受损的状况进行判断,进而提出赔偿的要求。

公民作为普通消费者的消费过程(行为和结果)是公民社会经济权益的重要体现。消费者虽然包括机构、团体和个人,其消费行为的后果主要由个人承担。对消费者权益进行保护,是从根本上对公民经济权益的保护,而这一职责正是现代政府所必须履行的。《消费者权益保护法》是一部对企业提出要求的法律,其要求的意义在于企业必须照顾消费者的利益。作为被要求的对象,人们通常更愿意将企业理解为是该法的义务承担者。但从公共关系的角度上看,企业既应是《消费者权益保护法》的义务承担者,同时也应是权益的受益者。这是因为企业作为产品的生产者,其最终目的就是通过产品被消费者的使用而获得利润。对于企业而言消费者是其产品的使用者,也是企业生存和发展的根本依靠。企业只有从根本上照顾到消费者的利益,即通过满足消费者需求的产品来获得消费者的认可,才能很好地解决生存与发展的问题。

公共关系把企业的信誉看作企业的第一生命,要求企业从长远的目标出发,将自己视为消费者利益的维护者和创造者,而不是消费者利益的对立面。企业通过产品来塑造形象,建立良好的商誉,是企业长期发展的唯一可行的策略。因此,企业应是消费者权益保护的同盟军。市场机制的建立,必然要求社会的法制予以保障。为了使市场交易更为有效、更为公平、更为合理,市场机制必须建立在社会充分的法制化的基础上。

公共关系作为企业经营的一种手段,并不是一开始就被企业所认识并采用。公共关系被广泛地应用,是有一定历史条件的。因为,就公共关系的本质特征来说,公共关系有利于良性竞争;能够促进市场机制建设;公共关系只有在社会充分法制化的条件下,才能发挥出作用;只有法制的保障,社会的竞争才会是真正的、公平的和充分的;公共关系还主张"双向沟通",主张必须将公众的利益放在首位,主张公开地、透明地向公众告知,要求以科学化、程序化的手段来塑造组织形象等方式来促动社会组织（企业）参与竞争。而这些必然地要反过来要求社会加快法制化、经济秩序化建设的进程，使其更有利于良性的市场竞争。

任何成熟的社会组织（企业、政府和社会团体）都不会拒绝使用公共关系这一手段来为自身服务。因为在当今传播设施非常完备的信息社会里，任何企图以保持神秘感来维护权威的形象塑造方式，都是不可行的，而形象的可亲可信是当今社会组织对公众保持吸引力的最可靠的方法。各种社会组织不约而同地采用了主动贴近公众，积极地向公众传播信息，以较低的姿态和以公开透明的方式和公众保持双向沟通的联系，以保持对公众的可信度和亲和力。公共关系对净化社会风气，促进社会政治生活、经济生活的公开化、民主化发挥了较大的作用。这也许就是现代公关之父艾维·李坚持"公众必须被告知"的初衷吧。

三、为什么把公共关系当作不付费的广告不尽正确？

为了区分公共关系、广告与宣传，有必要考虑活动的目标。

如果目标是销售产品或服务，有效的市场营销可能是答案。市场营销活动中肯定要使用公共关系，公共关系将服从于获得利润这一主要目标；市场营销计划中可能还包括广告。营销公共关系可能非常重要，在有些情况下，它是公共关系活动的全部。

公共关系为组织管理和运行提供了方方面面的支持。策划必须服从于既定目标，并能处理各种问题或挑战。

公共关系是一门管理学科，它帮助组织实现目标。公共关系有助于组织获得广泛的声誉，但更经常地被用来实现一些特殊目标。

公共关系基本上为双向活动。公共关系目标是建立相互理解，这既要求听，又要求说。另一方面，宣传和广告不具反馈性，所有信息均为单向的。

在广告中，可以买下版面并完全控制将发布的信息，而这种控制在公共关系中绝不可能。

第二章 公共关系理论基本知识

【本章导读】

本章通过介绍交际和传播理论以及人际交往理论，说明交际是通过言语、文字或示意动作告知、表达或者交换意见和知识的双向交流过程；人们是依靠传播和沟通去建立关系、形成群体、构成社会的；应该把交际置于总的社会环境中考虑，把交际过程看作是社会过程之一。公共关系基础理论支撑着成功的公共关系的建立。

【本章目标】

➢ 了解交际的基本概念、交际的术语
➢ 理解如何解读交际模式
➢ 掌握传播的基本知识和基本理论
➢ 掌握人际交往的基本类型和基本理论

第一节 交际理论

一、什么是交际

"交际"并不是一个陌生的概念，最早见于《孟子·万章》。万章问曰："敢问交际，何心也？"孟子曰："恭！"宋《朱熹注》对交际的解释是："际，接也。"以上我们可以看出，交际有两个方面：一方为交，一方为接。古代的交际主要是"以礼仪币帛相交接也。"因此，交际一词不大为人们所乐用。现代汉语对"交际"的释义是"人与人之间的交往，或人际往来"。人际交往是社会现象，是人的社会联系，受到社会文化传统、价值观念和行为规范制约。交际一词的英语是 communication，这个词源于拉丁文 communis，意思是"共享""共有"。动词是 communicate，有及物与不及物之分。1987 年的 Longman Dictionary of Contemporary English 对 communicate 的释义有 "（a）to make （opinion, feelings and information, etc） known and understood by others,e.g. by speech, writing or body movements. （b）to share or exchange opinions, feelings, information. " 以上释义（a）是及物动词，可译为"传播""传递""沟通""交流"；（b）是不及物动词，主语应是人，应译为"交际""交流"。20 世纪 70 年代以前我国出版的双语词典几乎找不到"交际"的汉译，多为"传播、通信、沟通"。直到 20 世纪 80 年代后期及后来出版的大型双语词典，才增加了"交际"的汉译。

交际是人类生存和发展的手段，源远流长，而交际理论的形成却是近半个世纪的事。

本书为篇幅所限，不去追溯交际理论的发展过程和社会背景，但历史上有两位杰出的科学家对交际理论的贡献必须提及。一位是古希腊的大哲学家亚里士多德（公元前 384—前 322），他提出的说服艺术就是我们所谈的交际。据美国 1983 年出版的《葛罗里学术百科全书》（Grolier Academic Encyclopedia）介绍："Aristotle taught that rhetoric was a search for all the available means of persuasion and that one had to examine the speaker, the message, and the audience in order to understand the effect of rhetoric and how that effect was achieved." 这里的 rhetoric 也可以理解为他写的《修辞学》，我们在前面一章提及过。在亚里士多德时代，人们的交际主要是面对面的对话。他提出的 speaker（说话人）、message（话语）、audience（听话人）、effect（效果）这些概念仍然是今天研究交际理论的基本概念。另一位是现代语言学的创始人、瑞士语言学家费迪南德·索绪尔。他在 20 世纪初出版的《普通语言学教程》一书中提出了言语循环图解说明交际过程，他描述出交际是一个通过语言交流信息的过程，包含着生理的、心理的和物理的运动。这无疑是为交际学的形成奠定了理论基础。

但是，如果单纯地把交际定义为"表达思想的艺术"或者"传输信息的科学"，都只是把交际当作单向交流过程而忽视了接收者所起的作用。有学者认为牛津词典（The Shorter Oxford English Dictionary）给出的译文"交际是通过言语、文字或示意动作告知、表达或者交换意见和知识的双向交流过程"会好一些。有学者认为"Communication is the transmission of information and understanding through the use of common symbols"更合适。

经典的交际模式有申农（Shannon）和韦佛（Weaver）1948 年提出的依据 Lasswell（1948）的五 W 即"who…says what…in what way…to whom…with what effect"为基础要素描述的传播过程模式，如图 2-1 所示。这个模式最初是作为通信理论提出的，其任务在于解决通信的两个问题，即提高消息的效能和保证传送消息的完整。

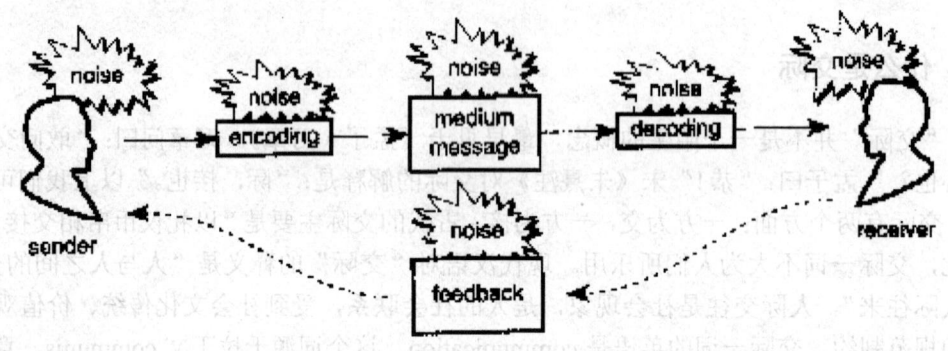

图 2-1 五 W 传播过程模式

二、交际术语释义

与上面介绍的交际模式有关联的交际术语解释如下。

（1）信息（information），指由信源所提供的关于事物的某种特性的情报、知识、资料、数据等。

（2）讯息（message），指人在交际过程中发出的或接收到的讯号。这种讯号可以是语句，也可能是手势、动作、声响等。讯息中包含的信息量有大有小。人与人的交际是交流意见、情感、信息，是通过讯息进行的，有时是信息交流，有时也不完全是信息交流。

（3）信源（source），可以指持有信息的人和物，而在人与人的交际中，指人。交际时，交际双方都应该是发信者又是接受者，即 source-sender 或 source-receiver，这主要说明人与人的交际中，是双向的，是相互交流的，不是我讲你听，我说你服。

（4）编码（encoding），即把意见、感情、信息用一定的符号编成信息的过程，形成 intended message。

（5）解码（decoding），即运用自己知识能力解析收到的信息的过程，形成 received message。

（6）反馈（feedback），指发信人接到收信人的反应。

（7）经验场（field experience），指交际双方可能共有的经历和经验。如果交际双方有共同的经验，共同的话题、交际就顺利地进行，这就是"共同语言"。

（8）噪音（noise），指附加在所传递的信息上对所传递信息的真实性所产生破坏的一种信号。

三、解读交际模式

学者们对于交际模式存在许多不同的看法。总的说来，认为早期的比较简单，对于干扰因素、反馈以及社会环境等考虑较少，后期的交际模式对前期的不断做出了修正，更能准确地反映交际的真实情况。20 世纪 50 年代，Charles Osgood 和 Wilbur Schramm 提出的循环式的交际模式，如图 2-2 所示，就是一例。

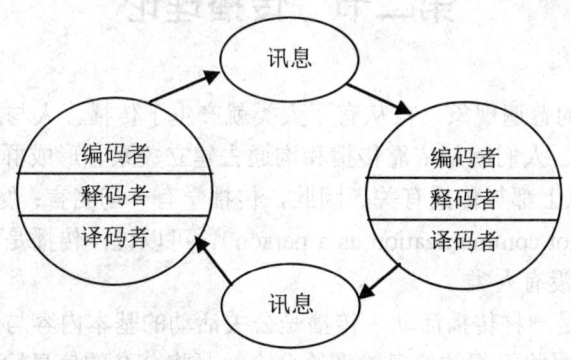

图 2-2　循环式交际模式

电话系统就是一个典型的交际通讯过程系统模式：信源是说话者包括听话者的语言声音；话筒起编码作用；通道是导线；听筒起解码作用；电话中的杂音是噪音。噪音会使信息在传递过程中失真，受话者会因为噪音对信息产生错误的解释，而影响交际效果。由于信息发出者和接受者处在不同的经验场，即他们处在不同层次上发出或接收信息，造成交际混乱或失败是难以避免的，即使在具有相同的语言和文化背景的人们之间进行交际也可能出现编码与解码不一致的情况，不同文化背景的人们进行交流时自然更可能出现误解。美国人表述友好这一讯息时可以说："We must get together soon"（我们得很快聚聚），但并没有邀请对方吃饭的意思。也就是说，他编码时使用的符号并没有邀请的含义。但是，一个不了解美国文化的中国人在解码时却常常会得出被邀请的讯息。又例如，中国人在表达问候的讯息时，可以就对方正在做的事情提问，可以根据不同情况把它编码为"写信呢？""看电视呢？""出去呀？"，中国人在解码时一般不会发生差错，不会认为这是实质性的问题，只把这些形式上的问题理解为对自己的关心。但是，不了解中国文化的西方人士听到这些话时，在解码过程难免会犯错误，结果得到的讯息是别人在干涉他的私事。

把交际过程看作是社会过程之一的社会学家，认为应该把交际置于总的社会环境中考虑。这也是后来由 Jack.Lyle 与 M.Lyle 提出的传播理论的支点，如图 2-3 所示。

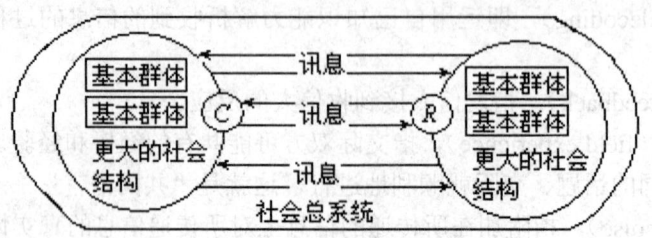

图 2-3　交际的社会过程图

Jack.Lyle 与 M.Lyle 图 2-3 中的"基本群体"指家庭、邻里、亲密伙伴等。"更大的社会结构"指比较松散的社会组织，如企业单位，社团部门等。而"社会总系统"指的是民族、国家以至世界等，在交际过程中信息的传播者或信息的接收者都不可能不受到这三方面的影响。

第二节　传播理论

传播是人类社会的普遍现象，自从有了人类就产生了传播。人与人之间任何信息交换关系都属于传播范畴。人们就是依靠传播和沟通去建立关系、形成群体、构成社会的。人们日常行为的 80% 以上都与传播有关。因此，传播学有一句名言："作为人，你不得不传播"（You can never not communication as a person）。可以说，传播是人类的一种基本的社会行为，没有传播就没有人类。

公共关系活动就是一种传播活动。传播是公关活动的基本内容与基本手段，也就是信息的交流，即公关人员将组织的信息输送给公众，又将公众的信息输送给组织。公共关系的全部活动都不能不依赖于传播，传播是联系公共关系主体与客体的桥梁。因此，有关传播的基础知识和基础理论在公共关系学中占有至关重要的地位。

一、传播的基本知识

（一）传播模式

1932 年在美国芝加哥大学任教的哈罗德·拉斯韦尔提出了一个传播模式："谁？说什么？对谁说？产生了什么效果？"1948 年他在题为《社会传播的结构与功能》的论文中又增加了"何种渠道"一项，正式提出 5W 模式。5W 主要包括以下内容。

（1）谁（who）传播？即对传播者的分析，主要指对新闻机构、人员、制度的分析。

新闻机构等在社会上实际起到了信息控制或"把关人"的作用，拉斯韦尔也称这一部分为"控制分析"。拉斯韦尔认为这部分主要是对引发和引导传播行为的诸因素进行调查。

（2）传播什么（say what）？即内容分析，也称"信息研究"，主要是调查研究新闻、传播的多方面的内容，旨在了解传播者的意图、受传者同信息之间的相互关系。这部分研究也涉及内容分析的手段和方法，如题材分类法、符号编码法等。

（3）通过何种渠道（in which channel）？即媒介分析，主要任务是研究各种传播媒介的特点和作用，以及各种传播渠道的相互关系和选择等。

（4）向谁传播（to whom）？即对象分析，是指对传播接受者（即"受传者"）的研究。它研究千差万别的受传者是怎样有选择地接受传播信息，同时主动地利用信息的。研究人员发现，受传者对于信息是有选择地理解、记忆和接受的。受传者也常利用信息实现不同目的，如消遣、社会交往、心理安慰以及寻求情报等。

（5）传播的效果怎样（with what effects）？即效果分析，主要研究传播对受传者的影响和受传者对传播的反应。研究人员发现，为提高传播的效果必须做到：信息目标明确、信息引人注目、信息来源有权威性、说服方式适当等。

对于拉斯韦尔提出的 5W 模式，一些学者曾试图加以补充。如有人提出了 6W 模式，即增加了"为了什么目的"（for what purpose）。又如，苏联列宁格勒大学的瓦·雅多夫提出两点补充，即"在什么环境下说的"和"有何倾向性"。前者指传播发生时的社会、政治、经济条件，后者指传播内容是劝说性、鼓动性、平息性还是中性的。

（二）传播过程模式

所谓传播过程是指传播活动的具体程序。在研究传播活动的全部过程时，不同的传播学学者曾提出了种类繁多的传播过程模式。如，将传播过程分为 3 个、4 个、5 个以至 6 个部分等。

在最为概括的意义上，可将传播过程模式分为两大类：一类是"单向传播"；另一类是"双向传播"。所谓单向传播，亦称线性传播模式，它是以传播者为起点，经过媒介，以受传者为终点的单向、直线传播活动。这是传统的传播过程理论，它只注重信息的传递，不具备信息"反馈系统"，因此，不能搜集和反馈信息。前面讲的拉斯韦尔的 5W 模式就是一种典型的单向传播模式。

申农和韦佛于 1948 年提出的信息传递模式也是一种单向传播模式，申农的模式描述了线性传播的基本要素，如将讯息转变为信号再将信号转变为讯息，其间受到噪音的干扰，最终抵达目的地。

美国传播学的创建者和集大成者韦尔伯·施拉姆也曾描述了单向传播的基本模式，他认为，为使传播有效地进行，信源与目的地之间必须具有共同的经验范围，即信源→编码→信号，这一制码过程，与信号→译码→目的地这一译码过程，必须能有共同的理解、认识与沟通，否则传播的过程就会受阻。所谓"双向传播"指在信息传播过程中，既有从传播者至受传者的信息传递，也有从受传者至传播者的"反馈系统"。双向传播不仅将信息传递给了受传者，而且将受传者的反应接收回来。因此，双向传播可以在反馈信息的基础上及时调整传播行为。

（三）有效传播的方式

公共关系作为一种传播行为，涉及各种有效的传播方式。

（1）言语传播——传播者（即说话人）通过口腔发声并运用特点语词和语法结构及各种辅助手段向受传者（即谈话对象）进行的一种信息交流。言语传播通常采取面对面的方式。

（2）文字传播——以文字为媒介的传播。新闻稿的撰写、广告词的设计等属于文字传播。

（3）实像传播——一个社会组织生产的产品实样或形象性的图片资料、视听材料，以及能反映组织立体全貌的各种信息。

（4）整合传播——指社会组织利用大众传播媒介来进行的传播活动，在这一活动过程中，社会组织始终是主体。而一般意义上的大众传播，是传播学中的特点范畴，指的是各类特定的传播媒介机构通过各自的传播媒介，如报纸、杂志、电视、广播、网络等，向社会各界公众进行大量的信息传播。在这里，整合传播的主体是各类传播媒介机构，如报社、杂志社、电视台、电台、网站等等。因此，整合传播既有一般大众传播的特点，又有自己的特殊性。使用它，容易建立一个协调的形象和一个让人容易接受和辨识的品牌。

（四）有效传播的方法

许多学者和从业人员因公关工作所需而提出了有效传播的一些法则。这些法则大同小异，可以大致归纳为以下九条。

（1）始终考虑公众的观点。

（2）保持简洁。

（3）使信息以公众熟悉的主题和话题的形式出现。

（4）使用公众熟悉的数量和计量单位。

（5）任何时候都尽可能寻找多种传播渠道。

（6）保持所有信息的一致性并且注意细节。

（7）使信息具有戏剧性、吸引力和趣味性。

（8）努力发现与公众建立密切联系的种种方法。

（9）最重要的是，应使传播成为双向的，也就是说在说之前应先倾听。

二、传播的基本理论

（一）两级传播理论

两级传播理论产生于 20 世纪 40 年代。它是美国社会学家保尔·拉扎斯费尔德及其学生在俄亥俄州对美国总统选举投票情况作了较长时间的研究后提出的理论。

在此理论产生之前，传播论中盛行的是所谓"枪弹论"（bullet theory）。（注：亦有人称之为"注射论"（the hypodermic theory of communication），即指新闻宣传作用极大，如同注射器一样，可以将思想、观念、信仰注射入听众、公众的头脑中，从而直接控制他们的行为。）枪弹论认为，大众传播媒介具有强大威力，所向披靡。它能够影响和改变社会公众的观念，并控制他们的行为。这正如同子弹射向靶子一样，只需把枪口对准靶子射击，靶子就会应声倒下。

拉扎斯费尔德等人对 20 世纪 40 年代美国总统选举的研究，在一开始也受到枪弹论的影响。研究之初，他们曾预测大众传播媒介会对选民起直接的、强大的影响作用。然而出乎意料的是，民意测验显示，受到大众传播媒介（广播、报纸等）影响的人数极少，不足5%。绝大多数选民认为，影响他们做出选择的最主要因素是自己与熟人私人交往中获得的那些信息。经过进一步研究，拉扎斯费尔德等人发现，观念、信息等在大众中的传播是通过两级实现的。即先由报纸、广播等传到"意见领袖"，再由意见领袖把观念、信息传给居民中不太活跃的人们。这种理论转变了传统枪弹论将公众视为无思想的、被动的接受者的观念。在这里，公众有自己的信仰、价值观等，其思想是复杂的。而且，有一部分公众是颇为积极的。因此，新闻、宣传只能间接地对他们发生影响。两级传播理论的主要观点如下。

（1）作为舆论宣传对象的公众由两类人构成。这两类人中的一类是有独立见解的"领导者"或"意见领袖"，另一类是追随意见领袖的大众。意见领袖通常有较多的信息来源。他们除了与大众一样能从大众传播上获得信息外，还有自己特殊的信息渠道。他们受到很多人的信赖，通过私人交往而将这些信息传播出去。

（2）有各种不同层次和不同水平的意见领袖。通常情况下，当一个人需要从他人那里获得信息时，他总是在熟悉的人中选择咨询者。一些与大众接触频繁行业的从业者，往往在这种口头传播中起重要作用。如，理发师、美容师、出租车司机也可能成为意见领袖，因为大量信息正是通过他们传播了出去。

（3）口头传播在信息传播中有重要作用。新闻媒介等大众传播工具的信息不是直接地为大众所接受，而是通过了中间人——意见领袖——的加工后才为大众所接受的。

两级传播理论提出后，所谓枪弹论便被取而代之了。当然也有很多研究不同意两级传播理论。这些研究认为，两级传播论无视这样的事实，即绝大部分重要信息是通过大众传播媒介（报纸、广播、电视）等传播的，它们不可能主要靠中间人的口头传播。只有那些特殊的、个人的信息是通过个人口头传播的。还有人认为，将信息传递仅仅归结为两级以及关于意见领袖的提法都过于简单了。信息传递可能是一级，也可能是多级，不一定是两级。意见领袖的情况也很复杂，人们很难在任何问题上都是意见领袖。在某些问题上是专家、具有权威性、影响力的人，在另一些问题上却会因是外行人而不能成为意见领袖。

（二）学习理论

学习理论的内容颇为广泛，它主要是研究生物体在受到外界刺激的情况下是如何改变其自身的行为模式的。在公共关系学和传播学中，学习理论主要是研究宣传、传播如何可造成公众行为模式的改变，换句话说，公众是如何学习宣传或传播信息的。

学习一词的含义甚广，在生物学上，它指任何原有习惯的放弃和新的刺激反应的形成。在社会科学中，解释学习过程的理论也颇多。影响较大的有"联想学说"，它认为学习就是一个建立联想的过程。人们的感觉与观念在各种联想机制（重复、相似、接近等）下联系在一起，这就是学习。还有所谓"刺激——取样"学说，认为学习就是机体在样本的多次刺激下而建立起与刺激有关的全部联系的过程。还有所谓"抑制学说"，认为学习是个抑制错误的过程。人在实践中不断地抑制了错误的行为，从而实现了学习。

20世纪中叶以来各种行为理论曾比较流行。行为理论在解释学习时，大体上还是一种"刺激——反应"学说。它认为人们在环境的诸因素的刺激下不断修正自己的行为，这就是一个学习的过程。环境因素作为一种"增强作用"具有正的和负的两种功能。当一个人的行为得到"正性增强"，例如奖励，那么每当出现同样的环境因素时，他就会重复这一行为，最终形成行为习惯。反之，如果他的行为得到"负性增强"，例如惩罚，他就会抑制这一行为。当然，这种关于人的行为的理论由于过于简单而受到批评。

艾伯特·班杜拉在《社会学习理论》一书中进一步研究了人的行为与环境刺激的关系，他将学习过程分为以下4部分。

（1）注意过程。在这一过程中环境刺激引起人的注意，起作用的因素既包括环境因素的吸引力，也包括人本身的感觉与过去的经历。

（2）记忆过程，这是人将环境刺激与主观体验编成自己所解释的信息而储存下来。

（3）原动力的再生过程，这时外界环境刺激开始转化为主观动力。

（4）动机过程，这时人的行为动机已产生并将转化为人的行为。外界的增强作用已成为个人行为的增强作用。

（三）扩散理论

与两级传播理论密切相关的是关于扩散的研究。所谓扩散研究指研究某种新的思想、观念、政策、措施如何在一个社会系统中得到推广。例如，研究某种新药如何在各医院得到推广，医生在采用新药时经历了一个怎样的过程，受到哪些因素的影响等。

最早的扩散研究是由美国农业部进行的。它研究的重点是农民在接受新的农业技术时经历了怎样的过程。此项研究提出了以下5个阶段。

（1）发觉：得知某种新观念、新技术的存在，但对其具体内容尚知之甚少。

（2）兴趣：对此种新观念、新技术发生兴趣，希望获得更多的信息。

（3）估价：对新观念、新技术的价值做出估算，评价其优缺点，权衡其利弊。

（4）试验：在小范围内采用此种新观念、新技术，测试其效果并取得应用的经验。

（5）采用：作为一项常规措施，在较大的范围内采用此种新观念或新技术。

查理斯·帕蒂、艾伦·索耶等人的研究发现，大众传播媒介和私人交往在新观念等的扩散中起着不同作用。在扩散的早期阶段，大众传播媒介对人们起着最重要的影响作用，但随着扩散的发展，当人们需要在是否采纳上做出选择时，他们往往向个人熟识的朋友征求意见。这时私人交往又起着重要作用。因此，成功的扩散有赖于大众传播和个人口头传播的相互配合。

埃弗雷特·罗杰斯（Everett Rogers）关于扩散的研究分析了新观念传播的具体过程。他在《革新的传播》（1971年）一书中分析了改革、革新措施的发展过程。他认为，改革、革新从出现直到被接受有3个主要过程：前提、过程本身和后果。

（四）一致论

在公共关系学与传播学中，一致论（Consistency Theory）是研究传播者、宣传对公众态度行为的影响或与公众态度行为是否一致的理论。一致论的基点是认为人们总是试图实现协调与平衡，为达此目标人们也常调整与协调自己的态度和行为。例如，在某一地区，公众对于某家报纸极为信任。当这家报纸发表了为公众所极不赞同的观点时，公众在心理上就会产生不协调、不舒服的感觉，就会形成内在压力。公众或者会因对报纸的高度信任而改变自己的观点而接受报纸的观点，或者会因无法接受报纸的观点而失去对报纸的信任。

最早阐述一致论观点的是社会学家弗里兹·海德。海德认为人们之间关系的好坏不取决于他们的意愿，而取决于他们对某一社会客观体（人、社会事件、社会观点）的看法是否一致。假设 P 和 O 分别代表两个人，X 代表某一社会客观体，那么，海德的平衡模式如图 2-4 所示。

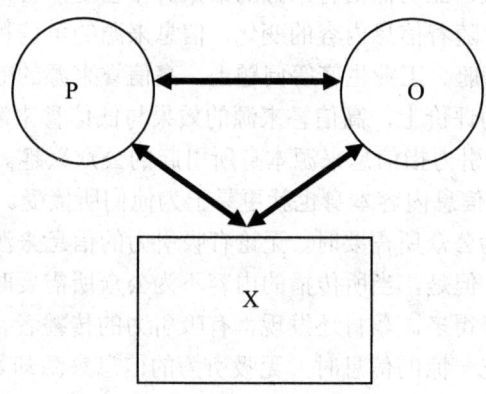

图 2-4　海德人际关系平衡模式

纽科姆、奥斯古特和坦南鲍姆等人将这一理论应用于传播学中，用它来解释公众与传播者及传播的内容观点之间的关系。假设 P 是公众，O 是传播者或信息来源（如报刊发行人或公共关系宣传人员），X 是客观事物，那么他们三者之间的关系是相互影响的。如果 P 和 O 的关系原先就很好，那么当 P 和 O 对 X 的看法一致时，这会增强 P 和 O 之间的关系；如果 P 和 O 原先关系很好，但却对 X 的看法不一致时，P 和 O 之间就产生了失衡的问题，这时自然会发生行为态度上的调整。或者是 P 调整对 X 的观点，与 O 保持一致，这时 P 和 O 仍维持原有的平衡关系；或者是 P 坚持对 X 的态度，而不再与 O 保持一致，最终使 P 和 O 之间的关系失衡。奥斯古特指出，公众（P）的态度究竟朝哪个方面变化，这取决于它与 O 和 X 关系的密切程度。这就是说，如果公众与信源之间的关系极为牢固，那么这种牢固的关系也可能使公众改变对 X 的态度。

（五）传播来源理论

公关人员总是力图找到能打动和说服公众的信息，因此，他们十分重视信息的来源问题。在信息来源问题上，一般说来有两点最为重要，这就是可靠性和有吸引力。可靠性亦称可信性或信度，它直接影响着公众对信息的接受程度。这是公关人员可以控制的一个变量，因为他们可以选择那些信誉高的"信源"（即信息来源），从而提高传播的信度。例如，在推销某种新的药品时，来自医学杂志的信息就要比来自幽默画报的信息信度高得多。一般认为，信度取决于权威性和真实性。权威性往往与专家、专门知识相联系。因此，由专家评审后公布的信息就有较高信度，而来自"外行人"的信息的信度就较低。要体现真实性就必须摒除一切容易引起怀疑的因素。例如，在对产品质量做鉴定时，由产品厂家自己做的鉴定就容易引起人们的怀疑，而由与厂家利益无关的中立部门做的鉴定就比较可靠。

在研究高信誉来源与低信誉来源对于公众的影响时，弗来德·谢斐尔德、卡尔·霍夫兰等人曾提出了"睡眠者效果"（Sleeper Effect）的观点。这种观点认为，在公众获得信息时，高信誉来源的信息效果强，低信誉来源的效果弱。但是，随着时间的推移，两者在影响公众态度的效果上会趋于一致，即高信誉来源的效果下降，而低信誉来源的效果上升。因为过了一段时间后，公众所记住的只是某种信息内容本身，而不再重视此种信息的来源。这好比睡眠者经过一段睡眠后忘记了信源或不再把信源与信息本身联系起来。

但后来的研究显示，所谓"睡眠者效果"是值得怀疑的。例如波利特·吉林与安东尼·格林沃尔德作了 7 次实验，证明低信誉来源的效果并不会随着时间的推移而上升。菲什拜因和阿杰曾的研究发现，随着信息内容的变化，信息来源的可信程度及其效果也会有较大变化。例如，在有关核潜艇、工业生产等问题上，高信誉来源的效果比低信誉来源的效果强得多。但在有关电影的评价上，高信誉来源的效果与低信誉来源的效果没有什么区别。

关于信息来源的吸引力指信息来源本身所引起的公众兴趣。经验证明，当信息来源为公众所喜爱和熟悉时，信息内容本身也就更易于为他们所接受。艾丽斯·伊格莱和谢利·蔡肯发现当传播的内容为公众所需要时，无论有吸引力的信息来源还是无吸引力的信息来源都具有同样的说服力。但是，当所传播的内容不为公众所需要时，有吸引力的信源就要比无吸引力的信源效果好得多。蔡肯还发现，有吸引力的传播者、信源常使人感到友善，然而当涉及那些使人大吃一惊的信息时，无吸引力的信息来源却具有更高的效力。

（六）记忆组织理论

公关人员怎样才能冲破重重阻碍，引导公众倾听并牢记他所传播的信息呢？这就涉及了记忆组织的问题。有不少的理论研究记忆是如何组织信息的。心理学家认为，记忆的基本过程是：识记、保持、再认和重现。识记是人对信息的最初的反复感知过程。按照识记时是否事前有明确的目的、意图，可以把识记分为无意识记与有意识记两种。保持是对识记后的信息进行加工、系统化、概括的过程。再认和重现则是对以前事物的恢复过程。

根据时间的长短，记忆也可分为瞬时记忆、短时记忆和长时记忆 3 种。瞬时记忆亦称"感识记忆"（Sensory Memory），它是一种短暂的、表面的、表象的记忆。一部分感识记忆的信息可能迅速转变为短时记忆，其条件是这部分信息在含义上由模糊变为清晰并具有一定的相互联系。记忆的继续发展经过一定的巩固就会转为长期记忆，长期记忆是记忆的储存，它可在未来的长时期内重新获得，它形成了其他方面的联系。

公关人员当然希望他所传播的信息能形成公众的长期记忆，为此就要施展一系列的手段以增强公众的记忆。首先要熟悉记忆的类型。记忆的类型有：本能记忆（即与遗传因素密切相关的记忆），感觉记忆（即直接与眼、耳、鼻、舌、身等感官相联系的记忆），情节记忆（即对于事物发展详细情节的记忆），事实记忆（即对事实、条件的记忆），语义记忆（即对意义的记忆），技巧记忆（即对活动技巧的记忆）。

公关人员可从选择不同的记忆类型入手，设计出易于公众记忆的信息。其次，要了解记忆的特点，创造出易于记忆的条件。一般说来，醒目的、具有独特特征的、有夸张性的、简单明了的事物更易于人们记忆，因此，公关人员的传播信息要符合这些特点。最后，要了解记忆的规律。一般说来，多种感官的综合记忆效果好，因此可同时利用公众的视觉记忆、听觉记忆等。记忆具有"首因效应"和"近因效应"的规律，即对于传播中的信息人们总是对最先接触到的部分和最后接触到的部分（即时间上的最近时刻）记忆效果最佳。

利用这一规律，广告或宣传品的开头和结尾应传达最重要的信息。记忆有规律，遗忘也有规律，记忆后的一小时记忆丧失十分明显，而重复的宣传可使记忆迅速恢复。总之，掌握住这些规律，可大大增强公关宣传的效果。

（七）信息论

旧称"通讯理论"，它是运用数学方法研究信息的计量、传递、变换和储存的理论。在传播学与公共关系学中，信息论主要用来研究信号的传递。现代信息论可分为狭义的、一般的与广义的3种。狭义信息论主要研究信号的信息量、信道容量和信号的编码问题。一般信息论研究噪音理论、信号滤波与预测、调制与信息处理等。广义信息论研究所有与信息有关的领域。

1948年美国贝尔电话研究所的数学研究员和麻省理工学院的兼职教授克劳德·香农发表《传播的数学原理》一文，确定信息的度量——信息量及其计算公式，这被视为信息论诞生的标志。信息论认为，信息是有秩序的量度，一个系统的组织程序越高，它所提供的信息量越大。信息能使物质系统有序性增强，减少破坏、混乱和噪音。总之，一切通讯和控制系统内部各部门之间，以及相互联系的各系统之间相互传递的、用以消除不确定性的东西，都可称为信息。

由此，信息论发展出了一个关键的概念"熵"（Entropy）。熵原是物理学概念，指热力体系中，不能用来做功的热能可以用热能的变化量除以温度所得的商。熵是对随机程度的度量，它在物质系统中是不确定的。克劳德·香农将熵作为衡量信息的尺度。在信息中，不属于熵的部分或熵的对立物是"多余信息"（Redundancy）。所谓多余信息指虽然少了它，讯息还是相当完整的，但由于符号使用规则的限制它又必须包括在信息中，不容发送者自由选择。

在传播中，多余信息愈多，它包含的信息量就愈少，因而对于此传播的可预见程度就越高。换句话说，对信息的预见也就越容易。例如，在语言传播中，当相对熵值为30%时，此语言的可预见性就可达70%。可见，熵与多余信息的比例对于传播系统的效率具有密切关系。多余信息还可用来抵销传播中的干扰，即当接收讯息的渠道噪音较大时，其中的误差还是可能纠正的。

信息论不仅可用来研究系统之间的信息传递，还可用于研究系统内的信息交换、研究观念在公众中的扩散等等。目前它已广泛地应用于公共关系的研究和实践活动中。

第三节 人际交往理论

交往活动是公共关系的最基本特征之一，组织或组织成员与公众或公众成员的交往活动构成了公共关系最基本的活动。因此，有关人际交往的基础知识就构成公共关系学的基础理论。人际交往的基础知识可以广泛应用于公共关系的实践中。

一、人际交往的基本类型

人际交往是极其复杂的，针对不同的场合、不同的对象，人们必须采取不同的行为方式，因此可以说人际交往是千变万化的。然而，为研究人际交往的规律又必须摸清其典型形态，由此人们概括了人际交往的一些基本类型。

（一）暗示和模仿

暗示是一个人将自己的意向通过语言等符号传达给他人并能引起他人反应的交往行为。暗示的特点在于：首先它所表达的意向是不必公开说明的，它要模仿者在模糊的意识状态下仿照；其次，它可以是有意识的，也可以是无意中做出的，某种行为是否成为暗示要看他人是否接受或做出反应。最后，暗示只启发别人怎样做，并不要求别人一定怎样做。暗示是公共关系人员在日常交往、谈判、说服公众时频繁使用的行为模式。暗示可分为直接暗示与间接暗示，直接暗示是有意识发生的，如催眠术；间接暗示是无目的发出的、为非特定对象接受的行为。

模仿是对暗示的反应，是对暗示所传达的信息的有意或无意反应。模仿是一种极为普遍的交往现象，人的成长与发展在很大程度上是模仿的结果。模仿可分为无意识模仿和有意识模仿，前者是在不知不觉中进行的，后者则是故意效仿。模仿的高级形式是"合理的模仿"，这是经过思考后的有选择的模仿。

（二）顺从和顺应

顺从和顺应作为交往模式是有近似之处的，两者都属于结合型交往，即交往的双方都是在寻求一致性，而不是要与对方对立、冲突或反对对方。但是这两种行为模式还是有区别的。

顺从指交往中的一方自愿地或主动地调整自己的行为，按另一方的要求行事，即一方服从，虽然每个人的顺从性并不一致，但是，实验证明大多数成员对于群体的要求是顺从的。顺从是任何群体以至社会都不可缺少的交往行为，没有顺从，任何群体、社会都将无法运行。

顺应的含义比顺从更广泛些，除顺从的含义外，它还指交往双方或各方都调整自己的行为，以实现相互适应。顺应的种类包括和解、妥协、容忍、调解、仲裁、权变等。和解，即交往双方改变敌对态度建立友好关系；妥协，即双方通过确定一些条件而暂时平息冲突；容忍，即暂时采取克制态度以避免发生冲突；调解，即由第三者出面对双方的矛盾加以调停，而第三者提出的解决方案只具有参考价值；仲裁，即通过第三者的裁决来解决双方的矛盾，这种裁决对双方都有约束力；权变，指人们随机应变或权宜应变，交往双方或一方根据环境和内外条件的变化而迅速改变行为方式。

（三）同化

同化是指作为不同文化代表的个人或群体融合为同质文化单位的过程。此过程是缓慢与渐进的。同化的种类包括以下几个。

（1）个人同化个人，如夫妻、朋友间的同化，此种同化常是相互作用。

（2）个人同化群体，如阶级社会中少数统治者同化广大被压迫者。

（3）群体同化群体，如民族之间的同化。

（4）群体同化个人，如社会组织同化新加入组织的成员。

影响同化的因素可分为阻碍与促进两方面。阻碍因素包括：宿怨与偏见，民族中心主义、语言障碍以及社会隔离。促进同化的因素有：科技发展和统一世界市场的形式，不同民族的聚居、通婚和移民、入侵、教育的普及，等等。

（四）合作

合作是社会互动中，人与人、群体与群体之间为达到对互动各方都有某种益处的共同目标而彼此相互配合的一种联合行动。人们之所以进行合作是因为，仅靠某一方的单独行动往往无法实现这种利益或目标。从广义上说，人们多方面的社会生活都必须建立在合作的基础之上，人们为了改造自然与社会已经和正在进行着广泛的合作，因此，没有合作就没有群体或社会可言。从狭义上说，合作指人们在从事某一项工作时的联合行动。

为了使人们在某项工作中的联合行动得以顺利进行，就必须创造一些条件。一般说来，成功的合作应具备以下条件．

第一，目标一致。合作总要有某种共同目标，至少是短期的共同目标，否则就无法合作。

第二，认识接近。对事情怎样做要有相近的理解，否则目标虽一致，但要走的道路不同，也无法合作；此外，相近的志趣和互有同情心，也有助于合作的顺利进行。

第三，动作配合。合作本质上是一种行为，因而只有见之于行动才称得上是合作。

第四，要讲信用，即说话要算数，这样人们才能相互信赖。

（五）竞争

作为人际交往类型的竞争，专指社会上人与人、群体与群体之间对于一个共同目标的争夺。例如，体育运动中运动员之间或运动队之间对于冠军的争夺，同一种商品的生产厂家对于同一个销售市场的争夺，以及人与人之间争取先进、争取好成绩、争夺发明创造权的活动等都属于竞争。通常，竞争具有以下几个特点。

（1）竞争必须是人们对于一个相同目标的追求，目标不同就不会形成竞争。

（2）这个被追求的目标必须是比较少的和比较难得的，即一个人或者一些人夺取到了目标就意味着另一个人或另一些人失去了得到的机会，对于数量很多、轻而易举就可得到的目标的追求，不能形成竞争。

（3）竞争的目的主要在于获得目标，而不在于反对其他竞争者。竞争虽然也是人与人之间的一种相互排斥或相互反对的关系，但它是一种间接的反对关系，而不是直接的反对关系。虽然竞争双方一方的胜利就标志着另一方的失败，但对方的失败不是直接目的而只是间接目的。因此，我们经常可以见到运动场上是对手，运动场下是朋友的现象。这种反对关系的间接性还表现在，竞争参加者之间不必直接接触，在不同地方的、互不相识的竞争者之间也可以处在竞争状态。

为防止竞争发展为人们之间的一种直接的反对关系，就必须制定一些竞争各方都必须遵守的规则。例如，参加体育比赛就必须遵守体育比赛的规则，如果不遵守规则或没有规则可遵守，那么，激烈的比赛就会成为一场混战，就会酿成剧烈的冲突。而涉及政治、经济领域的一些大规模竞争，往往需要法律、制度来维持。

（六）冲突

冲突是人与人或群体与群体之间为了某种目标或价值观念而互相斗争、压制、破坏以至消灭对方的方式与过程。冲突与竞争虽然都是人们之间为了一定的目标而互相排斥或反对，但两者有很大的区别。

（1）冲突的更为直接的目的是要打败对方，它是直接以对方为攻击目标的一种行为。

（2）冲突的双方或各方，有直接的、公开的、面对面的接触，因此，它是一种直接的反对关系。

（3）冲突各方所争夺的目标既有相同性又有不同性。由于冲突各方往往在价值观念上有很大差距，因而，他们虽然在同一领域争夺，但所要实现的目标可能各不相同。

冲突的种类多种多样。从冲突的规模上划分，有个人之间的冲突和集团之间的冲突；从冲突的性质上划分，有经济冲突、政治冲突、思想冲突、文化冲突、宗教冲突、种族冲突、民族冲突以及阶级冲突与非阶级冲突；从冲突的方式或程度上划分，有诉讼、辩论、口角、拳斗、决斗、仇斗、械斗、战争等。

（七）强制

强制是一种特殊的人际交往形式，在此种形式中交往的一方被迫按照另一方的某些要求行事。强制的核心是一种力量对另一种力量的统治或制约。因此，强制意味着交往双方力量的不平衡，一方力量明显高于另一方的力量。在强制性交往中，所借助的力量可以是物质力量，如武器、军队、警察、法庭、监狱，也可以是精神力量，如处分、批判及各种各样的社会压力。

强制作为一种社会现象广泛地存在于社会上的多种关系之中，从父母为教育子女而采取的强制手段，到各种规章制度对人们的强制限制，直到具有国家法律意义的强制，都属于此类活动。当然，各种强制在性质上是有很大区别。我们应特别注意把具有阶级统治、国家法律意义的强制与一般的强制区别开来。

二、人际交往的基本理论

人际交往是社会上人与人、群体与群体之间通过各种媒介传播而进行的相互依赖行为的过程。人际交往是社会赖以生存的基础，其交往形式是多方面、多层次的，其内容可包含整个社会。我们虽然不可能研究全部的人际交往，但如何创造组织内、组织外的良好人际交往关系、如何建立良好的人际交往环境、如何实现良好的人际沟通以及研究人际交往的礼节礼仪等都可以成为公共关系比较着重研究的基础理论。

（一）符号互动理论

"符号互动"（Symbolic Interaction）的概念最早是由 H.布鲁默在《人与社会》（1937年）一书中提出来的，然而符号互动思想的产生比这要早得多。许多重要的思想家，如詹姆斯、鲍德温、杜威等都对这一理论的产生有所贡献。此后经库利、托马斯、米德、布鲁默等人的努力，这一理论终于形成体系。

所谓符号互动是指人与人之间通过语言的和非语言的、有声的和无声的符号而实现的相互交往的活动。符号互动论认为，所有的社会活动都是人际符号互动的结果，人类社会的最典型特征就是符号互动。人们的社会交往并不是相互之间行为的简单反应，并不是纯粹按照"刺激—反应"的方式进行的。人们相互之间总是对对方的行为做出自己的解释和定义，并以此为依据而发生互动。

符号互动论认为，人际交往是不能直接进行的，它必须通过中介物"符号"才能实现，哪怕最简单的交往也是如此。因为人们的思想，相互之间是看不见的，人们所能看见的只是相互间表现出来的行为。所以人际交往中最重要的就是正确地选择和使用符号。我们可以说公共关系的全部工作就是设计、计划、选择、运用符号。在公关工作中最常见的活动如宣传、广告、召集会议、接待来访者、迎送活动、交谈、演讲、处理来往信件、谈判、推销、管理等无不涉及符号的选择和运用问题。倘若不能有效地运用符号，公关活动根本无法进行。公关工作中的一些失误，也常源于符号使用上的失误。如不学会社交的基本礼仪，社交中就会造成尴尬局面；不了解各国的习俗，交往中就常会出现本应避讳的举动。

在符号互动论中，有一个比较重要的概念"情境定义"（Definition of Situation）。它是美国社会学家托马斯首先提出的，其含义是：人们的行为是源于他们对周围的人或事物所下的定义，如果人们认定某种情境是真实的，那么这一情境就具有真实的效果。情境定义是人们在社会交往中形成的，它一旦形成又会反过来指导与制约着人们的社会交往。公共关系活动、传播活动实际上也就是在时刻制造着情境定义。

公关工作与传播活动不断在公众中制造情境定义，而一旦此种定义形成，它便会具有真实的效果。当然，公关人员应有道德责任感，公关宣传应力求与实际相符合，决不允许伪造情境定义。

（二）印象管理论

印象管理论又称"戏剧论"，它的集大成者是美国社会学家欧文·戈夫曼。这个理论认为，社会是个大舞台，每个人都在戏中扮演着一个角色。这种演出是由社会交往参加者的活动构成的，它既包括自我的表演、感情的表达、信息的发出，也包括周围人对这些动作、符号的理解。按照这种理论，公共关系活动也同样是一种表演。表演是按一定常规程序进行的。在表演中，预先设计的模式逐渐展现出来，每个人都根据剧本扮演角色。当然，在剧本说得不清楚的地方人们可以自己设计动作或修改剧本。在表演中，演员非常关心和试图控制他们留给观众的印象，他们通过语言、姿态、手势等表现来使观众形成他们所希望的印象。因此，这是一种对观众"印象"的管理工作。由于要实现对别人印象的有效管理，在人际交往中人们行为的目标就由为自己而转变为他人表演。

印象管理论还对人际交往中的表演技术做了具体的说明。正像舞台表演一样，人际交往中的表演也有前台和后台之分。前台是人们正在进行表演的地方，后台则是为前台表演做准备、不想让观众看见的地方。在公关活动中，前台与后台的行为举止是不一样的。在前台为顾客服务，工作紧张，举止要得体，回到后台可以休息、放松，以补偿在前台的紧张。一般说，应防止观众进入后台，而且，在前台也必须防止那些与演出无关的局外人参与进来。

根据人际交往目的的不同，表演还可分为"误解的表演"和"神秘的表演"等。误解的表演是通过表演给人一种假象。它可能是一种恶意的撒谎，如一些伪劣商品的推销员，将其商品的质量吹得很好。它也可能是善意的撒谎，如医生、处理恶性事故的公关人员等，为了安定病人、公众的情绪而暂时不将真实的情况公布于众。神秘的表演是在人际交往中故意与对方保持一定距离、给人一种神秘的印象，使别人产生崇敬心理。

　　在人际交往中，演员的表演取决于他们的素养。从演出技术上讲，素有训练的表演者是一个牢记他的角色，并在表演这种角色中不出现无意动作或失礼行为的人。他是遇事"方寸不乱"的人，能够立即掩盖同伴的不妥行为的人。他应具有自我控制力。

　　成功的印象管理需要整个剧组进行合作。为使剧组的总印象令人满意，就要求每个成员以不同的模样出现。例如，在谈判中，全体公共关系人员作为一个剧组要想互相配合，就要有唱"白脸的"，有唱红脸的。在演出时，全体剧组人员是相互依赖的，任何一个人的过失都可能造成整个演出的失败。

（三）个人空间理论

　　在社会交往中，人与人之间总有一定的空间距离。不同的社会关系、不同的文化背景，其空间距离也各不相同。一般说来，在人际交往中，熟人比生人靠得近些，双方有好感比没好感靠得近些，性格外向比性格内向靠得近些，女人相互之间比男人相互之间靠得近些。

　　爱德华·T.霍尔（Edward·T·Hall）提出了社会交往中的空间距离理论。他以美国成年人的交往为例，提出了以下四种距离。

　　（1）亲密距离，大约在 0.45 米以内，只有感情相近的人才允许进入此区域。在这个距离内一个人能够感觉到另一个人的呼吸。拥抱爱人、双亲、孩子、密友等可进入这个区域。但在公共场所，这个区域的交往比较有限。

　　（2）个人距离，约为 0.46～1.22 米。这是比较熟悉的人之间、朋友之间个人交往中保持的距离。如鸡尾酒会、办公室同事的聚会、友谊聚会时可保持这个距离。

　　（3）社交距离，约 1.23～3.65 米，这是在人际交往中处理非个人事务的距离。它又可分为近社交距离与远社交距离。近社交距离为 1.2～2.1 米，它是略为熟悉一些的人在处理非个人事务时的距离。远社交距离为 2.1～3.6 米，它是与不熟悉的人、陌生人社会交往时的距离。如公关人员处理一般人际事务、与来访者谈话、正式谈判等都属于这个区域。

　　（4）公共距离，3.6 米以上，远至 9 米这是与较有名望的人交往的距离。如较有名望的人做报告、讲话等，常与公众保持这样一种距离。

　　从心理学的角度看，在不同的情况下，人对于空间的需求也各不相同。当一个人的实际空间大于他所需要的空间时，他就会感到凄凉、孤独、寂寞，希望与人接触。例如，生活在人烟稀少的边疆地区的人，即使见到陌生人也非常热情。当一个人的实际空间小于他所需要的空间或当他的个人空间范围受到侵犯时，他就会对周围的人有厌烦感。例如，在拥护的公共汽车上，人们近在咫尺却互不理睬。因此，人为地造成人们心理上的过度空间感，是增进他们之间感情的良好方式。例如，安排本单位职工去野外郊游，这有助于增进职工间的友谊。

（四）人际关系网络

这是借助于网络图形来分析人际交往、人际关系的一种理论。它可以用来研究人际交往的类型、特点、原则，以及用来研究如何改善、加强或减弱人与人间的交往关系。

人数较多或较大组织的人际关系网往往较复杂。一般说来，人际关系网络有如下特征。

（1）互相选择的联系多表示人际关系较好。

（2）单方选择多、互选少则表明组织成员之间缺少互相了解。

（3）散乱而没有核心人物的网络表明组织较为松散。

（4）呈现出小集团，而小集团之间又很少互选，则表明组织处于分裂状态。

几种典型的人际网络类型如下。

1．轮型网络

轮型网络是以轮型中心为主管，四周的人代表下属，所有的沟通都是主管与下属之间的沟通，这种方式群体稳定集中，但沟通渠道少，员工的满意度不高。轮型网络如图 2-5 所示。

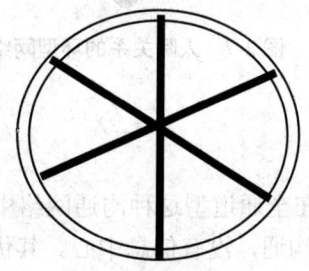

图 2-5　人际关系的轮型网络

2．链型网络

链型网络类型表现为三个层次的单线沟通。其特征是上下信息的传递是采取上层与底层的联系是通过中间层进行沟通的方式。这种沟通网络的优点是信息进行了分流，由中间层管理者处理一部分信息，从而减轻上层的压力，可改变行政专断现象。其不足是信息传递要经过筛选层，容易使信息失真，也可能使上级不能了解下级的真实情况，下级不能了解上级的真实意图。链型网络如图 2-6 所示。

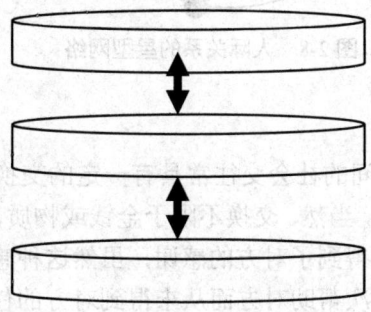

图 2-6　人际关系的链型网络

3. 环型网络

环型网络类型的其特征是各个信息沟通点的地位是平等的,成员只能与临近的两个点发生关系,其他各点则相互隔离,无法沟通。这种沟通网络的优点是因各成员在沟通中占有同等地位,故参与感较强,有助于调动成员的积极性,并且这种沟通网络中的沟通幅度易于掌握,也易于操纵和控制。其不足表现为信息沟通十分有限,没有中心,不利于形成行政权威。环型网络如图 2-7 所示。

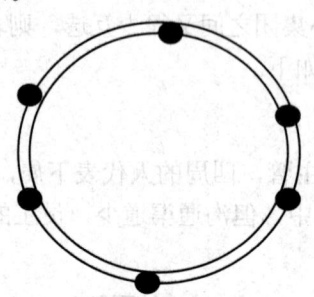

图 2-7　人际关系的环型网络

4. 星型网络

星型网络,全通道网络。在全通道型这种沟通网络中,各沟通点可以和其他所有的点发生关系,各类信息可以相互沟通,没有信息中心。其优点是信息沟通广度与深度比其他沟通网络大,透明度高,参与性强。其缺点是沟通渠道杂乱,信息易流失,各种信息均进入渠道,相互干扰,影响效果,不利于信息管理,易泄露机密。星型网络如图 2-8 所示。

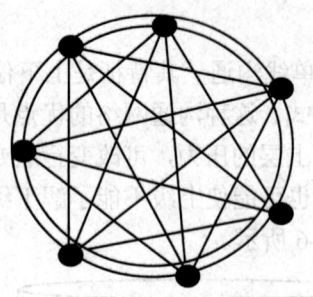

图 2-8　人际关系的星型网络

(五) 交换理论

交换理论认为,人们之间的社会交往常具有一定的交换性,通过交往,双方均从对方获得某种报酬、回报或结果。当然,交换不限于金钱或物质,也可以是感情上、心理上的。如一个人帮助了另一个人,得到了对方的感谢,虽然这种感谢并不一定是物质上的,而交换已经发生。如果一个人多次帮助对方而从未得到对方的任何谢意,甚至连口头的谢意也没有,这里交换便无法顺利进行,因而他们之间的交往也必然中断。

乔治·霍曼斯比较全面地阐述了交换理论。他认为,社会交换具有如下一些现象。

（1）如果一个人的某种行为得到了相应的报酬，那么他就会重复这一行为。例如，某职工的努力劳动获得了奖金，他就会继续努力劳动。

（2）相同的刺激常会带来相同或相似的行为。例如，以往成功的经验常会成为个人日后行动的行为准则。

（3）某种行为的后果对一个人越有价值，那么他就越有可能选择此种行为。这是指人在几种社会交往中的选择，人们总是选择那些对自己的价值最大的交往。

（4）某人或某团体重复获取相同奖赏的次数越多，那么这一奖赏对于该人或该团体的价值就越小。例如，在职工的奖金问题上便常出现此种现象，职工初次获得一定数量的奖金时，会对劳动积极性起到较大激励作用。然而重复获得同样数量的奖金时间长了，职工就会对此习以为常，把获得此种数量的奖金视为理所当然的事情。相反，如果奖金是浮动的，职工每月获得的奖金数额是不等的，其数额多少与职工的实际工作量相联系。这时，奖金对职工劳动积极性的激励作用就较大。

（5）在交换中，当期望值小于实际的报酬或结果时，人的满意感就较大。反之当期望值大于实际的报酬或结果时，人的失望感就较大。因此，在管理中应避免人的期望过高的现象。

案例及案例评析

【案例 2.1】倾听——交际

一天早上，一位怒气冲冲的顾客冲进迪特毛料公司创办人迪特的办公室。他是从外地专程前来芝加哥为了那 15 美元的。（小题大做）

原来，这位顾客因为购买迪特公司的西装毛料，欠了该公司 15 美元。公司信托部门给他写了几封信催促他还清，可是他却忘了这笔欠款，而且认为是公司弄错了。于是便收拾行装来到芝加哥，要弄个水落石出。（来者不善）

怒气冲冲的顾客一进办公室，就一口咬定是公司搞错了。他说他不但不付这笔钱，而且一辈子再也不买迪特公司一分钱的东西。（蛮不讲理）

迪特耐心地听完顾客的牢骚和气话，没有打断，直到客人说完，他才心平气和地说："我要谢谢你到芝加哥来告诉我这件事，你帮了我一个大忙，因为如果我们的信托部门打扰了你，他们就可能打扰了别的顾客，那就太不幸了。相信我，我比你更想听到你所告诉我的。"（设身处地）

顾客做梦也没有想到会听到这样的回答，甚至因为他的牢骚和生气的态度没有引起想象中的效果而有点儿失望。（出乎意料）

迪特接着说："你是一位十分仔细的人，只有一份账目，不大可能出错。而公司职员要管几千份账目，反而容易出错。请放心，这笔账将一笔勾销。既然你不再买我们的毛料，那么，我就向你推荐别的毛料公司。"（一笔勾销）

迪特还和以前一样，请顾客共进午餐。顾客不好意思地勉强接受了。吃罢，回到办公

室，顾客竟和迪特签订了一个更大数量的订货单。（新的关系）

事情结束了。双方都感到心情舒畅。对得起对方。可是不久，迪特意外的收到了一张15 美元的支票还有一封致歉信。原来，那位顾客回家后又重新看了账单，发现有一张放错了地方，因此遗漏了。（主动认错）

迪特说：后来，这位顾客和妻子生了一个男孩，还以"迪特"给孩子命名。直到这件事发生了 22 年之后这位顾客去世，他一直是迪特公司的顾客和朋友。（永久纪念）

【评析】

沟通是指人们在互动的过程中，发送者通过一定渠道，（也称媒介或通道）以语言、文字、符号等表象形式为载体，与接受者进行信息、知识的交流，是一个有意识的活动过程。语言交流是人类互相交换信息的最基本的方式，倾听则是获取对方信息的最基础和重要的方式，所以倾听是沟通的前提和必要的保障。本案例的经理用心倾听，赢得了顾客的信任，也教育了广大读者，一个好的聆听者是成为一个成功的沟通者的重要特质之一。

【案例 2.2】1036——传情五环

广东电台"城市之声"员工为台庆 5 周年设计了一个方案：立足将城市之声 5 周年台庆与申办奥运活动相结合，通过电子传播媒介，传达"城市人盼奥运"的城市之声电台的时代强音，并把这一理念传遍全世界。

围绕"一首歌曲——五个'1036'系列活动"策划主题进行城市之声 5 周年台庆活动。一首歌曲即是以都市人热心申奥为主题，在活动中它将作为一条主线贯穿整个台庆活动始终。五个"1036"意指与主题有关的五个系列活动：1036 个 5 岁的孩子亲手画制的图画；1036 米长的都市人亲笔签名横幅；1036 个市民支持申奥的声音；1036 封孩子亲手寄出的信；1036 张录有主题歌的 CD 光盘，在送给 1036 名市之时，传递城市之声支持申奥的热诚。活动的实施与网络活动相结合，从而扩大影响与传播范围。

【评析】

此案例主要体现了大众传媒的迅速发展为公共关系的产生提供了必要的技术与方法这一公共关系观点。

（1）公共关系的产生需要四个方面的条件，即文化心理条件、社会政治条件、经济条件和物质条件，这四个条件缺一不可。而公共关系活动就是组织与公众之间的传播沟通行为，传播沟通需要媒介，如广播、电视等。如果没有这些大众媒介，公共关系活动也就无法开展。广东电台"城市之声"员工通过电子传播媒介把"城市人盼奥运"这一理念传遍全世界，这一公共活动恰好说明了媒介对于公共关系活动的重要性。电子技术的进步，广播、电视等电子传播媒介的普及，拉近了世界的距离，使信息能够在短时间内及时向全世界传播，从而使公关活动的影响范围扩大。如果没有电子媒介，广东电台的这一公关活动也就不可能实施。

（2）"城市之声"利用电子传播媒介，将 5 周年台庆与中国申奥活动相结合，其着眼点就是向市民展现"城市之声"作为都市有声传媒在申奥方面做出的努力，从而展现"城市之声"独特的魅力、鲜明的形象，提高广东电台在公众中的形象地位，为"城市之声"

的进一步发展拓展宽阔的道路。

思考题

1. 爱德华·伯内斯在 1923 年写道："人们通常在个人和公共生活的许多方面有既定的观点，改变这些观点是困难的，有时是不可能的"。谈一谈你对这一观点的评价。
2. 试运用公共关系的相关知识分析评点案例 2.1。

实务培训

一、传播与公共关系实践的关系如何？

（1）不能认为"传播"和"公共关系"是同义词。区分传播与公共关系的概念是非常重要的。传播是通过书面语言或口头语言传递信息的技能和方法；而公共关系是在各种活动中发挥积极作用的管理科学。我们可以认为，传播理论支撑公共关系活动的必然与可行。

（2）大多数公共关系活动都依靠对许多或少数公众的传播，但是公共关系还有许多方面与传播并不相关。

（3）公共关系的非传播方面主要包括以下内容：帮助制定组织战略、准备危机管理程序、组织开放日或者接待访问、组织会议、准备展览、组织间的联络，以及与视听、多媒体或网页有关的一般制作工作等。

二、新经济时代的公共关系传播方式是什么？

新经济时代的公共关系传播方式——网络传播。传播是公共关系的主要职能之一，在公共关系传播中最主要的传播方式是大众传播，随着新经济时代的到来，网络传播必然会成为公共关系的主要传播方式。

1. 网络传播的优势和特点

与传统媒体相比较，网络媒体的优势是显而易见的。网络传播的优势和特点主要有以下几个。

（1）超越时空限制。今天因特网的触角已经延伸到了世界的几乎每一个角落，信息在网上的流通已经不再受到时间和空间的限制。世界上任何地方发生的任何事情，任何国家的任何用户的观点，只要上网，就可以在瞬间传遍全球，而只要这一信息具有足够的价值或吸引力，就可能引起全世界的关注。广播电视受播出时间的限制，印刷媒体则要等到第二天才能到公众的手中，网络传播的优势确实使传统媒体望尘莫及。

（2）海量信息。因特网将全世界的计算机和计算机网络连接起来，从而形成一个巨大无比的数据库；网上的信息可以说是无所不包，与传统媒体有限的信息量相比，网络媒体的优势是显而易见的。

（3）多种媒体同时起作用。印刷媒体通过文字和图片传播信息，广播通过声音传递信息，电视则通过画面和声音的有机结合而成为最受欢迎的传统媒体。应当说，这些传播方式各有各的长处和短处。计算机信息技术的发展，提供了综合性处理文字、图形、声音和图像的新技术——多媒体技术。多媒体技术能够同时采集、处理、存储和传递两个以上不同类型的信息，把自然形式存在的各种媒体数字化，并利用计算机对这些数字化的信息进行处理，以最容易被用户接受，从而也是利用率最高的形式提供给用户。网络媒体正是应用了多媒体技术而集所有传统媒体的长处于一身。对于用户来说，信息最终以何种媒体形式出现，是文字、图片、声音还是图像、完全由用户根据信息的内容、自己的喜好以及接收条件自行决定。

（4）多种形式的互动交流。在传统媒体的传播理念中，传者和受者是严格区分的。前者主动地传播信息，后者被动地接受信息。也就是说，无论报纸、广播还是电视，受众对于传播的内容没有挑选的余地，最多只能选择是看（听）还是不看（听）。现在，网络媒体的受众除了可以在更大的范围内选择自己需要的信息外，还可以参与信息的传播。如克林顿绯闻案、在韩航空公司飞机在上海坠毁的消息，都是网民首先发布的。网上的互动性有多种形式：人们可以在网站提供的数据库里选择对自己最有帮助的资料；人们还可以通过使用一个金融软件包来进行计算；许多网站采用电子问卷等形式给公司提供访问者的反馈意见；几乎所有的网站都有清晰的提示来引导访问者选择下一步的方向。网络媒体所带来的传播者与受众。即信息生产者与信息消费者之间日益增长的交互性关系，以及网民，即消费者与消费者之间的交互性关系，是传统媒体所无法比拟的。

（5）小众化大众传播媒介。作为工业革命的产物，其产品也和汽车、彩电、汉堡包一样是大批量生产出来的。今天，人们对各种信息的需求越来越广泛，造成了报纸杂志的种类越来越多，每份报纸杂志的版面也越来越多，广播电视的频道越来越多，节目（栏目）的名目也越来越多。这种批量生产带来的必然结果是多而不精，广而不专。但是随着社会的多元化发展，现代人越来越注重个性发展，因而对个性化的信息的需求也越来越高。他们在忍受自己并不十分需要的信息的"狂轰滥炸"的同时，又苦于很难找到自己所需要的特殊信息，苦于那些专业信息达不到自己所需要的深度。网络媒体为用户解决了这个矛盾。网络媒体的海量信息解决了信息的广度问题，而它的个性化服务功能则解决了信息的深度和专业化问题。用户可以从网络媒体"拉出"（Pull）自己所需要的信息，剔除自己不需要的信息，并通过"超链接"获得更多的相关信息；媒体也可以使用"推送"（Push），将用户需要的信息直接送到用户的计算机上。这种为用户"度身定制"的服务，是传统媒体无法提供的。

2. 网络传播在公共关系中的运用

网络传播在公共关系中的运用主要包括以下几个。

（1）电子邮件（E-mail）一对一交流。利用电子邮件进行一对一交流的方法很多。既可以用它来跟记者建立并发展良好的关系，也可以通过它与某个组织的指定代表进行谈判。事实上，电子邮件是一种极为有效的交流方式，它正在取代电话成为许多公关咨询业人士的主要交流工具。

（2）发送和邮递地址列表。邮递地址列表是由服务器一端的软件操作的，该软件管理列表里所有订户的信息。如果你给这个软件发一封邮件，它就自动将你的邮件发送给列表名单上其他所有成员。邮递列表可以是互动的（即每个订户都可以给其他人发邮件），也可以是单向的（允许你向所有订户发信，而限制他们回信或给你写信）。人们可以通过登记加入或者直接把自己的地址加到邮递列表名单上，而不必给列表上的每个人单独发信。发到列表上的电子邮件会自动被传送给列表上所有的人。除了能让公众通过电子邮件根据需要提取信息，你还可以用邮递列表让公众了解最新的信息，并且为他们提供一个讨论交流的场所。

（3）电子新闻通讯。越来越多的人喜欢用电子新闻通讯，因为它们形式灵活、易于撰写。这种电子新闻几乎适用于任何场合和目的。很少有公众为此抱怨，因为他们总是愿意收阅类似的新闻通讯。比如网面登载四份新闻通讯，访问者如果对诸如"如何衡量网络传播的有效性"或者"因特网上什么公关手段才有效"的题目感兴趣，他们自然会输入自己的姓名、电子邮件地址并选择想要收阅的新闻通讯。

3．万维网信息浏览

使用因特网的热潮使得人们竞相开发挖掘因特网的新用途和新功能，因特网也因此就成了人们各显神通的竞技之地。对那些需要与公众保持传播交流的公司，因特网有以下几个优势。

（1）实时迅速。一旦你有新的信息，就可以立即发给公众，而不用在信息传递上花时间。网上的信息自发布的那一刻起便在随时恭候访问者。

（2）不受篇幅限制。当计划印刷宣传材料时，可能要考虑多种因素（如印刷和发送的费用，公众会不会去仔细阅读和他们并不相关的内容等等），使宣传资料的篇幅受到限制。在网上，可以先列出主要内容，里面提供链接连到更详细的资料上去。这样，人们就能各取所需，既省时又省力。在网站上保存的资料越多，公众就越有可能在网上找到他们需要的信息。

（3）信息个人化。利用信息个人化服务手段，可以向目标公众提供更亲切的信息服务，可以与一些提供信息个人化服务的网站建立联系，把支持公司或组织主张、理念、商业目标的文字、图片等信息上传给这些网站，由他们按网民的分类进行分发；可以在网上为报刊编辑们准备好符合打印质量的图片以便发表；还可以在自己的网站中增加信息个人化的服务。

（4）因特网允许利用信息经济中传播交流以信息接收者为驱动力的特点。一家公司的门户，在设计时应以帮助访问者"拉取"信息为目的。内容包括当天的最新消息，公司的实时股票价格，新闻档案库存（存有公司要员讲话稿，新闻发布稿，及其他诸如此类的文件），还应建有链接，提供不同类别的信息。

在传统的大众传播中，并不考虑个体公众的特殊经历和需求。在因特网上，可以通过让访问者填写表格来收集关于他们选定的内容（如通过电子邮件）。跟这些用户交流越多，就越有可能进一步巩固关系，来保证用户"所得即所需"的要求。

第三章　公关机构与从业人员管理

【本章导读】

从本章开始涉及公共关系实务。公共关系实务就是公共关系理论付诸实践，是公共关系原理在实际操作上的实施。本章介绍公共关系机构及从业人员管理。公共关系机构是专门从事公共关系工作的组织机构，代理着特定组织的公共关系工作，其实质是公共关系的实施主体。公共关系从业人员专指在公共关系部或公共关系公司工作的人员。公共关系社团则属于公共关系方面的民间组织或社会团体。

【本章目标】

➢ 掌握公共关系部的日常工作、行政隶属关系及其优势
➢ 掌握公共关系公司所提供的服务、优势及其咨询费
➢ 了解公共关系从业人员的分类、意识
➢ 掌握公共关系从业人员的知识结构、能力要素、工作职责、职业准则
➢ 理解公共关系从业人员创新能力的培养

第一节　公共关系机构

随着现代公共关系事业的蓬勃发展，一批专业化的公共关系机构，成了公共关系实务的承担者。西方国家的大部分企业组织都设有专门负责处理公共关系日常业务的机构，它一般被称作"公关部"。合理地设置公共关系机构是做好公共关系工作的重要保证。目前，越来越多的企业和组织相继建立了公共关系机构，负责组织公共关系工作。

一、公共关系部

公共关系部由一定数量的专业公共关系人员组成，担负与组织内部和外部的公众广泛接触、建立联系、相互沟通，搜集、整理、分析、研究和传输有关信息，为组织决策提供咨询、建议、处理突发事件，有目标地策划、实施各种具体公共关系活动等任务。

（一）公共关系部的日常工作

通常，公共关系部的日常工作主要包括以下内容。

（1）与内部公众保持密切联系，随时了解他们的情况、想法和意见。

（2）与外部公众，尤其是消费者、新闻媒体、政府机关等重要公众建立经常性联系。

（3）以各种方式、手段搜集、整理和分析相关信息，写出分析报告。

（4）定期向决策者汇集重大信息，提出相应的建议。

（5）定期向组织各相关部门通报情况和信息。

（6）编印组织自己的报刊、简讯和其他宣传、介绍材料，及时向内部公众和有些外部公众传递信息。

（7）参与组织的广告策划和宣传、促销活动。

（二）公共关系部的行政隶属关系

公共关系部作为组织中的一个相当重要的职能部门，其行政隶属关系大致有以下几种情况。

（1）直接归总经理（CEO）领导，由总经理负责。

（2）由总经理下面专门负责信息广告、销售等方面工作的副总经理来分管，公共关系部相当于组织内某个二级职能部门，其日常工作皆向这位副总经理汇报，由他来批准。

（3）将公共关系部隶属于组织内某个二级职能部门，如总经理办公室或市场销售部等，由该部门的负责人来领导公共关系部的工作。

相比较而言，第一种情况更能有效保证公共关系部在组织中协调功能、应变作用的发挥，体现组织对公共关系工作的重视。但无论哪一种情况，公共关系部在组织中都不是孤立存在、独往独来的，它需要得到组织内部其他部门的理解与支持，建立一种相互促进、密切协作的和谐工作关系。

根据组织的工作性质、规模、活动范围、公众分布情况，公共关系部需要保持相应的规模和内部的工作分工。通常情况下，组织的经营规模、公众状况决定着公共关系部的规模。小型企业和组织则无须设公共关系部，可任命专职公共关系人员或聘请公共关系顾问。公共关系顾问具有公共关系的专门知识和实践经验，向个人或团体提供公共关系咨询时收取一定费用。一个富有经验的公共关系人员可以为某一组织（无论大的还是小的）提供咨询服务，但实施计划、提供综合性的服务则需要更多的人员。

（三）公共关系部的优势

组建公共关系部应以目标明确、人员精干、分工协作、讲求实效为宗旨。组建公共关系部具有以下几大优势。

（1）公共关系部的成员认同组织的目的和目标，组织的成功关系到个人的切身利益。

（2）公共关系部可以直接与新闻媒介联系，而不必交给他人处理。能够提供 24 小时服务。

（3）作为组织成员，他们可以在组织内自由走动，并与各方面建立友好关系。这有助于促进组织内部的公共关系活动。

（4）如果组织的规模允许，可以由专家小组来处理报刊、出版物、电影和照片、网页等问题，其经济效益和工作效益将得到更大的提高。

（5）公共关系部的职员有时也可在组织的其他方面发挥作用。

二、公共关系公司

公共关系公司，也称为公共关系咨询公司、顾问公司等，是由具备不同专业知识、能力、经验的公共关系专家组成的，专门为客户提供公共关系咨询和服务，代客户进行公共关系活动的经营性机构。因为公共关系公司具有较高的专业水平、广泛的社会影响和显著的工作效率，组织的公共关系工作可以委托公共关系公司代理。

（一）公共关系公司提供的服务

一般情况下，公共关系公司可以为客户提供以下几类服务。

（1）公共关系调研、搜集、分析信息。

（2）联络、沟通与目标公众的关系。

（3）公共关系业务培训。

（4）策划、组织各种公共关系专题活动。

（5）设计公共关系广告、商品广告。

（6）为客户编写各种公共关系材料。

（7）为客户设计形象。

（8）代客户传播有关信息等。

（二）公共关系公司的优势

作为一类已经普遍存在的、蓬勃发展的服务性企业，公共关系公司通常具有许多显著的优势。

（1）公共关系公司不是其客户的下属机构，它们在观察、分析问题时能够摆脱当事人的局限，以"旁观者"的身份、立场和态度，兼顾客户和公众两个方面，所以得出的结论相对客观、准确。

（2）由于公共关系公司是由有关方面的专家组成的，所以具有明显的专业和智力优势。公共关系公司为客户提出的建议、策划的方案往往具有较高的专业水平，因而具有较强的权威性和说服力。

（3）公共关系公司在长期的工作中，往往同客户的外部公众，如政府部门、新闻媒介等保持良好的关系，有相对完善的信息网络系统和广泛、可靠的信息来源，掌握着丰富的信息资源。因此，公共关系公司能够利用自己的关系与资源优势，为客户提供完备的信息、协调各种关系，有效地帮助客户解决公共关系问题。

（4）公共关系公司提供的专业化服务，其水平往往高于长设的公共关系部，而其成本从长远来看也相对低一些。组织可以有较大的灵活性，根据自己的实际需要与经济条件，请公共关系公司策划、实施相应的公共关系活动。

（三）公共关系咨询费

公共关系公司服务收费方法和费用因每个公司各自的运作方式及业务范围存在较大差异。即使在公司内部，客户要求不同、服务类型不同，收费方式也会不同。从广义上讲，公共关系咨询费包括以下两大主要部分，应加以区别。

（1）因提供专业服务而获取的顾问收入，如咨询、调研、策划、计划的制定、实施和管理等服务。

（2）操作费用，即执行公共关系计划所需的直接支出，如新闻发布、照片、印刷、旅行和其他开支。

公共关系公司是通过为客户提供有偿服务来维持自身的生存，实现盈利的。双方都应自觉遵循国家的法律法规，信守公共关系的职业道德和行为规范。组织应选择公共关系公司方信誉好、实力强、人员素质高、客户相对稳定且反映较好、收费相对合理的公司为自己服务，公共关系公司在接受某组织的委托时，亦应对其性质、资信、规模、实力等基本情况，以及其公共关系业务的困难程度等进行相应的调查，以保证双方在互相了解的基础上，相互信任，坦诚合作，善始善终。

三、公共关系社团

公共关系社团属于公共关系方面的民间组织或社会团体。包括公共关系俱乐部和各种公共关系协会、行业型社团和联谊型社团以及公共关系学会、公共关系研究会学术团体等。我国公共关系社团组织的特色及其所承担的主要任务如下。

（1）联络全国各地区、各企业事业单位的公共关系组织和工作者，组织学术和经验交流，研究社会主义公共关系的理论与实践，推动社会主义公共关系事业健康、深入发展。

（2）制定和实践社会主义公共关系的职业道德准则。

（3）培训、训练和造就公共关系的专业人才。

（4）编辑出版有关公共关系的书籍、报刊、宣传普及公共关系学知识。

（5）加强与海内外公共关系界的交流合作。

（6）开展国内外公共关系事业的咨询服务工作。

（7）维护公共关系组织和工作者的正当权益。

（8）协调国内外公共关系组织的关系。

作为由公共关系人员、学者和各界同仁自发建立的群众性组织，公共关系社团的影响和作用是相当广泛的。一方面通过组织的成员和自身的活动，向社会各界宣传、普及现代公共关系知识、意识，推动公共关系在各个行业、部门和领域中的应用，使更多的公众了解、重视和接受公共关系。另一方面，各种社团组织通过灵活的方式、经常性的活动及所办的刊物，能够增强其成员之间的联系和交流，有利于他们提高自身的工作水平，形成一种职业的归属感和责任心；大家经过协商、达成共识，制定和遵守共同的职业道德及相关的行业准则，有利于对成员的日常工作和行为，产生一种相互监督及规范、调节的作用，在行业内部形成自我约束、自我管理和自我完善的机制。所以，社团组织不仅可以在维护公共关系事业的整体形象，促进其平衡发展上发挥重要作用，而且也能够维护公共关系人员的正当权益，有利于他们的成长和提高。

此外，公共关系社团组织还能够为社会提供非营利性质的公共关系咨询、服务，培训公共关系从业人员，参与公共关系人员任职资格的考核、认证工作，评价公共关系人员的工作业绩，评选、表彰先进，促进不同行业、部门、地区和国家公共关系界之间的交流与合作等许多方面，发挥自己独特的积极作用。

第二节　公共关系从业人员

公共关系从业人员指的是专门从事公共关系工作的职业人员。包括在公共关系公司中的职业人员和在社会组织或机构中的公共关系部门工作的职业人员。

一、公共关系从业人员的分类

目前，我国社会上从事公共关系实务工作的大概有下列 4 类人员。

（1）公共关系公司中的供职人员。这类人员的公关实务是正规的公共关系公司中的业务，他们承接的大部分是国外的项目，与外国资本和企业有着千丝万缕的联系。同时也为国内的企业提供专业的公共关系咨询、策划服务，主要是有雄厚经济实力的经济实体，如 IT 业、房地产业、服装业、餐饮业、制药业、大型商厦、涉外酒店等。

（2）各类组织中公关部门的职员。这类人员的公关实务是他们所在组织中的一部分工作。他们主要运用公共关系原理，自觉地从事着内求协调、外求发展的公关工作。这类人员主要是一些参与管理的中层白领角色。

（3）各种虽然不叫公共关系，但实际上干的就是公共关系实务的人员。这类人员的公关实务大都是在一种不自觉的、半混沌状态下进行的。他们甚至都不知道公共关系是何物，对公共关系理论知之甚少或干脆一窍不通，但他们从事的日常工作都是与公共关系有直接关系的或本身就是公关实务。这部分人当然应该算作实际的公关从业人员，并且在公关职业中占了绝大多数的比例，是从事公关实务的主力军。

（4）从事各种公共关系实务工作的自由公关职业者。这类人员是一些自由职业者或兼职人员。他们主要为一些组织和项目做公共关系策划，或者兼任一些组织的公共关系顾问，为它们提供公关咨询，进行 CIS 形象设计以及诸如塑造企业形象、打造产品名牌、处理组织危机、建立组织公关文化等公关服务。这部分人数量不多，但由于能量极大，公共关系职业的高智商性在这部分人中得以充分体现和展示。因此他们与专业公关公司中的员工一起构成当前中国公关实务界的精英。

这四类人员虽然做的都是具有公共关系性质的工作，都是公共关系实务的具体操作者，但由于他们的工作环境不同，工作条件各异，工作结果千差万别，工作报酬也相去甚远。所以又使公共关系实务在中国呈现出一种多名目、多层次、多角度、多结果的纷繁复杂的局面。

随着时代的变迁以及公共关系专业水平的提高，公共关系工作领域越来越超出传播媒介的范围，对公共关系人员的意识观念、知识结构与能力素质都提出了新的要求。只有具备满足这些要求的条件，并善于在实践中不断提高自己的从业人员水平，才能适应新的历史时期的公共关系工作的需要。

二、公共关系从业人员的意识

公共关系意识是公共关系从业人员的思想灵魂，是公共关系从业人员应该具备的各项基本素质中最为重要的一项素质。公共关系意识作为一种深层的思想，指导约束着从业人

员的行为。良好的公共关系意识促使从业人员始终处于一种积极主动的工作状态，可创造性地完成各项公共关系工作。公共关系人员应具有的公共关系意识包括形象意识、公众意识、协调意识、开放意识、互惠意识和创新意识。

（1）形象意识。公共关系的核心概念之一是形象。良好的形象是组织的无形资产，公共关系的一切工作都是围绕形象目标而展开的，可以说，没有形象的问题，也就没有公共关系这门学科存在的必要。具有明确的形象意识的从业人员，才能深刻理解知名度与美誉度对社会组织的生存和发展的重要性。只有树立了形象意识，才会在行动中敏锐体察组织形象中的问题，自觉维护组织的形象。

（2）公众意识。形象是为组织的固定公众塑造的，公众的需求就是组织形象塑造所追求的目标，组织因为有公众才有存在的意义。公共关系从业人员应牢固树立"公众第一"的观念，明确自己的工作归根结底是为了"赢得公众"。

（3）协调意识。社会组织与相关公众之间关系的协调是公共关系的本质属性，只有在协调的状态下，社会组织和公众才能各得其所，获得更好的生存与发展的空间。公共关系从业人员应协助建立组织与相关公众的信任与合作的关系，调节其对立性因素，使其向合作方面转化。

（4）开放意识。开发意识倡导社会组织以开放姿态和胸怀向公众、向社会袒露自己，这是实现公共关系协调发展的重要基础和条件。公共关系从业人员要学会营造"玻璃屋"，坦诚地、全面地融入社会，增强社会组织行为的透明度，以求达到双向交流的实际效果。

（5）互惠意识。孔子认为"互惠"是人类行为中应该遵循的最为重要的原则。而互惠互利、"与自己的公众共同发展"则是社会组织开展公共关系工作的原则。具有互惠意识的公共关系人员，应时刻想到公众对自己的信任、理解和支持是组织发展的动力，因此，自己也应该注意考虑对公众的回报。

（6）创新意识。塑造组织形象过程中的每一个公共关系活动都不可能是以往或他人已有的活动形式的简单重复，其策划与设计都需要有所创新。人们说公共关系是一门科学和技术，是因为它有可遵循的客观规律，有相对稳定的操作程序；而说公共关系是一门艺术，则指的是它有突破固定程式、追求不断变化的特点。唯有创新，才能塑造具有个性的组织形象；也唯有创新，才能使组织形象打动公众，征服公众。

三、公共关系从业人员的知识结构

公共关系学是一门综合性的应用科学，其学科体系包括了专业公共关系从业人员从事公共关系工作所需要的专业知识及相关知识构成的全部知识内容。公共关系从业人员的知识结构就是公共关系知识体系在其头脑中的内化。公共关系从业人员的知识结构包括基础学科知识、背景学科知识、专业学科知识、相关学科知识、操作性学科知识。

（1）基础学科知识。基础学科知识包括哲学和思想史等。能够从世界观和方法论的高度对公共关系学科研究和具体实践进行宏观指导，靠的是哲学理论。思想史可对人类社会发展历程与规律给予一定的启示。

（2）背景学科知识。广泛的背景学科知识，例如：政治学、经济学、社会学、心理学、法学等，为公共关系人员提供了完整的文化知识背景，这对于提高其理论修养和分析现实问题的能力是大有帮助的。

（3）专业学科知识。公共关系专业的学科知识包括：公共关系基本概念、公共关系历史和发展、公共关系要素、公共关系职能、公共关系协调、公共关系实务知识与具体操作以及 CI 战略等等。

（4）相关学科知识。一些与公共关系密切相关的学科知识，如管理学、传播学、市场营销学、文化学、民俗学和人际关系学等。

（5）操作性学科知识。对提高公共关系从业人员的实际工作能力有直接帮助的学科知识，包括广告学、写作学、演讲学、社会调查学、计算机应用与社交礼仪知识等。

四、公共关系从业人员的能力要素

对于一个高水平的公共关系从业人员而言，一些基本的能力要素是必须具备的，比如：创新能力、表达能力、协调能力、交往能力、自控能力和评价能力等。

（1）创新能力。创新是公共关系活动的一个突出特点，每一个成功的公共关系活动就像是一座座雕塑精品，没有完全一样的。只有不断推出富有想象力的、别具一格的新颖活动方案，才能使组织或一鸣惊人、旗开得胜，或力挽狂澜、化险为夷，或力克群雄、出奇制胜。

（2）表达能力。把所要传达的思想清晰、简洁明了地用文字或口头表达出来，给表达对象留下良好的印象，才能收到良好的沟通效果。

（3）协调能力。公共关系从业人员协调能力强，公共关系活动的进展才快，效果才好。

（4）交往能力。是否具备善于与他人交往的能力，是衡量一个公共关系从业人员能否胜任公共关系工作的标准之一。

（5）自控能力。公共关系从业人员无论面对繁杂的日常事务，还是处理重大的应急事件，都应该调控好自己的情绪，耐心、冷静地把握解决问题的转机，应对各种复杂的局面。自控能力是对公共关系从业人员心理素质的挑战及其道德修养的检验。

（6）评价能力。评价能力是比较能力、鉴别能力、判断能力和批判能力的综合表现。评价能力是从事公共关系活动的重要因素之一。有较高评价能力的公共关系人员能够根据组织情况和面临环境以及公众情况，准确判断组织问题，有效开展公共关系活动。公共关系从业人员的评价能力高低受多方面因素影响，如知识水平、阅历、经验、思维方式、价值观念以及对情况的了解和掌握等等。

五、公共关系从业人员的工作职责

通常，公共关系从业人员的工作职责主要包括以下内容。

（1）撰写稿件，如新闻稿、总结报告、讲话稿、宣传手册、电影脚本、商业文件、杂志文章、广告词、生产和技术信息资料、公司简介、招工说明等。

（2）编辑出版公司内部报刊、宣传手册以及各种资料，如职工读本、教学图片等；承制和编辑视听宣传材料。

（3）与新闻媒介如报社、杂志社、电视台、电台和新闻通讯社等联系，保持与他们的信息交流渠道畅通，以便使本公司提供的新闻特写得到播出和刊登。同时为新闻单位的采访、约稿提供方便，对某些敏感性问题主动做出解释和回答。

（4）组织和筹办专题活动，如安排记者招待会，举办展览、庆典活动，组织参观、竞赛、奖励、集资捐助等活动。

（5）通过市场调查、民意测验等多渠道获取全面、准确的信息情报，并进行分析研究，使公司所制定的政策和计划能够适应公众和形势的要求，组织实施计划，评价计划实施效果。

（6）利用多方面的知识和技术从事文艺、摄影、广告、影视、幻灯、霓虹灯、展览等创造性活动，使公关活动富有艺术性和感染力。

（7）演讲、讲话。不失时机地利用各种场合发表演讲、讲话，宣传公司的政策，解释公司的行为。

（8）联络接待，包括与政界人物和行政机关、司法机关的联络交往；接待名人、要人及外宾的来访；在举行庆典活动时，安排对要人、宾客和记者的接待。

（9）出席会议，包括列席董事会议，出席生产计划会、推销会，代表公司出席供销关系户会议、商贸协会会议和其他被邀请的会议。

（10）监督本公司广告业务的开展。

六、公共关系从业人员的职业准则

有学者指出，职业道德有两个组成部分：一是以伦理方式履行职责；二是胜任地履行职责。他们认为：两者的结合并不能保证达到期望的优秀水平，但可达到可接受的水平。因为，一个有道德的人和有经验的实用主义者的行为之间有着重要的相似点：有道德的人做事是由于这与他的信念相吻合；而实用主义者采用某种模式则是因为经验告诉他这样做效果最佳或至少是风险最小。因此，无论一个人是从实用角度还是从道德观出发来对待生活，他都会采取同样的行为模式。

公共关系从业人员的职业准则，就是公共关系工作中必须遵循的道德操守和行为规范。很多国家及国际公共关系组织都十分重视公共关系人员的职业准则问题，并纷纷制定出相应的职业准则条款用以规范组织成员的行为。

夏普（Sharp）为公共关系人员的道德目标做出如下建议。

（1）保证组织传播的真实，这样组织才会有可信度。

（2）保证组织行动的公开性和一致性，这样组织才能得到公众信任。

（3）保证组织活动的公正，这样组织才会受到公平的对待。

（4）保证组织传播的连续性，这样组织才能获得与公众的相互理解和尊重。

（5）保证组织准确研究其社会环境，这样组织才能更有效地进行传播，并能在其行为不再符合公众利益时改变其行为。

公共关系职业准则（或道德准则）的目的是在于规范公共关系从业人员的行为，珍惜并扩展公共关系行业的良好声誉。所列条款多由以下内容构成。

（1）尊重客户的利益，客观、公正、忠诚地对待所服务的对象，为客户保密。

（2）不损害、中伤同行的权益和声誉。

（3）应以自己的行为赢得有关方面的信赖等。

坚持职业行为标准，站稳正确的立场，这是衡量公关人员的主要尺度。

七、公共关系从业人员创新能力的培养

在当今知识经济时代，培养选择一支有知识、有抗衡力的专门公关人才代表队伍，已成为适应知识经济发展的尤为紧迫的战略决策。因为知识经济的发展最终取决于人的素质。公共关系是一门理论性与实践性很强的新兴学科，公关人员的创新培养需要广泛地猎取知识，需要培养正确的学习方法，需要具备综合能力，需要有一种健康的心理品质。我们认为，公共关系从业人员的能力培养可以通过以下几个途径。

（一）广泛地猎取知识，勤于思考

公关理论与公关实践紧密结合是公关人员重要的学习方法。公关工作是一项应用性、随机性、变化性很强的工作，有人尽管满腹经纶，也难以在复杂多变的客观环境和事业中开拓创新。因而理论与实践紧密结合，力求知与智的结合，也就是学到的知识，在公关实践中转化为智慧，进而启迪创新思维，增长创新能力。知识是至为宝贵的产生创造力的能源，但有了这个创造力的能源，却并不一定能产生实际创造力，如同汽油箱装了汽油，汽车并不能自然而然地会产生动力一样，这中间还有一个使其转换的过程。

一般来说，创新方法有以下三个。

第一，要培养敏锐的洞察力。观察是知觉和思维相互渗透的复杂的认识活动。在观察的过程中，不断地将观察到的事物之间的相似性、特异性、重复现象进行比较，发现事物之间的必然联系，做出新的发现和发明。

第二，要养成主动思考的习惯。古希腊哲学家苏格拉底说："有思考力的人是万物的准绳"。而人的创造力来源于积极的思考。公关工作纷繁复杂，需要思考的问题很多，只要我们认真积极地去思考，创意会随之而来的。

第三，要克服障碍。心理学有个专用名词叫"迁移"，迁移就是指已经获得的知识、技能、甚至方法和态度，对学习新知识、新技能的影响。这种影响可能是积极的，也可能是消极的。前者是正迁移，后者叫负迁移或者意义障碍。在发展创造性的思维活动中，对迁移所具有的这种影响，必须引起足够的重视。人们对以往知识的理解，对自己习惯思路所产生的固执性，严重地妨碍着创造性思维活动的开展。如果不克服这种不良的定势和意义障碍，头脑就不会灵活，知识也难以得到有效的应用，创新意识就不容易产生。

公关人员要不断地学习新知识，接触新事物，勤于思考，不要满足于一孔之见；要使公关理论与实践紧密结合起来；突破固定思维方式和方法，促进知识正迁移，培养和开发公关人员的创新思维和创新能力。

（二）加强自学能力，提高综合素质

知识经济时代知识的价值不在于知识的拥有和学习成绩的优劣，而在于知识的创新和综合能力。任何一种创新活动，都是对已有知识的重新综合。都必须以广博的知识和广泛的社会实践为源泉，一个人综合知识的能力越强，所产生的创造思维也就越广泛，取得创造的成功率也就越高。只有尽量多地综合人类的知识信息，才有可能接近真理的边缘。

有了对知识占有的广博性，并经常注意知识的更新、综合，厚积薄发，广种多收，思

路才会开阔，谋略才会高人一筹。自学是成才的重要途径。以终身教育、素质教育、通才教育为特征的全面教育是知识经济的中心。在知识经济时代，知识创新借先进信息技术之威力，呈几何级数增长。

知识创新依靠的是人们的创新思维。知识经济是信息化的经济，今天的信息化形式就是电子化、数字化和网络化。而收集、整理、利用信息是公关工作重要内容之一。公关人员需要不懈的自学精神和科学的自学能力。公关人员处在知识经济的风口浪头上，必须虚心刻苦地向书本学，向社会学，向他人学，认真培养自己具有无师自通、更新知识、不断创新的能力。

（三）磨练和培养健康的心理素质

在知识经济时代，任何一种创新成果都是集体创作的过程和结晶。在知识高于权力和资本的经济时代，靠的是道德的力量、智慧的力量、意志的力量完美结合而形成的人格魅力。因此，创新需要有一种健康的心理素质。

当前教育界提出的提高"情商"的课题，便是其中的要义所在。所谓"情商"（EQ），全称应为"情绪智力商数"。它和"智商"（IQ）一样，指的是测定人的情绪智力水平的指标。公关人员情商的培养应注重从两个方面入手：真诚的品质和宽容的境界的修炼。

真诚是一个人外在行为与内在道德的有机统一体。只有真诚才会赢得人心，讨人喜欢。但真正做到"诚于中而形于外"实属不易，没有悟出真知灼见的人，就不会有实实在在的、发自内心的真情实意，光是花言巧语，说得越多越讨人烦。从某种意义上讲，公共关系学是"人学"。公关人员真诚透明的健康心理品质是公关成功的重要因素。

宽容是宽宏大量的能容人的品质特征，是一种深邃境界和高远风范的体现。公共关系人员的宽容品质应包含两层含义：一是要有容纳不同见解的雅量。公关人员要有一种自由宽容的境界，本着虚心认真的精神参与公关学术理论交流、研讨，形成畅所欲言、各抒己见的学术讨论氛围，因为真知不是那么容易获得的，真理常常掌握在少数人手里，要求公关人员要有容忍不同见解的雅量，才会使公关在中国大陆得到不断的创新。二是善于营造宽松的人际环境。知识经济更加突出群体合力的重要，更加重视合作和群体智慧的发挥。善于营造宽松的人际环境，培育合作精神。这样，智慧与合力就会源源而来，充满创新的公共关系就会在知识经济的浪潮中游刃有余。

案例与案例评析

【案例3.1 】从销售部到公共关系部

一本著名的商战小说里的女主人公是美丽干练的销售精英，没有她拿不下的订单。美丽的女销售遇上了竞争对手兼过去的恋人，终于倾吐衷肠："我不会再做你的对手了，我就要转到公共关系部做总监了。"故事看到这里，有人感慨地说："人家女销售精英为公司立下了汗马功劳，老板是让她去公共关系部享清福了。"

【评析】

现在，让我们展开讨论："如果把你从销售部调到公共关系部，你觉得是提拔你还是贬低你？"如果你想着"去公关部就是去享清福"，那是你对公共关系部的职责范围没有认识！公共关系部是沟通内外公众联系的重要部门，它要通过协调方方面面的关系，让企业在公众中树立良好的形象。任务多，责任大，所以我们说：承担起公关部的职责绝非易事。公共关系部的具体职责范围包括如下。

（1）建立信息网络。负责收集公司内外部环境的各种信息，将经过分析评价的各种信息提供给公司总经理和各部门做参考，以提高经营管理的能力。

（2）监测公共关系。在双向信息沟通的基础上，处理好公司内外的各种公众关系，如员工关系、住户关系、社区关系、媒介关系、政府关系等。

（3）监测社会环境。企业是社会的有机组成部分，企业的每项活动及其生存、发展都受到社会环境的制约和影响。公共关系部必须不断监测社会环境的变化，国家政策法令的变化，市场的变化，社会舆论的变化等等，使企业能及时适应这种变化。

（4）分析发展趋势。公共关系根据对政策法令、社会民意、时尚潮流等重要外界因素的监测和分析，向企业预报有重大影响的近期或远期发展趋势；预测企业的重大行动计划可能遇到的社会反应，使企业未雨绸缪，防患于未然。

（5）作为公司的对外发言人，负责对外宣传、沟通工作，树立良好的企业形象。

（6）编写并向有关传播媒介散发新闻稿、照片和特写文章；汇编有关的报刊目录；拍摄、整理、保存资料图片；设计、筹划、监制公司各种宣传品和赠品。

（7）保持与住户的经常联系，负责编辑以住户为阅读对象的报刊；接受住户对公司的各种投诉和有关咨询，对合理的要求及时通知有关部门，协助解决。

（8）作为公司社会活动的代表，积极参与有关社会活动，并做好公众来访的各种礼仪接待工作。

（9）做好公司内部员工关系，调动员工积极性；编辑供公司员工阅读的报刊，组织其他各种形式的内部传播工作；安排公司员工的各种康乐活动。

经过以上分析，评论者觉得如果你认为"公关部是一个集外貌和能力一体的部门"，还说得过去。

【案例 3.2 】 "老外"替中国品牌打工

2005 年，海尔集团推出了海尔新的标志。改掉"海尔"与"Haier"+"海尔图形"组成，由汉字海尔与海尔的汉语拼音组成，新的标志延续了海尔20年发展形成的品牌文化；设计更强调了时代感。拼音每笔的笔画比以前更简洁，共 9 画，"a"减少了一个弯，表示海尔人认准目标不回头；"r"减少了一个分支，表示海尔人向上、向前决心不动摇。喻意着海尔又站在了一个新起点，战胜自我！海尔人的确是这样实践的。

每年一度的广交会历来都是全国名牌厂家展示实力、吸引外商的"竞技会"。有一年的秋交会上，海尔集团使出高招，聘请外国留学生做咨询公关小姐。"洋公关"出现在广交会上是头一次。也许是"老乡见老乡"倍感亲切，秋交会开幕式过后，"海尔"展台旁挤满了外商。四名洋小姐金发碧眼，温文尔雅，彬彬有礼，操着流利的英语，向客户介绍着本公司的新产品，海尔这一新招特别吸引"老外"们的注意，可谓收到了事半功倍的效果。按海尔集团总裁张瑞敏的说法，在广交会聘请外国留学生，一方面提高了企业形象，另一方面也说明海尔集团具备让自己的产品迈向国际大市场的信心和实力。早在秋交会开幕前的一段时间，海尔便派人前往广州外语外贸大学等高等学府，挑选外国留学生做本届秋交会的公关小姐，初选共录取了28名外国留学生。经过一段时间的上岗培训，即包括海尔产品的种类、性能、优点等技术知识的掌握以及礼仪等方面的训练，再从中精选出8名优秀人员作为该公司的公关小姐。当这些洋公关小姐亭亭玉立于海尔展台旁时，公司的宣传果然取得了非同寻常的效果。

【评析】

一个企业、一种产品要出名，要有声誉，好的质量还不够，还必须做一系列的工作。过去的"酒香不怕巷子深"的观念是一种狭隘的观念。

第一，好的产品要出名，必须有一个好的牌子。并非只有外文商标才能创名牌，中文牌名同样也能够打响，关键是既要适应目标市场的文化传统、风俗习惯，又要有自己的特色。

第二，好的产品要出名，还要有吸引人的广告。有了好产品、好牌子，又怎么使它叫得响、提高知名度呢？"好酒还要勤吆喝。"这并非"王婆卖瓜"，而是让更多的人了解你，接受你，扩大知名度，卖出好价钱，这就要搞好广告等促销宣传工作。做广告必须选择时机，抓住机遇，还必须冒点风险，不冒风险难成气候。做广告还要设计好广告形式，考虑到广告效果，使之吸引人。那种千篇一律、平淡无奇的广告可能就"有去无回"。所以，海尔用"老外"替他们的品牌打广告，其公关营销手段可谓独到。据了解，"海尔"在国外同外商做生意时，实行的也是本土化战略的招数，由老外来推销海尔产品，不能不说是很好的创新。

【案例 3.3】 国美电器年末销售活动方案

一、策划特点：新颖、独创、大众互动性强、影响力广泛、具有极大的品牌宣传效应
二、策划实施目的：深化企业形象、提高企业美誉度、促进销售
三、策划实施步骤

（1）活动宣传。

（2）活动现场布置。

（3）活动现场执行。

（4）动力伞飞行路线及路线蕴意。

（5）现场互动环节设置。

四、策划方案实施影响力预测

（1）社会影响预测。

（2）本企业影响预测。

五、活动初步预算

六、活动时间及地点（待定）

策划实施目的：深化企业形象、提高企业美誉度。国美始终坚持："薄利多销，服务

当先"的经营理念，汲取国际上连锁超市的成功管理经验，国美人在用家电美化中国消费者家庭的同时，也为繁荣市场、贡献社会奉献自己的一分力量。年末之际国美推出大型推广活动，目的是最大限度地满足消费者需求，扩大企业的美誉度，深化其在公众心中的健康形象，促进销售。

备注：具体背景设计、现场布置设计方案由本公司提供。

【评析】

此案例主要体现专业公共关系公司在公共关系活动中的地位、作用及其服务特点。

（1）公共关系公司由职业公共关系专家和各类公关专业人员组成，是专门为社会组织提供公共关系咨询，或受理委托为客户开展公共关系活动的信息型、智力型和传播型的服务性机构。黑马公关公司是一家专门的公共关系公司。在"国美电器年末销售活动"这一公关活动中，它起到关键的作用，整个公关策划和实施过程都由它完成。

（2）专业公共关系公司的服务特点是：较为客观公正、技术全面、专业性强、灵活、适应性强。由于它的这些特点，使其能够更全面、更科学地策划并实施公共关系活动，并能正确处理实施过程中出现的问题。案例中"国美电器"正是利用了专业公司的特点，聘请了黑马公关公司为其策划，这是公共活动取得圆满效果的质量保证。

思考题

1. 公共关系社团的积极影响和作用有哪些？
2. 公共关系从业人员日常的业务有哪些？
3. 对公共关系从业人员的素质要求有哪些？

实务培训

一、公共关系与法律的话题——何为侵权？

假如整个作品或大部分内容未经作者允许而被抄袭，这就产生了侵权的问题。但是，在涉及受保护的作品的非商业使用的问题时，有许多例外。如作品可能为了学习研究、批评评论或教育的目的而被复制，广播录音可以复制后在家使用；从一个作品中节选一段400字，或节选几段文字、总数达到800字的文字复制是允许的……

例如以下情况。

（1）公共关系人员把新闻稿和图片送到报社，表述同意该报发表这些材料。

（2）如果公共关系人员想使用宣传册中的一些材料，必须从作者那里获得准许并公开致谢。

（3）公共关系人员可以拍摄客户接受电视采访的情况，并用来帮助客户，但不能将录像用于自己的业务推广宣传。

二、公共关系部与顾问公司相比较有哪些主要优点和缺点？

一般来说，公共关系的服务质量取决于那些实施人员的能力和经验。当然，不管由公共关系部来实施还是由顾问公司来完成，两者在组织控制方面存在一定的差别。

通常，公共关系部操作的优点包括以下内容。

（1）公共关系人员能在组织内部自由走动，必要时可以及时与各部门接触。

（2）由于其成员熟悉一般的公司政策，因此能够迅速处理新闻媒介的询问，而不必凡事都请示高层管理人员。

（3）其成员利益与组织成功密切相关。

（4）如果规模允许，还可设立专门小组，如出版物、视听、电影以及媒介关系组等。

公共关系部操作的缺点包括以下内容。

（1）许多管理人员更注意外部"专家"的建议，而不是自己的公共关系人员。

（2）顾问公司人员可能做过许多项目，他们的经验可以用于解决新的问题。

（3）内部公共关系人员可能缺乏创意，没有敏锐性和创造性。

第四章 公关与无形资产管理

【本章导读】

本章介绍无形资产的概念、分类、内容特征、无形资产管理以及公共关系工作在无形资产管理中的作用，警醒我们对无形资产的开发和应用的重视。

【本章目标】

➤ 了解无形资产的基本特征和内容
➤ 掌握无形资产的管理
➤ 理解公共关系工作在无形资产管理中的作用
➤ 理解企业导入 CIS 的价值和识别功能
➤ 了解 CIS 导入的时机和过程

第一节 无形资产基本知识

公共关系是现代经营管理中的一个有机组成部分，而不是一种简单的促销、宣传手段和塑造形象的技术。把无形资产管理放进公共关系的管理理论框架之内，是因为它越来越得到了人们的重视。随着知识经济时代的日益深入，新型的无形资产在不断地涌现。加强对无形资产的理论研究，将有助于加深对知识经济时代无形资产的理解，成功的公共关系能帮助我们进行科学的无形资产管理。

无形资产是指企业拥有或者控制的没有实物形态的可辨认非货币性资产。资产满足下列条件之一的，符合无形资产定义中的可辨认性标准。

（1）能够从企业中分离或者划分出来，并能够单独或者与相关合同、资产或负债一起，用于出售、转移、授予许可、租赁或者交换。

（2）源自合同性权利或其他法定权利，无论这些权利是否可以从企业或其他权利和义务中转移或者分离。

一、无形资产的基本特征

利用无形资产定义对无形资产进行认识和界定，就是利用无形资产定义所揭示的基本特征与界定对象进行比较，从而确定界定对象是否具有无形资产属性。从定义可知，无形资产的基本特征包括：无形性（不具有实物形态）、垄断性（为组织所垄断）、长期性（为组织长期使用）、可转让性、非货币性。

（1）无形性。无形资产不具有独立实物形态，无体无形，不占空间，人们无法凭感官感觉，只能从观念上去感觉它。但无形资产又必须通过一定的物质载体间接或直接表现出来，以证明其存在。如证书、图纸、资料、磁盘、标牌等载体可以直接表明无形资产的存在，无形资产则蕴含于组织的整体之中，组织本身就是载体；通过组织的效益间接表现其存在和价值。

（2）垄断性。这里所指的垄断性并不仅仅意味着对无形资产拥有或控制的独占性或完全排他性，它还包括一定时间、一定的地域和一定程度的垄断性。例如，某项专利技术的转让虽然是多家的，但受让者均在其所在地区具有独家使用权，如果该专利技术的市场足够大，或者也具有区域性，就可以认为所有者对该项专利在这个地区具有垄断性。

（3）长期性。无形资产在使用过程中其价值的实现方式并非一次性的，它能较长期地为企业使用；对组织的生产经营持续地发挥作用。

（4）可转让性。无形资产所具有的可转让性从广义上讲，是指通过某种形式使受让方能享有该项无形资产所带来的经济收益。某些无形资产由于无法脱离组织而独立存在，如企业的商誉；脱离组织就无法实现其价值，如某些行业的专有技术；又或者法律和法规强制性不容许转让的，如某些专营权等，都不能像一般商品那样单独交易，但投资者可以通过投资或兼并等资产组合方式来享有这些无形资产所创造的利益，从而达到转让的目的。

（5）非货币性。货币资金、应收账款和一切有价证券，如各种债券、股票、商业票据、财产抵押单据、保险单据等都不是无形资产，它们具有直接计价的货币性，无形资产则不具有直接计价的货币性。

二、无形资产的内容

无形资产包括社会无形资产和自然无形资产。其中，社会无形资产通常包括专利权、非专利技术、商标权、著作权、特许权、土地使用权等；自然无形资产包括不具实体物质形态的天然气等自然资源等。

（1）专利权：是指国家专利主管机关依法授予发明创造专利申请人对其发明创造在法定期限内所享有的专有权利，包括发明专利权，实用新型专利权和外观设计专利权。

（2）非专利技术：也称专有技术，是指不为外界所知，在生产经营活动中采用了的，不享有法律保护的，可以带来经济效益的各种技术和诀窍。

（3）商标权：是指专门在某类指定的商品或产品上使用特定的名称或图案的权利。

（4）著作权：制作者对其创作的文学，科学和艺术作品依法享有的某些特殊权利。

（5）特许权：又称经营特许权，专营权，指企业在某一地区经营或销售某种特定商品的权利或是一家企业接受另一家企业使用其商标、商号、技术秘密等的权利。

（6）土地使用权：指国家准许某企业在一定期间内对国有土地享有开发、利用、经营的权利。

（7）商业秘诀。

第二节　无形资产的管理

知识经济时代的无形资产对组织的作用越来越大，也可以认为知识经济时代的组织竞争就是人才的竞争、技术的竞争、知识的竞争，而所有这些都是组织无形资产的竞争。因此，组织应加强对无形资产的管理。

一、开发和创造无形资产

在知识经济时代，无形资产的价值相对上升，有形资产的价值相对下降，组织生存和发展越来越依赖于其无形资产。所谓知识经济，就是建立在知识和信息的生产、分配和使用之上的经济。知识经济的发展方向主要体现在两个方面：一方面表现在知识对传统产业的高度渗透，全面提高传统产业的技术含量，促进产业不断升级；另一方面表现在高新技术产业的迅速发展。知识经济改变了企业资源配置结构，使传统的以厂房、机器、资本为主要内容的资源配置结构改变为以知识为基础的、以知识资本为主的资源配置结构。知识资本在企业资本结构中占主导地位。在新的资产结构中，以知识为基础的专利权、商标权、商誉、计算机软件、人才素质、产品创新等无形资产所占的比重将会大大提高。

在知识经济时代，无形资产将成为企业最主要、最重要的投资对象，是企业实力的重要标志。为此，一是要有创造无形资产的能力，二是要引进无形资产。充分发挥无形资产的作用，增强组织的竞争力。

二、增强无形资产管理的意识

有关部门应通过各种形式进行宣传教育，帮助组织领导人掌握有关无形资产的知识，提高他们对无形资产重要性的认识，促使他们加强对无形资产的管理和保护。同时，应熟悉有关保护无形资产的国内国际法规，善于运用法律手段制止对组织无形资产的侵犯，防止无形资产的流失。

三、设立专门机构对无形资产管理

无形资产与有形资产相比具有自身的特殊性，这就必然对无形资产管理者提出了一些特殊的要求，即要求对无形资产的管理不能照搬对有形资产管理的办法。应根据自身情况设立专门机构，明确专人负责对无形资产进行专项管理，如专利的申请和维持；商标申请注册、印刷保管和使用；商业秘密和非专利技术的保护及管理；引进他人专利、专有技术的审查和报批。同时还应加强对无形资产管理人员的培训，以切实提高无形资产管理的效率。

四、制定必要的法律和制度

为了保证无形资产管理真正落到实处，国家要根据现代市场经济发展的需要，借鉴发达国家保护无形资产的做法，制定相应的法律法规和必要的规章制度。其中，特别要注意

完善考核制度，将无形资产的运作效率作为组织业绩考核的重要内容。同时，也要制定有关的规章制度。如：应明确规定商标允许他人使用时，对使用人的产品质量如何进行质量监控，质量不合格产品应如何处理等，通过一系列具体的规章制度，堵住漏洞。另外，应根据外部环境的变化建立起以保值增值为价值取向的系统管理机制，实施全面和全过程管理，切实保证无形资产的正常运行和保值。

第三节 公共关系工作在无形资产管理中的作用

无形资产及其管理的性质及特点，需要公共关系工作进一步发挥自己的沟通、协调与综合利用的能力，在做好关系资源开发工作的同时，积极参与对组织人力资本和信息、形象资源的开发与管理。

知识资产是组织无形资产的核心与源头，也是无形资产管理的关键。知识资产，尤其是人力资本的开发，离不开有效的内部公共关系。搞好内部公共关系是未来公共关系工作的首要任务，对新型管理模式的建立具有重要意义。未来的内部公共关系面临着发现、吸引人才和创建新型关系机制的双重任务。

公共关系在无形资产管理中应该发挥的作用和承担的任务有以下几个方面。

一、发现、培养、吸引、用好人才

人才是组织之间竞争的焦点，决定着一个组织的兴衰，它理所当然是内部公共关系的重头戏。利用自身工作的特点，接近、了解人才，协助组织建立适宜人才工作、成长、发挥作用的内部环境，创造良好的工作关系和人际关系，用事业、利益、情感等多种因素对人才形成吸引力，使人才能最大限度地实现自身的价值，促进组织的发展。

二、在组织内部形成活而不乱、松而不散、相互协作、高效运转的局面

随着组织管理的平面化与民主化，要达到这样一种较为理想的状况，就必须在以往的各种管理手段之外，寻求新的方式和方法，更多地通过交流信息、协商对话和各种非正式的交往，在组织内部形成积极互动的关系格局，比较好地把员工等内部公众的利益与组织的利用统一起来，真正体现对人的关心和尊重，为员工的成长、成才创造条件，在比较高的水平上实现竞争与协作、思想的多样性与目标的一致性的相对统一。

三、开发利用信息资源

公关人员要积极介入或承担组织的信息资源管理工作，成为信息管理的专家，使信息真正成为组织创新能力的重要来源和管理的纽带。这是公共关系工作人员在信息社会中继续保持自己职业优势和工作特性的关键。

四、全面保护组织的无形资产，防止它受到破坏或流失

追求无形资产的创新与增值，扩大无形资产的社会影响；要把提高组织的知名度、美誉度，塑造形象，创立品牌，广告策划，宣传促销等进行系统的整合，纳入无形资产管理的大范畴，统筹兼顾，合理安排，相互配合，以利实现其整体效益。这样就有可能使公共关系工作完成由浅入深、由表及里的根本性的转变，在功能、作用等各个方面有新的突破。

五、与无形资产管理结合

要为关系资源管理注入许多新的内容，大大提高公共关系的工作效率，就要使公共关系与组织的无形资产管理结合。以往比较注重强调公共关系就是组织与公众建立一种信息关系。但信息的作用并不是万能的，信息只有与利益、情感等因素结合起来，才有可能更好地发挥作用。这一点已被国内外长期的公共关系实践所证明。但这一事实在过去却难以得到理论上的认可以及组织制度上的保障，致使公共关系在涉及利益和情感领域时总是力不从心，或名不正言不顺。这也是造成以往公共关系工作说得多、做的少的主要原因。如果将关系视为组织的无形资产，把它纳入无形资产管理范畴，则有利于运用资产运行的一般规律、资产投入与产出的关系，从资产保值、增值的实际需要出发，比较好地把交流信息同协调利益、联络感情统一起来，都作为管理关系资源的正常投入来看待，过去长期存在的许多问题和争论将迎刃而解。

第四节　CIS的导入

一、企业导入CIS的价值

CIS（Corporate Identity 或 Corporate Identity System），即组织识别系统，是用以表达一个企业与其他企业之间的特色与差异，从而使公众对这个企业的产品乃至整体形象能够清楚、准确地辨识。CIS与品牌、商标、名牌是企业或组织的重要无形资产，是公共关系工作的重要内容之一。企业导入CIS战略后，能够对企业产生巨大的推动作用，可以带来经济效益和社会效益。

（1）增强企业自身实力，提高企业竞争力。一方面，企业推行CIS，有助于稳定企业员工队伍，并不断吸取社会上的优秀人才，从而有利于企业自身实力的增强；另一方面，有利于增强股东和金融机构的好感与信心，可以增强投资者的安全感与信任感。

（2）CIS有利于增强产品的竞争力，CIS通过给人印象强烈的视觉识别设计，强化广告宣传效果，快速梳理企业形象，有利于创造名牌，形成消费者的品牌偏好，赢得消费者的认同。由于CIS使本企业产品与其他同类产品相区别，因而便于在消费者心中建立起品牌忠诚。CIS还通过包装、广告的统一设计，赋予产品各种独特形象，从而紧抓住消费者。另外，CIS有利于争取到可靠的供应商和经销商。

（3）有利于企业公共关系的运作，有助于重建企业文化，使企业获得最佳的社会效益。

一方面，CIS 的推行使企业信息的传播简单化、差异化、个性化，更易于公众的识别和认可，从而达到最佳的沟通效果，搞好公共关系。同时，CIS 本身创造的良好企业形象，也为公共关系的运作奠定了坚实的基础。另一方面，企业通过推行 CIS，企业文化也就不断调整，可以重建企业文化，增强企业活力，发展企业。

二、识别功能

识别功能是 CIS 最基本的功能之一。经过 CIS 策划，使人们通过视觉、企业行为和某种理念来达到对某企业形象的认可，这种识别按其不同的内容或渠道可分为视觉识别（Visual Identity）、行为识别（Behavior Identity）、理念识别（Mind Identity）。

（一）视觉识别

视觉识别有基本因素和应用因素两大构成因素。基本因素包括企业名称、企业标志或品牌标志、企业宣传语言和口号等；应用因素包括事务用品、办公设备、室内装潢、建筑外观、标牌和旗帜、产品造型、广告媒体、服装服饰、交通工具和其他对外标示物等。其中，企业标志、标准字和标准色是核心要素，它们为其他视觉要素设计提供了基本的规则和要求。

（二）行为识别

行为识别是企业为反映自己的企业理念而进行的区别于其他企业的经营管理活动。它由内部和外部两大系统构成。内部系统包括企业环境、员工教育、员工行为规范化等；外部系统是针对市场和公众所展开的各种活动，主要包括产品规划、服务活动、广告活动、公众活动等。

（三）理念识别

理念识别是指企业整体价值观和经营理念，它体现了企业的整体精神风貌。其内容包括两个方面：企业精神或企业文化一旦形成，就必须在企业内部取得统一，即统一性标志；企业精神或企业文化应该同本企业的实际情况相结合，应具有本企业的特色，即独立性标志。这两个标志相辅相成，缺一不可。

三、CIS 导入的时机

从某种意义上讲，企业导入 CIS 可以不考虑时机，随时都能导入，而且越早越好，一开始就达到一定水准是最经济的。

导入 CIS 是一个大型的系统工程，企业往往要把它当作一次公关活动，当作振兴企业的新起点，因此企业往往要寻找一个有利的时机推行 CIS 计划。常选时机有以下几种情况：企业机构的成立、企业合并、企业实行多元化经营、实行股份制、股票上市、企业国际化经营、创立周年纪念、改善经营危机、消除不利影响、企业信息系统化改革、重整经营观念、创新视觉形象、统一企业战略与形象、强化竞争特色等。

四、CIS 导入的过程

表 4-1 是我国台湾省著名 CIS 设计专家林磐耸先生提供的 CIS 流程图，在这里转摘，希望能对大家的学习提供参考（表中资金预算为台币）。

表 4-1　CIS 流程图

阶段	作业内容	作业方式	关键	确认事项
CIS 概念确立阶段	·CIS 规划目的 ·CIS 规划效益 ·CIS 导入重点 ·CIS 执行评估 ·成立 CIS 委员会	·确定规划名称、意义、目的 ·双向沟通 ·制定进行内容程序	明确化	·确认方向 ·规划作业 ·规划内容
企业实态调查阶段	·经营者访谈 ·高级主管沟通 ·全体员工调查 ·视觉设计现状调查	·人员访谈 ·问卷调查 ·情报资料搜查 ·统计分析 ·养成教育	具体化	·问卷统计整理报告 ·情报资料分析报告
形象策略确立阶段	·营运市场策略 ·营运理念明确化 ·精神标语 ·形象策略概念 ·沟通策略	·营运概念总构筑 ·视、听觉设计之方向 ·行为环境规范之准则 ·活动推广之方向	视觉化 听觉化 环境化	·经营理念 ·选定精神标语 ·确立企业定位
设计作业展开阶段	·识别概念 ·VIS 视觉设计 ·BIS、AIS 教育训练 ·EIS 环境识别 ·EVENT 活动规划	·设计模拟、测试及调查作业 ·完成设计规定制定标准	系统化	·完成VIS基本应用系统，完成 AIS 教育训练完成 EIS 环境规划 ·EVENT 活动之做法
完成与执行导入阶段	·宣导程序 ·信息发布 ·执行者教育 ·全面执行推广	·教育训练 ·针对不同单位采取一致性宣传 ·制作对内对外文宣资料与规范	行动化	·定期 CIS 教育训练 ·确定 CIS 发表时间 ·进行集体活动与申连效益
监督评估阶段	·成立 CIS 管理委员会 ·制作监督 ·定期评估 ·效益统计	·定期评估、检讨提出改进方案并执行 ·年度效益报表统计	标准化	·制定 CIS 权限 ·VIS 手册标准化 ·EIS 手册规格化 ·监督评估方式
规划时间	360 个工作日（不含导入执行与监督评估阶段）	规划费用		3500000 台币（不含导入执行与监督评估阶段）

案例与案例评析

【案例 4.1 】IPAD & "嘀嘀" 商标案

2012 年 2 月,由于苹果公司在平板电脑产品上使用了深圳唯冠公司持有的 IPAD 商标,全国多地工商部门介入调查,一些地区苹果门店和代理商不得不停止销售该产品并下架。经过一系列的诉讼和调解,最终于 2014 年 7 月,苹果公司与深圳唯冠就 IPAD 商标案达成和解,苹果公司向深圳唯冠公司支付 6000 万美元,将涉案 IPAD 商标过户给苹果公司。2013 年 7 月杭州妙影公司注册成功了 "嘀嘀" 商标,2014 年 1 月,小桔科技的 "嘀嘀" 商标申请被驳回,因为有了在先注册商标。之后小桔向妙影公司提出拟出价 150 万购买该商标,但与妙影公司的要价 300 万相差甚远,双方没有达成协议。但最终在 2016 年 6 月小桔还是以 300 万的价格拿到了这个商标。

【评析】

注册商标就是为企业积累无形资产。商标是商品的生产者、经营者在其生产、制造、加工、拣选或者经销的商品上或者服务的提供者在其提供的服务上采用的,用于区别商品或服务来源的,由文字、图形、字母、数字、三维标志、颜色组合,或上述要素的组合,具有显著特征的标志,是现代经济的产物。在商业领域而言,商标包括文字、图形、字母、数字、三维标志和颜色组合,以及上述要素的组合,均可作为商标申请注册。经国家核准注册的商标为 "注册商标",受法律保护。商标通过确保商标注册人享有用以标明商品或服务,或者许可他人使用以获取报酬的专用权,而使商标注册人受到保护。商标通过对商标注册人加以奖励,使其获得承认和经济效益,而对全世界的积极和进取精神起到促进作用。商标保护可阻止诸如假冒者之类的不正当竞争者用相似的区别性标记来推销低劣或不同产品或服务的行为。这一制度能使有技能、有进取心的人们在尽可能公平的条件下进行商品和服务的生产与销售,从而促进国际贸易的发展。

注册商标就是投资无形资产。就如案例中谈到,当时深圳唯冠注册这个商标只花费了2000 元人民币,却在之后获得了 20 万倍的收入,值得我们参与无形资产的投资。

思考题

1. 无形资产的基本特征是什么?
2. 无形资产管理的特点和要求是什么?

实务培训

一、无形资产的评估方法有哪些？

（一）无形资产的分类

（1）专业人员能力：是指专业人员在各种情况下创造有形资产和无形资产的能力。

（2）内部结构能力：包括专利、概念、模型、计算机系统和行政管理体系等，由员工创造而由企业所拥有。此外，企业文化或企业精神亦属内部结构能力。

（3）外部结构能力：是指企业与客户和供应商的关系，以及商品名称、商标和企业声誉或形象等。

不同的企业，其无形资产价值体现在上述三方面的重点也不同，如可口可乐公司，主要体现在其拥有的品牌名（外部结构能力）和产品配方（内部结构能力）；如麦当劳快餐公司，其无形资产主要包括品牌名和特许经营网络（外部结构能力）；而微软公司的使用Windows操作系统的巨大用户群（外部结构能力）就是其无形资产。

（二）各类能力的评估指标和描述

1. 专业人员能力

对企业所有员工进行分类，以便区分专业人员和非专业人员。非专业人员也称支持人员，包括行政、管理、会计、人事等部门人员。

（1）企业发展

从事专业领域的工作年数：用企业内全部专业人员从事专业工作的总年数衡量专业人员的总体技能和经验水平。

受教育程度：专业人员受教育的程度一般可分为三级，即初级、中级和高级，也可以计算人均受教育的年数。

培训和教育成本：以企业销售额的百分比或人均培训天数计算。

能力等级：可对专业人员的能力进行评分，如用5分制或3分制。

能力周转率：可分别计算离开和新聘专业人员从事专业总年数除以企业专业人员专业总年数，以反映专业人员技能和经验是增加还是减少。

（2）效率

专业人员比例：用专业人员总数除以员工总数得到，反映专业人员对企业的重要程度。

杠杆作用：指专业人员对企业盈利的能力度量，可用专业人员人均利润额（效率指标）来衡量，公式如下：

专业人员人均利润额＝（利润/总收入）×（总收入/员工总数）×（员工总数/专业人员数）.

专业人员人均附加值：反映专业人员创造经济价值的能力。

（3）稳定性

专业人员平均年龄：专业人员的技能和经验与年龄有一定关系。一般而言，企业中专业人员平均年龄高，说明企业较为稳定，但动力不足。

相对工资水平：衡量企业相对成本水平的信息指标，亦可间接反映专业人员对工资的满意程度。

专业人员周转率：即专业人员调离本企业的比例。此值低，说明企业较稳定，但相对缺乏动力；此值高，说明有较多的专业人员对现状不满意，企业不稳定。

2．内部结构能力

（1）企业发展

对内部结构的投资：包括投资设立新部门、对新技术和新方法的投资等，以销售额的百分比计算。

对信息处理系统的投资：以销售额百分比计算，也可以用绝对值表示。此外，还可统计人均拥有计算机数。

对 R&D（研发，科学研究与试验发展）的投资。

（2）效率

支持人员的比例：以该类人员占员工总数的百分比计，此值的变化可以反映企业内部结构的效率改善情况。

企业文化状况：主要调查员工对企业领导和企业的态度等，应对调查结果进行定期分析。

（3）稳定性

企业经营年数：一般而言，企业历史越长越稳定。

支持人员周转率：见专业人员周转率指标。

新员工比例：新员工由于缺乏经验，与企业的结合度不如老员工，因此该比例高说明企业较不稳定。

3．外部结构能力

（1）企业成长

客户盈利率：传统上，一般只计算产品或市场盈利率，此处强调企业外部结构中客户的重要性。

（2）效率

满意客户指数：即市场目标客户对企业态度的调查结果，结合企业赢利率或效率指标进行交叉分析，以做出前后比较和趋势估计。

不同客户销售额比较：此值可以衡量企业现行客户网络的运行效率。

（3）稳定性

重要客户比例：如果企业只对几家客户的依赖度过大，说明该企业的外部结构不够坚固。其具体指标有两个：一是前五位客户所占销售额的总数，二是按从大到小排列，当销售额达 50%时的客户数量。

客户年数：指与之建立关系客户的时间长短，时间越长，关系越好。

重复订单的频率：此值表示客户的满意度大小。

本方法只是在知识经济背景中认识和分析企业无形资产提供了一种思路。无形资产评估的目的应该主要是为企业知识管理服务，至于企业产权交易对无形资评估的要求，可以先用财务会计方法算出初值，而最终价值是由市场来决定。

二、CIS 的设计程序与 CIS 开发的作业程序有哪些？

CIS 设计的程序有两大步骤：CIS 调查和企业形象市场定位、CIS 的企划和创意。通常，一个完整的 CI 设计开发系统主要包括以下几个内容。

（1）基本要素系统的设计。这包括企业命名、企业标志设计、标准字设计、应用标准字设计、商标的设计、象征图案设计、标准色设计等。

（2）组合规范与应用规范的设计。这包括基本要素的组合规定、基本要素组合系统的变体设计、禁止组合的情形等。

（3）应用设计。这包括办公用品设计、环境空间设计、标准服饰设计、产品包装设计、广告设计、交通运输设计等。

CI 计划开发的作业程序大体上可以分为三个阶段：企业实态调查阶段、设计开发阶段、实施管理阶段。

CI 手册是一本阐述企业 CI 战略基本观点与具体作业规范的指导书，是 CI 整体内容的导向，能确保 CI 运行作业的水准，企业可以参照手册中的规则来检查自己的管理体系，可以说 CI 手册是企业极重要的智慧资产。

制定 C1 手册的目的在于统一整体的企业形象，贯彻设计表现的精神，将企业情报传达到每个设计要素，以简明正确的图解来说明 CI 计划的意图与概念，以及整体设计的传播体系，作为所有设计的最高规则。

CI 手册的编制根据具体企业情况的不同，内容有所差异，但至少应该有以下几方面的内容：总论部分、基本要素、基本要素组合系统、应用要素、标志、标准字印刷样本及标准色等。

第五章　公关调研与评估管理

【本章导读】

公关调研是社会组织公共关系工作的重要组成部分，是社会组织公共关系活动的基础工作，也是社会组织公共关系人员需要掌握和运用的公共关系基本方法和专业技能之一。本章介绍公共关系调查研究管理，着重于信息调查，包括组织内部信息、外部环境信息、组织的公众信息和组织的整体形象信息。还提及调研方法和程序以及评估反馈的方法和相关报告的撰写内容。

【本章目标】

➢ 了解组织的内部信息、外部环境信息、公众信息以及整体形象信息
➢ 掌握调研的方法
➢ 掌握调研的程序
➢ 理解整理、归类、统计和多种分析，以及调查报告的撰写
➢ 掌握评估的标准与方法，以及评估报告的内容

第一节　信息调查

公共关系调查就是社会组织运用科学合理的方法，为准确地收集有关公众和社会环境等方面的资料而开展的调查。公共关系的基本工作程序也是采集、策划、处理、加工和传播信息，对信息传播的效果进行反馈评估。离开信息就无法搞公关，公共关系发展的方向就是信息化。通过公共关系调查收集有关信息，是进行公共关系调研的第一步，从本质上来说，调研就是获得信息的过程，信息是公共关系策划的原材料，掌握的信息越多越准确，就越能更好地确定目标、更容易就行动计划达成一致。因此，调研是社会组织公共关系人员需要掌握和运用的基本方法和专业技能之一。公共关系信息调查的内容有很多层次，可以依据组织的内部信息、组织的外部环境信息、组织的公众信息和组织的整体形象信息几个方面开展信息调查工作。

一、组织的内部信息

组织的内部信息主要包括组织的历史、组织的目标、组织的政策与措施、组织的贡献、组织的经营情况和组织的无形资产等。

（1）组织的历史。组织成立的历史、组织历史上的重要人物以及这些人物对组织的创

建、发展，对社会的进步所做的贡献；组织历史上发生的重要事件，这些事件对组织以及社会造成的影响。

（2）组织的目标。组织的目标是什么，组织的目标在历史上作过哪些调整，调整的原因和调整后的效果；组织的目标是否在为组织获取利益的同时也服务于公众的利益。这对于公关事业有重要意义。

（3）组织的政策与措施。组织有哪些现行政策和措施，这些政策和措施的实施情况，这些政策和措施对公众的意义；在组织的历史上，政策和措施经过哪些调整，调整的原因以及调整后的效果。

（4）组织的贡献。组织的生产或服务对社会发展的意义；组织曾对社会做过哪些贡献，包括捐款、资助、义务服务、人力支持等；组织为社会所做的贡献中，哪一种对于认识公众、理解组织以及推动社会的进步效果最理想；组织在哪方面有能力为社会做更多的贡献。

（5）组织的经营情况。市场覆盖率、产值、利润、上缴税收。

（6）组织的无形资产。组织的无形资产包括品牌、专利、商利、CIS、企业文化、见报率等。

二、组织的外部环境信息

组织的外部环境信息主要包括经济环境、政治环境、社会环境、科技环境和竞争环境等。

（1）经济环境。包括国内外的经济发展战略，经济发展趋势，资源和能源的储量及开发情况，当前国民经济发展的整体水平，国民收入的现有水平和发展的特点、趋势，社会购买力的特点和发展趋势，人口的数量、构成及发布情况，消费结构、特点和趋势，基建投资的方向和规模，外贸的现状与前景等。

（2）政治环境。国家或国际政治大背景下对组织有影响的各项政策和法令，与组织有关的政策和法令，这些政策和法令的变化趋势，这些变化将会给组织带来哪些直接或间接的后果。

（3）社会环境。国际政治、经济局势，社会发生的重大事件及其影响；社会观念和行为规范的变迁，社会上流行的思潮以及这些思潮对公众行为产生的影响；人们的价值观念、行为方式、消费倾向、宗教信仰、文化素质、道德规范，网络经济、电子商务的出现，中国加入 WTO、申办奥运会的努力等。

（4）科技环境。目标市场的技术水平、技术特征、技术要求、技术标准、技术类型以及技术变革，新技术的问世与应用等。

（5）竞争环境。组织所在的国内外行业情况，组织在竞争中所处的地位，竞争对手的各项政策与措施的实施现状，竞争对手的公共关系动向，组织的资源与市场情况、市场趋势等。

三、组织的公众信息

社会公众是公共关系工作的对象，他们构成了组织公共关系中必不可少的一方。公众的数量及其态度，决定着组织无形资产的质和量。开展公共关系工作就是为了发展良好的

关系，增进组织与公众之间的理解。因此确定公众特性以及了解公众也是公共关系调查的一件重要的事情。

（一）公众的特点

在公共关系中，公众是指那些与特定组织发生联系，具有某种共同利益，可以相互交流信息，相互产生影响的个人、群体或其他组织。公众可能由很少几个人构成，也可能人数众多。公众一般具有共同性、多样性和变化性的特点。

1．共同性

共同性，即公众相互之间的某些共同点，如共同的利益、共同的需求、共同的目标、共同的问题、共同的意向、共同的兴趣、共同的背景，等等。这样一些共同点，使一群人或一些团体和组织具有相同或类似的态度和行为，构成组织所面临的一类公众。比如，表面上看相互间并没有联系的许多人或团体，因为同处一个社区，都面临着某家工厂的污染威胁，从而使他们的态度和行为具有内在的联系，不约而同地或者有组织地针对该家工厂构成一定的公众压力、舆论压力。

2．多样性

公众的存在形式不是单一的，而是复杂多样的。公众由不同的个人、群体和组织构成，可以划分为多种类型。日常的公共关系工作对象应该包括各种各样的个人关系、群体关系、团体关系和组织关系。而公众就是许许多多与组织联系的、相互结合起来的具体的人。他们既有利益上的共同性，同时又有各自的特殊性。即便是同一类的公众，也可以有不同的存在形式。比如消费者公众，可以是松散的个体，也可以是特殊的利益团体（消费者公众），也可以是一个严密的组织（如使用产品的其他公司乃至政府）等等。

3．变化性

任何组织面临的公众，在性质、形式、数量以及范围等方面均会随着主体条件、客观环境的变化而变化。

了解公众的共同性，可以帮助我们从公众整体中区分出不同的对象；针对公众多样性、变化性的特点，我们可以有的放矢，选择最合适的信息内容、最有效的传播方式和媒介展开公共关系工作。

（二）公众的类型

通常，公众的类型主要有以下几个。

（1）商业组织的基本公众。这主要包括：原材料或服务的供应商、销售商和代理商、消费者和用户、雇员和潜在雇员、股东（对上市公司而言）、社区、政府机构、投资者和投资分析家、地方和全国性新闻媒介、舆论领袖等。

（2）慈善组织的公众。这主要包括：与慈善目标相关的公众、提供遗产咨询的法律专业人士、慈善事业志愿工作者、新闻媒介、舆论领袖等。

（3）行业协会的公众。这主要包括：协会会员、潜在会员、同类组织、社区、政府部门和其他法定机构、媒介、舆论领袖的等。

（4）政府的公众。对政府而言，公共关系工作主要是为了使选举人明白自己的权利和义务。其公众包括：公民、国内外媒介、其他官方机构、其他政府机构。

（5）工业企业的公众。

如图 5-1 所示，形象而较全面地列出了工业企业的公众。

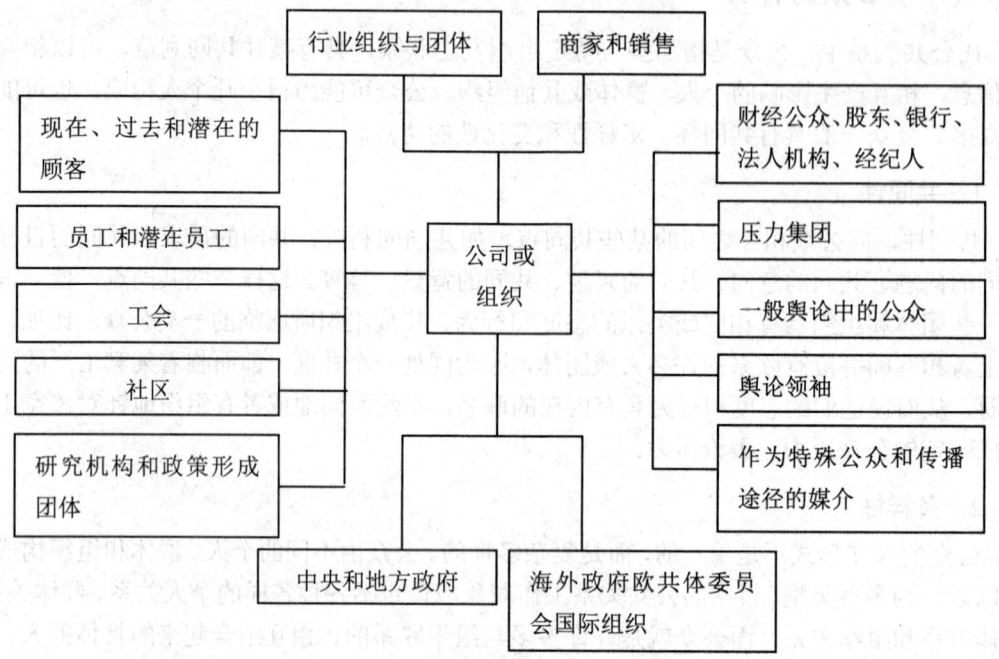

图 5-1 工业企业的公众构成图

还可以以不同的方法给公众分类，如：

（1）人口特征（年龄、性别、婚姻状态，社会阶层）；

（2）地理分布；

（3）与组织的关系；

（4）阅读和观看的习惯。

组织需要从各种不同的公众中选出一些它希望或需要与之进行沟通或联系的公众。这就需要组织对这些公众的需要或兴趣十分敏感；并努力做到用一个声音向这些不同的公众进行传播，而同时这种传播又能适应不同公众的特殊需求。

此外，组织如果涉及的公众是一个很大的群体，要同时接触其中所有的人，了解他们的要求显然是不可能的，这样就需要"舆论领袖"的帮助。"舆论领袖"也称为"意见领袖"，指将大众媒介发出的信息，再传播给他人，施行舆论影响，在大众传播媒介与受众之间起中介作用的人。也就是那些对群体或社会的态度的形成具有影响带动作用的人物，即能够影响他人的人，他们的影响可能是好的，也可能是坏的；在任何正式组织内，几乎都有舆论领袖，他们有在传播过程中对别人施加影响的作用，可以影响其他人态度的形成和改变；他们或是靠自己的专业学识和社会名望，或是靠自己人际关系方面的优势及在群体中的威望来发挥作用，往往能对组织形象发生重要影响，他们对于任何公共关系活动都是十分重要的，因为他们比整个公众更易识别、更易接近。要注意他们的意见，与他们搞好关系。这些舆论领袖主要包括以下几个。

（1）教师、学者和神职人员；

（2）中央和地方政府的政治家；

（3）政党和工会的领导人；

（4）新闻、广播和电视的新闻记者、时事评论家、专栏作家以及网络版主等；

（5）公务员、地方政府官员和其他官方机构成员；

（6）协会、学会和其他团体的负责人。

如图 5-2 所示，列举了舆论领袖的作用。

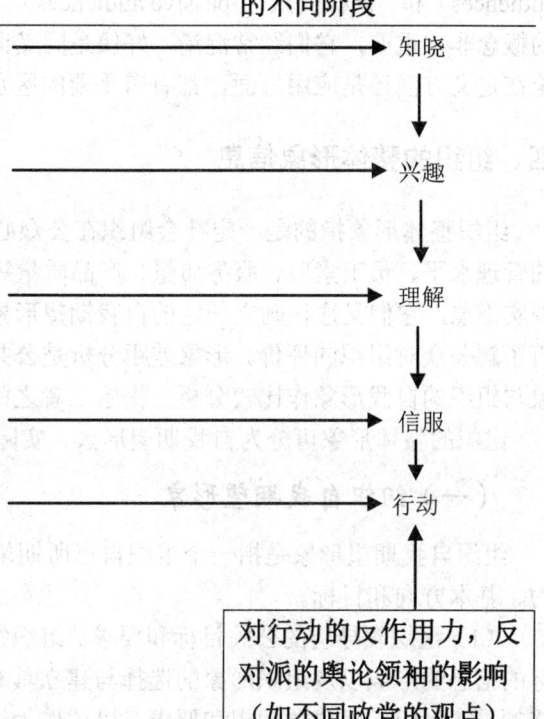

舆论领袖和媒介对公众舆论的形成所起的作用

媒介报道和评价引导公众形成某种观点，并提高公众对某一问题及关于它的各种观点的知晓程度

舆论领袖发表观点加强了媒介评论的效果，进一步提高人们对某问题的知晓程度和兴趣

舆论领袖经常通过媒介表达自己的观点，在澄清某个问题及关于它的各种观点方面起领导作用

舆论领袖增强人们对该问题的理解并使人们成为某种事业坚定的信仰者和支持者

尽管会受到舆论领袖的影响，但人们仍然自主地采取行动（对某个问题的积极支持或是发表观点）

公众舆论和行为被影响的不同阶段

知晓

兴趣

理解

信服

行动

对行动的反作用力，反对派的舆论领袖的影响（如不同政党的观点）

图 5-2　舆论领袖的作用

此外，公众的需求与公众的态度也属于组织的公众信息采集内容，要注意了解这两方面相关的东西。在日常生活中，公众与人民、群众、人群、受众几个概念容易相混淆。我们应该注意它们之间的区别。

（1）人民（people）作为一个政治哲学及社会历史范畴，量的方面泛指居民中的大多数，质的方面指一切推动社会历史前进的人们，其中包括劳动群众，也包括具有剥削性但又促进社会历史发展的其他阶级、阶层或集团。

（2）群众（mass）与人民相比，本质含义很大程度上是一致的，但群众比人民的内涵多，外延小。从范围上看，群众包含于人民之中，但其内涵更具体、稳定。人民是个流动概念，在不同的历史时期有不同的内容，但其主体和稳定的部分始终是从事物质资料和精神资料生产的劳动者，这部分人被称之为群众。

（3）人群（crowd）作为社会学用语，在量上指居民中的某一部分，在质上，人群是个松散的机构，不一定需要合群的整体意识和相互联结的牢固纽带，凡是人聚在一起均可称之为"群"。

（4）受众（audiences）是传播学的概念，在新闻学、广告学中通用，其含义与公众很接近。从广告的角度讲，受众一词的含义是指信息的接受者。因此，受众是消极和被动的。而公众与组织的关系是相互的，公众会对组织施加影响，组织也会影响公众。可见，虽然从信息传播的对象、信息的接受者这个角度，可以把公众和受众看作同义词，但公共关系活动的目标是激起较强的公众参与。从公共关系角度看，公众是积极的、主动的，而不是消极和被动的。为解决语义上的差异，公关界趋向于把受众划分为"积极受众"（active audiences）和"消极受众"（passive audiences），公众是积极受众。区别"受众"与"公众"的概念非常重要，它们经常混淆，好像是同义词。但是这两个概念在公共关系实践中，无论在定义方面还是应用方面，都有着重要的区别。

四、组织的整体形象信息

组织整体形象指的是一定社会组织在公众心目中的整体形象，是公众对某一社会组织的管理水平、员工素质、服务质量、产品质量等的总看法和总评价。任何社会组织都有其现实形象，它们又往往确立一定的自我期望形象作为奋斗目标。我们可以通过形象差距分析了解公众对组织的评价。形象差距分析是公共关系调查的一个环节，是将组织的实际形象与组织的自我形象作比较分析，揭示二者之间的现实差距。

组织的整体形象可分为自我期望形象、实际社会形象、竞争对比形象。

（一）组织自我期望形象

组织自我期望形象是指一个组织自己所期望建立的形象，它是组织公关工作的内在动力、基本方向和目标。

（1）组织领导层的公关目标和要求。组织领导层对自己形象的期望水平，对于组织目标的信息的形成以及组织形象的选择与建立具有决定性的意义。因此公关人员首先必须知晓领导者对组织形象的期望和要求，以此作为设计组织形象的重要依据。

（2）组织员工的要求和评价。即了解本组织广大干部和员工对自己组织的期望和评价。因此组织的目标必须得到广大员工的认同和支持才可能转化为该组织的实际行动，了解他们的意见才可能找到薄弱环节，采取改进措施。通过领导与员工意愿的结合，可以确定本组织的自我期望形象。

（二）组织实际社会形象

组织实际社会形象即社会公众对组织的实际评价，可以通过形象地位测量和形象要素综合分析来反映。

（1）形象地位测量。形象地位测量主要可以通过科学调研方法了解组织的知晓度、美誉度情况。知晓度即一定组织或机构被公众知道和了解的程度，而美誉度是评价组织声誉好坏的社会指标，是指组织被公众信任赞许的程度。这些都表明该组织或机构的公共关系状态，可以用组织形象地位图（如图5-3所示）来表示。组织形象地位图分为A、B、C、D四个区，分别表示不同的公共关系状态。A区表示高知晓度、高美誉度。处于这种形式下，说明组织公共关系状况较好。如甲组织知晓度。美誉度地位为 90∶90，几乎是最后状态。戊组织是 80∶80，还应该再做努力。B 区表示高美誉度、低知晓度。如乙组织的美誉度、知晓度地位为 90∶20，这种形象地位有良好的发展基础，应在提高知晓度上再做努力。C 区表示低知晓度、低美誉度。如丙组织的美誉度、知晓度地位为 10∶10，属于起步或状态不佳的状况，应设法先提高美誉度，然后在高美誉度的基础之上提高知晓度。D 区表示低美誉度、高知晓度。如丁组织的美誉度、知晓度地位为 10∶90，说明组织的公共关系处于恶劣状态。组织应先改善自身，然后想办法挽回声誉。

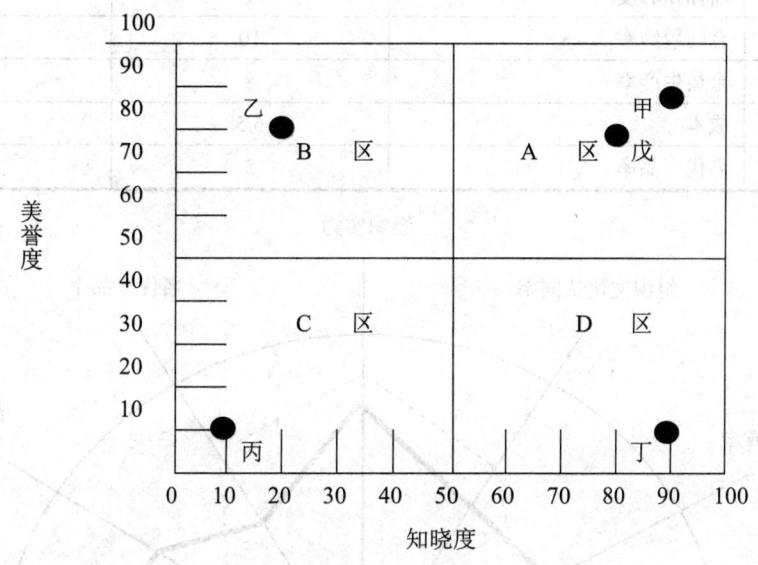

图 5-3　组织形象地位图

（2）形象要素综合分析。对组织形象的各要素、内在外在的总体特征与风格、组织的形象定位等全部要素进行分析，可以通过问卷调查、座谈、统计等方法，了解组织的 CIS、被认知的程度、企业文化深入人心的程度等，构成一个全方位的组织形象客观评价系统，便于清晰地了解自己，有利于准确塑造新形象。

（三）组织竞争对比形象

在市场经济条件下，几乎每个组织都会遇到形象竞争对手，同自己主要的竞争对手进行对比分析，可以更清楚了解自己在社会和公众心目中所占具体形象地位。具体操作方法为：选择一个最重要的竞争对手，依据自身和双方的各项具体情况确定数值，如表 5-1 所示，并据此绘制一幅竞争雷达图，如图 5-4 所示。雷达图中实线表示本组织，虚线表示竞争对手。双方各自的优势劣势一经量化、图表化，便一目了然。

表 5-1　组织形象竞争对比表

序号	项目	本组织	竞争对手
1	组织实力	7	8.5
2	组织文化认同率	5	7.5
3	市场占有率	5	7

（续表）

序号	项目	本组织	竞争对手
4	知名度	9	5.5
5	美誉度	9	6.5
6	产品形象	8	7.5
7	售后服务	9	4.5
8	商标知名度	9	5.5
9	合同履约率	10	7.5
10	全员生产率	8	5
11	成本	6.5	4
12	名优产品率	5	7.5

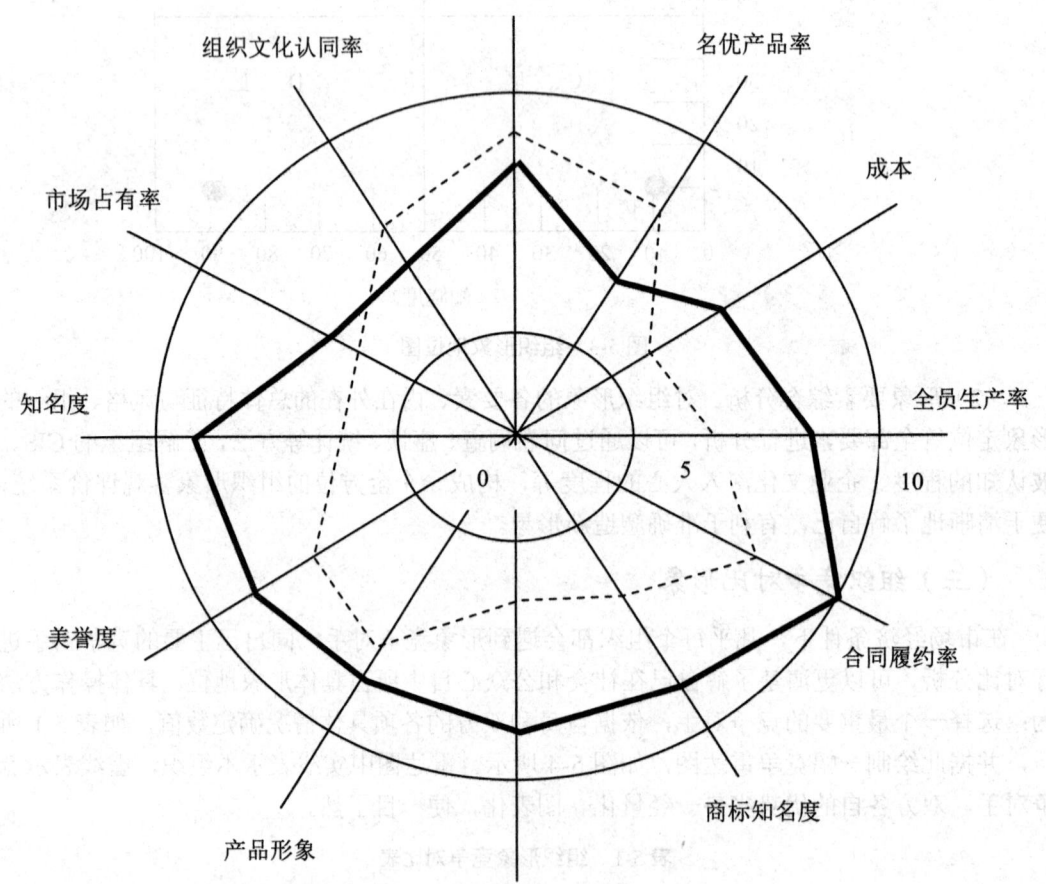

图 5-4　竞争雷达图

第二节　调研方法

通常，可以通过专题调查、随机捕捉、挖掘信息、委托他人找信息、合作调查和公开征集信息等方法进行公共关系调研。另外，还可以用以下的方法展开这方面的工作。

一、观察记录法

观察记录法是调查者进入调查现场，用自己的感官及辅助工具，观察和纪录被调查对象的表现，从而获得第一手资料的调查方法，有参与观察和非参与观察两种。

例如，调查人员拟采取此观察记录法在商场的进出口处定点、定时记录进、出的客流量。

（1）定点确定：以全部、各楼层的进出口为定点，以分析客流分布。

（2）定时确定：以周六 11：00～11：30、14：00～14：30 时段和周三 11：00～11：30、14：00～14：30 时段为调查测试时间段（注：或以公司过去确定的时间段为准）。

（3）调查员组织：①六人分为一组，三男三女，负责一进出口处；②每组分为三小组。其中两人记录男性数（一人唱数、一人记录，以下相同），两人记录女性数、两人记录客流总数，以最大限度保证调查测试的科学性和准确性。

（4）调查技巧：一人唱数、一人记录、事后汇总、相互验证、确保准确。

（5）组织保证：①每楼层由一名教师负责组织、指导和协调；②调查前先进行一次试调查，确保调查员掌握调查测试技巧。

二、随机抽样问卷访问法

随机抽样问卷访问法是调查者运用统一设计的问卷，利用书面回答的方式，向被调查者了解情况并收集信息的方法。

例：采用此调查法在商场内，以随机抽样的方式选择 200 名消费者作问卷访问调查（中等深度），以调查测试消费者的其他规律和特点。

（1）访问地点确定。在场内和场外（注：场外必须以出场顾客为对象）选择较宽敞、安静的十个地点作调查访问地点。

（2）访问时间确定。以周六 09：30～10：30、15：00～16：30 时间段和周三 09：30～10：30、15：00～16：30 时间段为调查访问定时段（注：或以公司过去确定的时间段为准）。

（3）调查员组织。①两人一组，一男一女，相互配合，负责一访问点；②每楼层设调查督导一名、质量监督一名，确保访问质量。

（4）调查技术关键点。①以随机抽样为原则，同时专门指定访问 50 名在商场已购物的消费者，并在统计时作特殊分类分析；②以公司公关部征求广大顾客意见的名义、并作为商场的一次公共关系活动的方式进行；③询问时注意提问的语气、方式和技巧，避免引导性提问。

（5）调查计划。本调查拟定时间为三周，实际调查时间为一周：①其中 3 天设计调查问卷表、调整调查企划方案；②其中 2 天为调查员培训和试调查；③其中 7 天为调查实施；

④其中 2 天数据统计分析；⑤其中 7 天为调查报告撰写。

（6）问卷的设计。

①说明信，例如下面的例子：

用户同志，您好。为了更好地为您提供所需要的产品和服务，我公司公共关系部特开展"了解市场、了解用户"的调查活动，请您在百忙中花些时间填写本问卷，我们将在回答问卷的顾客中抽出 100 名中奖者，赠送本公司精美的纪念品。

谢谢您的支持和合作。

某公司公共关系部
通讯地址：
电话：

②指导语，例如：

填表说明：

◇请在符合您的情况和想法的答案前划"√"；

◇每个问题只选择一个答案。

③调查内容设计

一般包括基本情况（年龄、性别、文化程度、职业、收入等项目）、行为事实和态度一件三个部分。

④答案设计

封闭式回答（填答式和选项式两种）。

填答式，例如：

◇您的年龄_____岁；

◇您居住的省份是_____（省、自治区、直辖市）；

◇您家里有几口人_____。

选项式，例如：

您的文化程度是_____。

◇小学以下；

◇初中；

◇高中及同等学历；

◇大专及以上。

开放式回答，例如：

◇您认为我们产品的主要优点有哪些？

◇您认为我们产品的主要缺点有哪些？

三、访谈法

访谈法是调查者依据调查提纲与调查对象直接交谈，收集语言资料的方法，是一种口头交流式的调查方法，可分为集体访问和个别访问。常规访谈法的设计包括以下几点。

（1）确定访谈调查目的。

（2）确定访员。

（3）确定访谈对象。

（4）确定访谈时间。

（5）确定访谈地点。

（6）确定访谈问题。

（7）确定访谈记录方式。

（8）确定访谈报告的方式。

访谈提纲可以设计如下。

访谈目的：了解组织员工对组织的了解和评价。

访谈对象：各部门随机挑选的 2 名员工。

访谈时间地点：公司小会议室某月某日。

访谈问题：

1．对公司的了解

（1）你了解公司的部门组成吗？

（2）你了解公司领导班子情况吗？

（3）公司的业务、主要产品和服务是什么？

2．对公司的评价

（1）对公司是否满意？若满意，为什么？若不满意,为什么？

（2）对公司的人际关系有什么看法？

（3）近期有一些人离开公司，另有他就，你对此事有什么看法？

四、文献调查法

文献调查法是指调查人员通过查阅各种文献，对媒介所传播的有关组织形象或组织发展信息进行调查统计分析的一种间接的调查方法，文献资料有书面文献、声像文献、电子文献。国外一家成才咨询服务公司，所收藏的有关成才的书籍、实例分析、成才的途径、方法的研究资料等，总藏量已超过 300 万页，是世界上最完成的成才方面的情报资料库，它为有关教育部门、公关组织提供了十分可贵的有价值的研究资料。文献资料研究一般分以下四步。

（1）搜集资料。

（2）建立文献分类检索系统。

（3）储藏资料。

（4）检索分析研究资料，对检索出的资料作纵向和横向地分析研究，弄清问题产生的原因，解决问题的条件和因素，提出建议和措施。

文献调查提纲，如下面的例子。

对×××的调查提纲

调查主题：北京晚报对公司报道的情况及评价

调查时间范围：20××年第 4 季度

调查内容：

（1）公司的见报率。在该季度的报纸上，公司名称及产品出现的次数。

（2）报纸对公司的评价。对公司的报道中正面报道和批评报道的比例。

（3）报社记者的报道和我公司公共关系部提供的通讯稿所占比例。

五、实验调查法

实验调查法是从影响调查对象的若干因素中，选出一个或几个因素作为实验因素，在其余诸因素均不发生变化的条件下，了解该实验因素变化对调查对象影响的方法。实验法是观察法的一个分支，是把调查事物放在某种特定条件之下来做观察，是一种对比观察。这样可以提高工作的预见性，减少盲目性，还可以比较清楚地分析事物的因果关系，这是访谈法和一般观察法所不具备的优点。常用的实验调查法有事前事后对比实验法和控制组同实验组对比实验法两种。

（一）事前事后对比实验法

这是最简便的一种实验调查方式。采用这一方法是在同一个市场内，实验期前，在正常的情况下进行测量，收集必要的数据；然后进行现场实验，经过一定的实验时间以后，再测量实验过程中（或事后）的资料数据，从而进行事前事后对比，通过对比观察，了解实验变数的效果。如，用事前事后对比实验方法可以调查商品价格变动对市场销售的影响等。

（二）控制组同实验组对比实验法

控制组指非实验单位（企业、市场），它是与实验组作对照比较的，又称对照组。实验组，指实验单位（企业、市场）。控制组同实验组对比实验，就是以实验单位的实验结果同非实验单位的情况进行比较而获取市场信息的一种实验调查方法。

采用这种实验方法的优点在于实验组与控制组在同一时间内进行现场对比，不需要按时间顺序分为事前事后，这样就可以排除由于实验时间不同而可能出现的外界变数影响。

六、在线市场调查

在线市场调查首先依靠的是设立网站。网站的建立有助于企业建立一个协调的形象，一个让公众容易接受和辨识的品牌。设立网站的主要目的是给所有感兴趣的公众提供一个档案库，感兴趣的读者可以根据自己的需要"拉取"相关信息资料，在网页上进行问卷调查可作为有力的证明以表明公众对企业的态度，它还能用来集思广益，讨论如何改善关系，矫正形象；公众参与讨论能使企业及时得到反馈意见，有利于进行下一步的思考和改进。

在线市场调查可以大幅度缩短市场调查时间，在进行市场调查时，可以不用印刷问卷，不用组织培训，访问员不用进行烦琐的数据录入和统计工作，使调查周期大幅缩短。更重要的是为受访者提供了灵活的受访时间，使他们更愿意配合参加调查。

在线市场调查还对调查数据以及收集质量作了新的突破，可以应用诸如唯一性判别、每题单屏显示逻辑跳答以及逻辑判断实时监控等多种方法，确保了调查数据收集的真实性、科学性和高质量。

第三节　调研的程序

　　一般稍具规模的公共关系调研的程序大致要经历计划准备阶段、实施阶段和分析报告阶段。如图 5-5 所示。

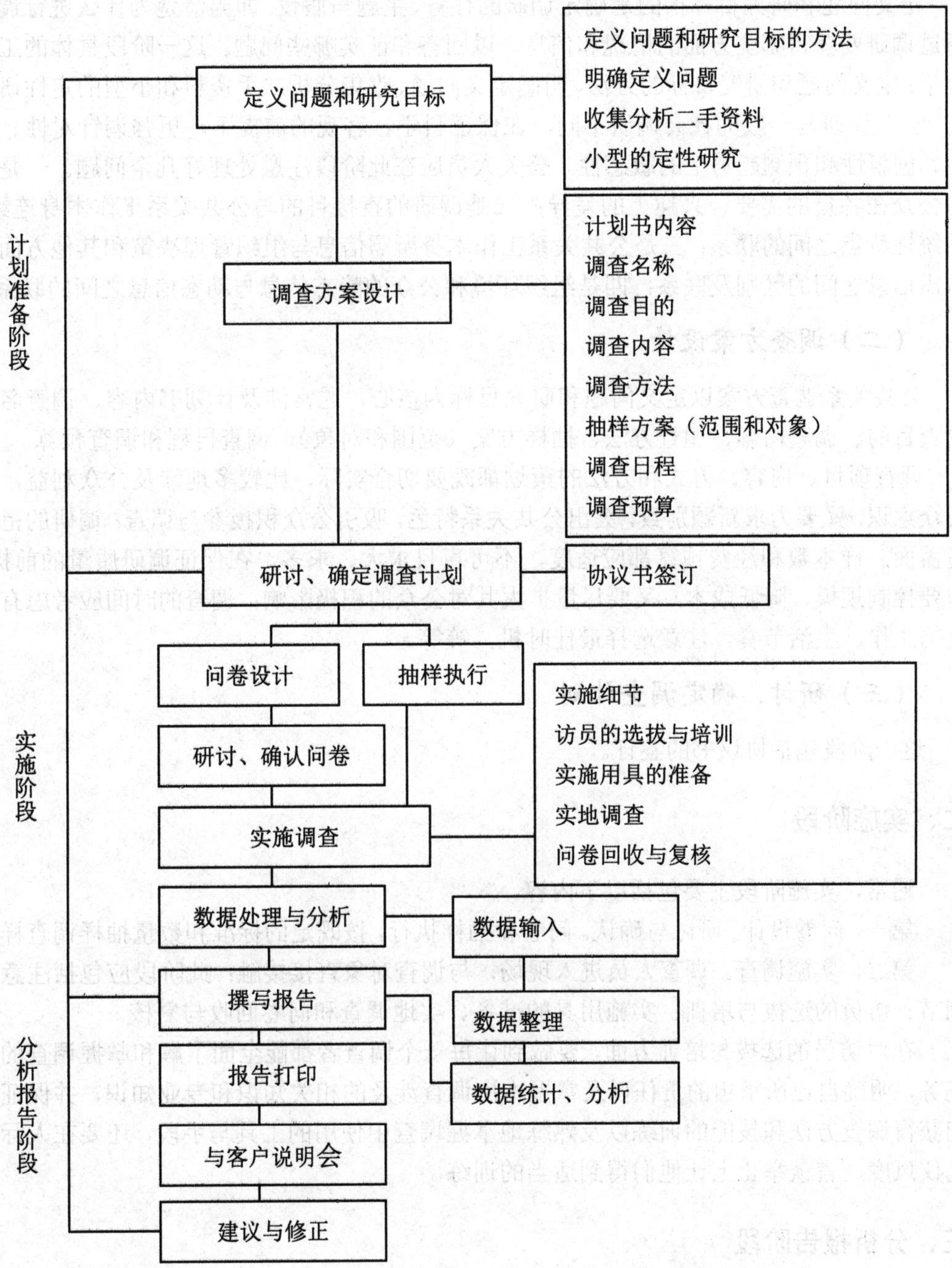

```
计划准备阶段
    定义问题和研究目标 ──── 定义问题和研究目标的方法
                           明确定义问题
                           收集分析二手资料
                           小型的定性研究

    调查方案设计 ──── 计划书内容
                      调查名称
                      调查目的
                      调查内容
                      调查方法
                      抽样方案（范围和对象）
                      调查日程
                      调查预算

    研讨、确定调查计划 ──── 协议书签订

实施阶段
    问卷设计    抽样执行 ──── 实施细节
                              访员的选拔与培训
    研讨、确认问卷              实施用具的准备
                              实地调查
    实施调查                   问卷回收与复核

    数据处理与分析 ──── 数据输入

分析报告阶段
    撰写报告
                      数据整理
    报告打印
                      数据统计、分析
    与客户说明会

    建议与修正
```

图 5-5　公关调研的程序

一、计划准备阶段

这个阶段包括了定义问题和研究目标、调查方案设计和研讨、确定调查计划。

（一）定义问题和研究目标

定义问题和研究目标指的是确定调研的任务、主题与假设。即弄清楚为什么进行调研，通过调研要获得哪些方面的情况和信息，以回答和证实哪些问题。这一阶段具体的工作应包括：定义问题和研究目标的方法、明确定义问题、收集分析二手资料和小型的定性研究。

公关调研与一般的社会调研不同，在保证科学、客观的前提下，更强调针对性、实用性、创新性和预测趋势上的敏感性。公关人员应在此阶段注意处理好几个问题。一是组织与公众在各自的需要、兴趣上的差异；二是调研的直接目的与公共关系工作本身连续性、系统性特点之间的联系；三是公共关系工作本身所需信息与组织管理决策和其他方面工作所需信息之间的区别及联系；四是组织环境和公众的静态信息与动态信息之间的联系。

（二）调查方案设计

公共关系调查方案以定义问题和研究目标为核心，通常涉及计划书内容、调查名称、调查目的、调查内容、调查方法、抽样方案（范围和对象）、调查日程和调查预算。

调查项目、内容、方式和方法的策划都既要切合实际，比较多地涉及公众利益，体现公众意识，又要力求新颖别致，突出公共关系特色，吸引公众积极参与调查；调研的范围、覆盖面、样本数和经费预算都应适度，不可盲目求大、求多，在保证调研质量的前提下，即要控制规模、降低成本，又要尽量扩大其对公众的积极影响；调查的时间应考虑有关公众的工作、生活节奏，注意选择最佳时机，等等。

（三）研讨、确定调查计划

这一阶段包括协议书的签订。

二、实施阶段

通常，实施阶段主要包括以下内容。

第一，问卷设计、研讨与确认。问卷和抽样执行，按既定的标准和数量抽样调查样本。

第二，实施调查。调查人员进入现场，与调查对象直接接触；此阶段应包括注意实施细节、访员的选拔与培训、实施用具的准备、实地调查和问卷回收与复核。

在对访员的选拔与培训方面，要做到让每一个调查者都能全面了解和掌握调查的计划、任务，明确自己所承担的责任以及掌握本次调查涉及的相关知识和专业知识，并保证让他们获得调查方法和技能的训练以及熟练地掌握调查中使用的工具与手段，还要在人际交往、礼仪风度、言谈举止上让他们得到适当的训练。

三、分析报告阶段

通常，这个阶段主要由以下几项工作组成。

第一，数据处理与分析。具体包括数据输入、数据整理、数据统计和分析。对调查中收集的资料、信息进行细致的整理、归类、统计和多种分析。

第二，撰写和打印报告。在对调查资料进行统计、分析的基础上，进一步根据本次调研所确定的主题与各项目标要求，参照以往的调查结果，参考与本次调研有关的其他各种资料、数据，进行综合研究，由具体、局部的感性认识升华为深刻、全面的理想认识，从纵、横两个方面，在更大的范围和深度上认识调查所获资料、信息的意义、价值及内在关系，通过表面形象去探询原因、发现规律、观测趋势，找出更具有本质性的东西，较为充分、透彻地揭示组织存在的公共关系问题、监测组织环境出现的各种变化、掌握公众的态度、意见及其形成的原因、变化的过程与趋势。然后再用调查报告的形式将它们集中地体现出来。

第三，召集与客户说明会。调研活动结束后，应尽快将调查报告及调研中获得的资料、信息送交有关部门或召集与客户说明会，促使他们重视调研的结果，并迅速做出反应、制定对策，采取实际行动，改进组织的有关工作。同时还可以提出建议，对以往的工作进行必要的修正。

第四节 调研总结

一、整理、归类、统计和多种分析

这方面的工作要根据每次调查的不同任务的具体要求，分别采取不同的方法、手段、程序和技术，难以一一尽述。但总的来说，调查资料、信息的整理工作一是不能出现遗漏；二是避免发生混淆，如调查结果的来源、区域、类型等要尽量分门别类、详加标注，使之井井有条；三是最大限度地对资料及其统计数据等进行多种形式、多种角度的比较和全方位的分析，力求使调查结果能更充分地说明要证实和研究的问题。

二、撰写调查报告

在对调查资料进行统计、分析的基础上，还应进一步根据本次调研所确定的主题与各项目标要求，参照以往的调查结果，参考与本次调研有关的其他各种资料、数据、进行综合研究，由具体、局部的感性认识升华为深刻、全面的理性认识，从纵、横两个方面，在更大的范围和深度上认识调查所获资料、信息的意义、价值及内在关系，通过表面现象去深入探寻原因、发现规律、观测趋势，找出更具有本质性的东西，较为充分、透彻地揭示组织存在的公共关系问题、监测组织环境出现的各种变化、掌握公众的态度、意见及其形成的原因、变化的过程与趋势。然后再用调查报告的形式将他们集中地体现出来。请参阅本章实务培训关于撰写调查报告的技能训练。

第五节　评估反馈

公共关系工作及其活动始终离不开对公众信息的搜集。在其开始阶段需要进行调研，在其收尾阶段也同样需要调研——对公共关系工作客观效果的调查与研究，即通常所说的评估反馈。其目的不仅是为了公正、客观地评价公共关系工作的成败得失，更重要的是为以后的活动提供新的目标、条件和借鉴。因此，调研与评估反馈具有某种内在的一致性。

美国公关学者切斯特·K.罗素指出："许多公关活动的唯一一致命弱点，就是没有使最高决策者看到这一活动的明显效果。"对公关活动进行客观全面的评估，可以增进公关的效果，了解公关是否协助组织达到经营目标，掌握未来公关的方向；作为未来公关策划的借鉴，达到更高的成就感。

一、评估的标准与方法

（一）公共关系工作准备过程的评估标准与方法

公共关系工作准备过程的评估标准与方法主要包括背景材料是否充分、信息内容是否正确充实和信息的表现形式是否恰当。

1．背景材料是否充分

这个阶段的公关活动尚未开始，评估的主要任务实际上就是检验前几个程序中是否充分利用资料和分析判断的准确性。重点是及时发现在环境分析中被遗漏的、对项目有影响的因素。

2．信息内容是否正确充实

强调的是信息的合理性。要分析公关活动中准备的信息资料是否符合问题本身、目标及媒介的要求；沟通活动是否在时间、地点、方式上符合目标公众的要求；有没有对沟通信息和活动的对抗性行为；有没有制造事件或其他行动配合这次公关活动，这方面做得够不够；相对任务本身而言，人员与预算资金是否充分，等等。

3．信息的表现形式是否恰当

检验有关信息传递资料及宣传品设计是否合理、新颖，是否能达到引人注目、给人以深刻印象的要求。这具体包括文字语言的运用、图表的设计、图片及展示方式的选择等。

（二）公共关系工作实施过程的评估标准和方式

1．评估标准

在这个阶段有四个不同层次的评估标准。

（1）发送信息的数量。组织在实施公关活动中所进行的电视广播讲话次数、发布信件及其他宣传材料以及新闻发布的数量，还应发现其宣传性工作如展览等进行与否及其努力程度。

（2）信息被传播媒介所采用的数量。报刊索引和广播记录一直被用来作为查对传播媒

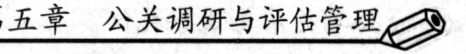

介采用信息资料数量的依据。其他宣传活动如展览、公开讲话的次数，也反映了组织为有效地利用各种可能渠道将信息传递给目标公众的努力程度。

（3）接收到信息的目标公众数量。将收到信息的各类公众进行分类统计，从中找出目标公众的数量。这就是说，对于评估来说，收到信息的公众的绝对数量并不重要，重要的是这些公众的结构。报纸杂志的发行量可以作为评估组织信息传播效果潜在的参考数据，会议、展览的出席人数也可作为这种评估的参考数据，但真正的效果应体现在有多少人真正注意到这一信息上。

（4）注意到该信息的公众数量，调查传播信息的实际效果。

2. 评估方式

通常，实施过程的评估方式可分为以下三种。

（1）评估人员的直接观察。这种直接观察可以由评估人员直接参与实施过程，进行实地考察，记录各个环节实施的状况和顺序以及进展情况。

（2）比较实施者和实施对象。对实施者和实施对象进行调查，再把二者的资料和调查访问实施对象得到的资料进行对比分析，是一种重要的评估形式。

（3）分析各种汇报资料。从不同的渠道汇报上来的各种资料，如数据、图表、报告，是评估的重要依据。通过研究分析这些资料，比较实施人员、实施对象、实施方法步骤、社会环境等方面的特点，了解实施过程中易出现的障碍，以便建立标准化的实施程序，确定实施人员和实施对象的结合部位。

以上三种方式一般是综合运用，通过几种方式相互比较、相互引证，得到一个全面、综合性的评估结论。

（三）公共关系工作实施效果的评估标准和方式

1. 评估标准

实施效果的评估是一种总结性的评估。这一阶段的评估标准有以下几点。

（1）了解信息内容的公众数量。

（2）改变观点、态度的公众数量。这是评估实施效果的一个更高层次的标准。

（3）发生期望行为和重复期望行为的公众数量。

（4）达到的目标和解决的问题。

（5）对社会和文化的发展产生影响。这种影响同其他各种因素共同起作用，并在较长时间里以复杂、综合的形式表现出来。

把公共关系准备过程、实施过程和实施效果三个阶段的评估标准用一张阶梯图表示出来，如图5-6所示。

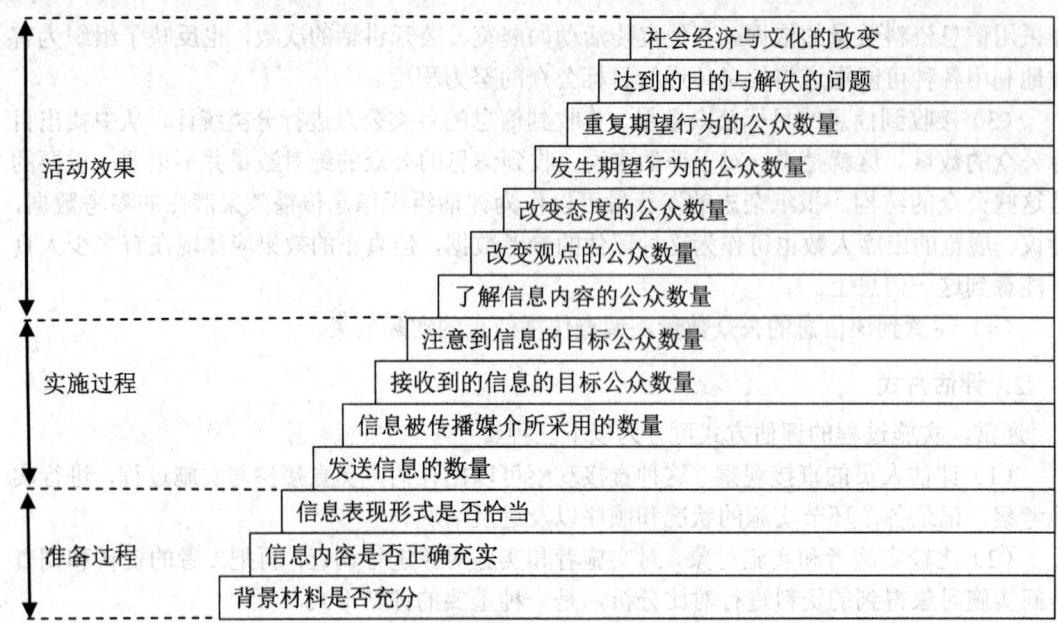

	社会经济与文化的改变
	达到的目的与解决的问题
	重复期望行为的公众数量
活动效果	发生期望行为的公众数量
	改变态度的公众数量
	改变观点的公众数量
	了解信息内容的公众数量

注意到信息的目标公众数量
接收到的信息的目标公众数量
实施过程　信息被传播媒介所采用的数量
发送信息的数量

信息表现形式是否恰当
准备过程　信息内容是否正确充实
背景材料是否充分

图 5-6　评估阶梯图

2. 评估方式

关于实施效果的评估方式，按照评估实施者的不同可以分以下三种。

（1）对象自我评定法。这是由公关活动的对象通过亲身感受而对公关活动给予评定的方法。采用自我评定法要特别注意问卷或提问的方式，对敏感的问题宜采用灵活、委婉的方式进行调查。

（2）专家评定法。这种方法是由公关及有关方面的专家来审定公关计划，观察计划的实施，对计划实施的对象进行调查，与实施人员交换意见，最后撰写出评估报告，鉴定公关活动的成效。

（3）实施人员的评估。公关计划的实施人员要经常自行对公关计划和实施的进展情况进行评估。这种评估能够及时、充分地利用实施过程中的实际情况对该项活动的影响效果进行判断，从而获得反馈。

二、评估报告的内容

公关评估报告是评估工作的最终成果。评估报告与调研报告在撰写等许多方面是相似的。评估报告应当精确地描述整个公关活动的过程，简洁地概括活动所取得的主要结果及其存在的不足，科学地预测尚未解决的一些问题在今后的发展趋势，并提出相应的解决方法，为决策者把评估分析用于为组织战略决策提供充分的信息根据。

评估报告的内容主要根据评估的内容和委托人的要求而定。常规的评估内容如下。

（1）我们是如何做的？完成此项活动的效率和经济效果如何？

（2）别人做得怎么样？他们掌握的情报是否充分？预期目的达到了吗？人员是否够用？

（3）我们争取到公众的支持了吗？我们对希望争取的公众是否有明确的认识？完成这

些目标的相应项目是否在计划中并付诸实施？目标公众接受到并理解传播之意吗？他们有无反应？

（4）活动项目的短期目标、长期目标实现了吗？实施是否导致了舆论的行为模式的改变？计划者所考虑的其他目标是否实现了？

（5）是否超出了预算？经费使用是否合理？

（6）其他特点内容，如品牌、无形资产、人员素质等相对静态项目评估和专题活动、广告效果、销售额等动态项目的评估。

总之，项目的目标越具体，对其结果进行评测就越容易。当公关人员将调研或评估中获得的资料、信息送交有关部门后，有关组织、部门应重视调研评估的结果，迅速做出反应，制定对策，采取实际行动，改进相关工作；同时，公关人员也应就调研评估的结果，反思以往公共关系的工作，尽快确定下一步公共关系工作的重点、目标、任务、对象与具体的突破口，迅速转入下一阶段的工作。

案例与案例评析

【案例 5.1】人民日报海外版读者调查问卷

致读者

到今年 7 月 1 日，《人民日报海外版》30 岁了！海外版的点滴进步，离不开世界 80 余个国家和地区数百万读者、网友的厚爱与支持。值此创刊 30 周年之际，为总结成绩，发现不足，更好地办报和服务读者，本报编辑部特开展一次大型读者有奖问卷调查，并委托第三方权威机构——清华大学媒介调查实验室负责进行数据统计、分析等相关工作。

本次问卷的纸质版刊登于《人民日报海外版》2015 年 4 月 7 日第三版，回收截止时间为 4 月 18 日（以邮戳为准）。除填写（圈选）纸质问卷外，您还可以登录人民网、海外网、海外版"海客"客户端、关注侠客岛和学习小组微信公众号、海外网微博微信，或扫描本版、本网刊登的二维码，参加网上问卷调查（注意：只能选择一种方式；同一身份、姓名者，只允许填答一份问卷；本社总部人员及驻各国各地人员不参与答卷）。

如果您选择填写纸质版答卷，请将纸质答卷剪下直接寄至本报（中国北京朝阳区金台西路 2 号人民日报海外版，邮政编码：100733），信封上请注明"海外版问卷"。

本次调查除设置随机抽取的一、二、三等奖和纪念奖外，还设置"建言奖"。其中：一等奖三名，奖金各 3000 元（人民币，下同）；二等奖五名，奖金各 2000 元；三等奖八名，奖金各 1000 元；建言奖若干名，奖金各 500 元；纪念奖 50 名，奖金各 200 元。抽奖日期为 6 月 10 日，抽奖过程将聘请有关部门监督。抽奖结果 6 月 11 日于本报和海外网公布。

期待您的参与！

《人民日报海外版》编辑部

> 开始答题

请问您平时了解国内新闻时，经常使用？（请选择 1 到 5 项）

人民日报海外版

新华社

中国国际广播电台

CCTV

国内门户网站如新浪、腾讯、网易等

……

【评析】

当调查问卷经过制作、发布、数据录入后，最重要的就是进行结果分析了。对于不是专业人士的我们如何通过问卷分析出准确的结果呢？

首先，我们要明确调查问卷的初衷，也就是目的是什么！我们紧紧围绕这个目的而进行分析才能得到准确的结果，问卷中设立的问题和项目是否与目的具有一定的相关性？本案例的目的是"总结成绩，发现不足，更好地办报和服务读者"，如果相关，问卷是有效的。

其次，要依据调查结果，对每一项问题的回答情况进行统计。这些数据会直接反映出被调查人员的行为和心理状况，以及他们对问题的认知程度。

再次，就是整理分析数据。这也是调查问卷的最为重要的环节了，因为分析数据会告诉调查者一些具体的情况，也就是调查者想要的结果是什么。比如：平时了解国内新闻时，经常使用 CCTV 有多少人？使用中国国际广播电台有多少人？从整理中得出的百分比，我们可以了解到比较详细的情况。再深入分析，我们会知道人们重视人民日报海外版的情况，随之也对他们的诉求有了更进一步的了解。

我们还可以采用专业的分析软件进行调查问卷的结果分析，如 SPSS 软件，这也是目前使用最广泛的调查问卷分析工具。

【案例 5.2】我们的抱怨

本书作者，作为喜欢旅游的人，借本书此节抱怨我们的饭店服务。

西方人曾经将饭店员工在服务过程中的"服务"的英文写法"SERVICE"拆解，每个字母都有相应的含义：字母"S"理解为"Smile——微笑"，饭店应该提倡的真诚的微笑服务；字母"E"指"Excellent——出色"，指饭店员工不是仅仅提供服务，还要超出顾客的预想，在服务态度、标准、程序上都表现得非常出色，也就是超前服务；字母"R"是指"Ready——有所准备"，指在为顾客提供服务前就准备好物质、心理、技能等条件，以便能随时满足顾客的需求，娴熟地为顾客提供周到的服务；字母"V"是指"Viewing——看待"，饭店方要了解客人对服务的感受，要了解顾客的评价。

事实上，我们饭店的这种交流少之又少，服务员常常是默默地做自己的事情，顾客更是难见饭店的管理人员的踪影，最多是设计一张顾客意见征询表请客人填一下完事。要想真实具体地掌握客人的信息，饭店客房部必须和前厅、营销、质量管理等部门密切合作，通过多种方式征集客人意见。国外的饭店常常会举行一些鸡尾酒会，邀请住店客人与酒店各级员工共同参加，酒会中，大家可以轻松而坦诚地交流，从而给饭店管理部门提供真实的信息。

饭店产品具有同时性的特性，一般是客人走了，整个消费过程随之结束，饭店与客人之间大都两不相干，即使客人有什么不满，往往也只是用"以后再也不到这家店"来安慰自己，或是向周围的亲朋好友抱怨。

现在，在有形产品生产领域，不少行业为了吸引顾客，许多厂家纷纷推出各种各样的优质售后服务措施，甚至提出"现在的竞争已经不是产品的竞争，而是售后服务的竞争"的观点。饭店提供的产品是无形的，其性质、消费方式与实物大不相同，但是，通过良好的售后服务，不但可以有效消除顾客的不满，改变饭店产品因其特性导致的"出现质量问题不易补救"的被动局面，更能通过顾客的口口相传，树立饭店"待客真诚、恪守信誉"的形象。即使不是因为有顾客不满的情况存在，饭店做好售后服务工作也有利于传达对顾客的重视和尊重，提升饭店在消费者心目中的形象，显示出饭店的档次。

【评析】

长期以来，饭店业一直信奉着的"客人是上帝"的服务理念，其实就是为了让客人感受到一种尊重。但是在实践的过程中，这种理念一直存在传递上的障碍。高水平的饭店业不一定要投入许多人力、物力、财力，进行市场的可行性调查研究，以求心中有数。饭店员工对客人的态度、言语、表情等都是传递对客人尊重的重要载体，是饭店的无形资产，让客人感到亲切和受尊重，是饭店业体现对客人服务个性化的起码要求，理应成为饭店业共同追求的目标。但由于这种重要载体很细微很难加以规范和考评，员工发自内心地对企业的忠诚才能把这些细微之处做得尽善尽美，所以才有了案例5.2的抱怨。

思考题

1. 请举一实例，说明公共关系调研是公共关系活动的基础工作。
2. 公共关系调研中几种主要方式各有什么特点？
3. 请设计一份调查问卷，其中应有封闭式和开发式两类问题，并请附上封面信和指导语。
4. 有人认为公共关系四步工作法为调查、策划、实施、评估，请你结合本章谈谈对这个问题的理解。
5. 请教师选择一个主题让同学们进行调研，然后撰写调研报告。

实务培训

一、如何撰写市场调研报告？

规范的市场调研报告，一般应包含序言、摘要、引言、正文、附录五个部分。

（一）序言

调研报告的序言主要介绍课题的基本情况，通常包括扉页和目录或索引。

1. 扉页

扉页一般只有一页纸，其内容包括以下几个。

（1）调研报告的题目或标题。题目一般只有一句话，有时可再加一个小标题，文字可长可短，但应将调研的内容概况出来。

（2）执行该项研究的机构的名称。如果是单一机构执行，写上该机构名称即可。如果是多个机构合作进行，则应将所有机构的名称都写上。

（3）调研项目负责人的姓名及所属机构。即写清楚项目主要负责人的姓名及其所在单位。

（4）注明报告完稿日期。

2. 目录或索引

目录或索引应当列出报告中各项内容的完整的一览表，但不必过分详细，一般只列出各部分的标题名称及页码。目录的边幅以不超过 1 页为宜。有时如果报告中图表比较多，也可再列一张图表目录。目录如下所示。

目录
一、摘要
二、引言
1. 研究背景及目的
2. 研究内容
三、研究方法
四、研究与分析
1. ×××的知晓度
2. ×××的美誉度
3. ×××市场规模、市场销量
4. 关于×××的概念
5. ×××与其他的广告效果比较
6. 公众的特征
7. 公众的消费心态
五、结论及建议
六、附录：访问提纲和消费者问卷

（二）摘要

摘要就是要概况地说明调研活动所获得的主要成果。阅读调研报告的人往往对调研过程的复杂细节没有什么兴趣，他们只想知道调研所得的主要结果、主要结论以及他们如何根据调研结果行事。因此，摘要可以说是调研报告极其重要的一部分，这也许是从调研结果得益的读者唯一阅读的部分，所以应当用清楚、简洁而概括的手法，扼要地说明调研的主要结果，详细的论证资料只要在正文中加以阐述即可。

调研结果的摘要应简短，最多不要超过报告内容的1/5。调研结果摘要是相当重要的报告内容，但在国内的调研报告中常被忽略，这应该引起调研人员的重视和注意。摘要中应该写出关键词。

（三）引言

引言部分介绍研究进行的背景和目的。

1. 研究背景

研究者要对调研的由来或受委托进行该项调研的原因做出说明。说明时，可能要引用有关的背景资料。

背景资料的介绍不仅可作为研究目的提出的铺垫，还可以作为研究结论和建议的佐证与研究结果相结合来说明问题。所以背景资料的介绍不一定面面俱到，但必须与调研主题有关。

2. 研究目的

研究目的通常是针对研究背景分析所存在的问题提出的。它一般是为了获得某些方面的资料或对某些假设做检验。但不论研究目的如何，研究者都必须对本研究预期获得的结果列出一张清单。

（四）正文

正文对调研方法、调研过程、调研结果以及所得结论和建议作详细的阐述。调研报告的正文必须包括研究的全部事实，从研究方法确定直到结论的形成及其论证等一系列步骤都要包括进去。但是无关紧要的或不可靠的资料一定要删除掉。调研报告的正文之所以要呈现全部必要的资料，原因在于：一是让阅读报告的人了解所得调研结果是否客观、科学、准确可信；二是让阅读报告的人从调研结果得出他们自己的结论，不受调研人员本身所作解释的影响。

报告正文的具体构成虽然可能因研究项目不同而异，但基本上包含三个部分：研究方法、调研结果、结论和建议。

1. 研究方法

在这一部分中，需要加以叙述的内容包括以下几个。

（1）调研地区。

（2）调研对象。

（3）样本容量。

（4）样本的结构。

（5）资料采集的方法。

（6）实施过程及问题处理。

（7）访问员介绍。

（8）资料处理方法及工具。

（9）访问完成情况。

调研方法的介绍有助于使读者确信调研结果的可靠性，但在描述时要尽量简洁，把方法及采用原因说清楚即可。

2. 调研结果

调研结果部分是将调研所得资料报告出来。资料的描述形式通常是表格或图形。在一份调研报告中，仅用图表资料呈现出来还不够，调研人员还必须对图表中数据资料所隐含的趋势、关系或规律加以客观的描述。调研结果有时可与结论合并成一个部分，这要视调研主题的大小而定。

3. 结论和建议

要说明调研结果有什么实际意义。结论的提出方式可用简洁而明晰的语言对研究前所提出的问题作明确的答复，同时简要地引用有关背景资料和调研结果加以解释、论证。

建议则是针对调研获得的结论提出可以采取哪些措施、方案或具体行动步骤，如公关策略应如何改变，如何创建企业名牌，与竞争者抗衡的办法等等。

大多数建议应当是积极的，要说明应采取哪些具体的措施以获得成功或者要处理哪些已经存在的问题。

（五）附录

附录就是附上可以辅助说明问题的有关资料。这些资料可用来论证、说明或进一步阐述已经包括在报告正文之内的内容。在附录上呈现的资料，应与正文相关，每个附录都应编号，以备读者参考。在附录中出现的资料种类常常包括：调查问卷；抽样有关细节的补充说明；原声资料的来源；调研获得的原始数据图表（正文中的图表只是汇总）。

二、调查问卷是如何设计出来的？

调查问卷一般由六个部分组成。

（一）封面信

封面信是写在问卷开头的一段话，又称说明信、前言。它是调查者向被调查者说明调查目的与要求的一封简单的信。其内容一般有以下几个。

（1）调查的目的与意义。

（2）关于匿名的保证。

（3）对被调查者回答问题一般要求。

（4）调查者的个人身份或组织名称等。

（二）指导语

指导语又称填表说明，是用来指导被调查者填写问卷的一组说明。在问卷中，指导语既可集中于封面信之后，对填写问卷作总的说明，也可分别安排到各题之中，具体说明各题的填写方法。

（三）问题

"问题"是问卷的核心，它是在问卷中所提出的需要被调查者回答的项目。问题可以从不同角度分成多种类型。按是否为被调查者提供备选答案分，可分为开放式问题、封闭式问题和半封闭式问题三种。

（1）开放式问题就是不为被调查者提供具体答案，而由被调查者自由填答的问题。

（2）封闭式问题就是在提出问题的同时，还给出若干个答案，要求被调查者选择一个或几个作为回答的问题。

（3）半封闭式问题就是在问题提出后，提供若干备选答案，让被调查者在其中选择符号他实际情况的答案，如果在备选答案种找不到或找不全符合他实际情况的答案，则可在最后一个答案位置"其他_____"中填上被调查者自拟的答案的问题。

按问题的性质分，可分为客观性问题和主观性问题。客观性问题主要包括背景事实与具体行为方面的问题，主观性问题包括信仰、价值、认识、兴趣等方面的问题。

按问题的内容分，可分为一般性问题和敏感性或威胁性问题。一般性问题被调查者容易接受，敏感性或威胁性问题有些会遭到被调查者的拒绝。

此外还有一种特殊形式的问题，叫相倚问题。相倚问题是指置于某个问题之后，并且是否需要回答，完全由前一个问题的回答来决定的问题。

（四）答案

答案是调查问卷的重要组成部分，尤其是封闭式问题的答案更显得重要，它需要调查者事先设计好。

（五）编码

编码是将问卷中的所有问题的每一个答案都编上号码，即把文字答案转变为标准数字代号的过程。在较大规模的统计调查中，调查问卷的答案一般都要编码，目的是为了便于计算机处理调查资料。

（六）其他资料

调查问卷除了上述 5 个部分之外，有些问卷还需要在封面印上调查访问人员姓名、访问日期、审核员姓名、被调查者住址、问卷编号等资料。

二、典型调查活动常见的步骤是什么？

每一类调查都有其自身的特征、自身的困难和要达到的目标。然而，无论调查的性质如何，可能都有以下九个不同的阶段。

（1）确定面临的问题。

（2）选择问题的可操作部分。

（3）定义概念和术语。

（4）文献资料调查。

（5）形成假说。

（6）制订调查方案。

（7）搜集数据。

（8）分析数据。

（9）记录结果，注释其含义。

第六章　公关策划实施管理

【本章导读】

公共关系策划是指公共关系人员为实现组织的公共关系目标,对公共关系活动的性质、内容、形式和行动方案进行谋划与设计的思维过程。公共关系实施的管理方法主要是对实施过程进行组织、指挥、协调和控制的方法。掌握实施管理方法,是对公共关系实施管理者的客观要求。本章讨论公共关系的策划和实施。策划和实施是公共关系工作的核心和关键,其水平高低在一定意义上决定着公共关系活动的成败并反映出公共关系人员的素质和能力。

【本章目标】

➢ 掌握公共关系的策划
➢ 了解公共关系的实施原则
➢ 掌握公共关系传播媒介的选择方法
➢ 了解公关活动模式的选择
➢ 掌握公关关系实施的管理方法

第一节　公共关系的策划

策划是指策划者利用手中有限的资源去创造性地谋定有效而可行的实施方案,以实现组织预期目标的思维全过程。所谓公共关系策划,则是指公共关系人员为实现组织的公共关系目标,对公共关系活动的性质、内容、形式和行动方案进行谋划与设计的思维过程。公关策划是公关工作中最有价值的部分。

在对组织环境及其发展趋势以及相关条件作了充分调研,认真分析已有的各种信息,全面掌握策划所需的相关材料之后,此时进入公共关系策划阶段。虽然在策划之前我们的调研工作已经为策划提供了最直接的信息,是进行策划的主要依据。但公共关系人员的调研工作不能到此为止。我们还应该进一步搜集、比较和分析与策划有关的各种资料、信息,从更多的方面为策划提供参考,使这些信息和情况给策划起到重要的借鉴作用。公共关系策划是从确定公共关系目标开始的。

一、确定目标

不同类型的社会组织,在公共关系工作中有不同的要求和任务;即使同一组织在不同阶段遇到的公共关系问题，也是有较大差别的。公共关系目标在于促进或阻止某种事件的发生，开发利用环境的有利条件或弥补环境带来的不利条件，促进和创造有利于组织的舆论，控制不利于组织的舆论。但公共关系策划不能幻想着通过某一单项公共关系活动或某系列活动就能解决组织所有的问题。确定公共关系目标应从实际出发，力求具体化和量化，而且这个确定的目标还必须同组织的公共关系总体战略目标保持内在的联系和相对的统一，以免影响组织的环境、工作、形象和公众关系的总体改善。确立组织公共关系目标应该注意以下几点。

（1）目标必须是具体的。目标不应是一个抽象的概念或空洞的口号，如"良好形象"或"真诚的奉献"。它应当是组织在内外环境条件下必须达到的实际结果，如"在某区域提升组织认知度5个百分点"，"与内部公众的和谐度提高3个百分点"等等。

（2）目标必须是可测量的。公共关系的认知度、美誉度，和谐度这三大目标，均是可测量的，因此，目标不应是模糊含混的。比如"使员工的参与意识得到极大提高"中，"极大"一词便是难以准确把握的，应是可以通过计算得到明确数据的结果，比如"使80%的员工参与到本组织的这次活动中来。"

（3）目标应当是能够达到的。在确立目标时，必须考虑在组织现有条件下，能否解决问题，实现目标，能在多大程度上解决问题，实现目标。目标过高，必然导致失望和沮丧；不考虑自身条件的盲目蛮干，也只会以失败告终。

（4）目标必须要有时间限制。组织公共关系活动要实现的目标，必须是在规定的时间里应当达到的结果，既非远不可及，也不应遥遥无期。

确立公共关系策划目标的思路，大约是这样一个过程：通过调查研究获得组织内外环境与资源的大量材料，以材料去推断组织的优势与劣势、机会与风险、资源与条件；通过对这些推断的分析，找出组织的公共关系问题所在；再根据问题的轻重缓急，排出解决问题的先后次序，并提出和界定首要的问题。然后通过对这一最重要问题产生原因的探索，寻出问题的症结，根据组织的特质和组织的需要，最后确立组织公共关系策划的目标。

二、提出方案

公共关系策划方案是公共关系人员将策划结果按一定格式写出的书面计划。在经过修改、完善、论证和批准后，它便成为准备和开展公共关系活动的指南与依据。一个完善的公共关系策划方案一般应包括十个方面的内容。

（一）组织的公共关系现状及问题分析

（1）简要、准确地分析本组织公共关系的现状，以及由于组织自身行为或环境、公众变化所造成的公共关系问题，它们已经或将会对本组织产生哪些影响。

（2）论证通过相应的公共关系活动去尽快解决这些问题的可能性与必要性。

（3）阐述策划该项公共关系活动的主要目的与积极作用，分析它能从哪些方面对公众产生积极的影响，能为组织带来什么样的效益。

（4）应分析该活动所具有的社会意义，在本行业、本地区或更大范围内可能引起的反响。这些概括的理论分析作为策划方案的基本出发点，将会使本组织的决策者和有关部门，以及全体公共关系人员，正确认识进行该项公共关系活动的前提、意义、作用和重要性。

（二）活动主题与宣传口号

主题对于公共关系活动起着画龙点睛、提纲挈领的作用。好的主题不仅能非常形象、生动地概括该项公共关系活动的主导思想，使整个活动的主旨、格调、气氛和境界都得到升华，而且能引起广大公众的共鸣，产生较强的感染力和吸引力。所以，主题的设计或表达必须反复推敲、慎之又慎。好的主题通常应具备以下几个特点。

（1）能较好地适应、满足目标公众的心理和实际需要。

（2）能与公共关系活动的目标、特点相吻合。

（3）能涵盖和反映公共关系活动的主要内容。

（4）具有强烈的感情色彩和亲切感。

（5）在文字表达上既简洁明快，又独具匠心，并带有一种郎朗上口的韵律美，便于记忆和流传。

为了强化主题、烘托气氛，还应为公共关系活动设计与主题相配套的音乐、色彩和图案，使活动现场形成统一、协调的艺术风格与理想的感官效果。与此同时，还应围绕主题设计若干有震撼力和鼓动力的宣传口号，以便利用多种媒介，在更大范围、从不同角度展示和深化主题。醒目传神、情理交融的宣传口号能增强和扩散公共关系活动的影响力，有助于营造、渲染活动氛围，加深公众的印象，扩大宣传效果。

（三）目标公众分析

目标公众分析，不仅要根据实际情况和需要对他们做明确的界定，估计其数量和分布，而且要对目标公众所抱的态度及其形成原因、他们的需求和特点、他们所关注的问题与希望了解的信息以及适合他们的媒介和传播方式等进行分析。

（四）活动的目标体系

这部分主要是确定整个活动所要达到的总体效果与目标以及在各个方面、各项具体活动中所应分别达到的指标。注意事项已在前面篇章提及。

（五）具体的活动项目及工作步骤

任何公共关系活动，总是由若干个子项目和不同的环节、众多的细节，以及具体的工作措施和步骤所组成的。因此在策划方案里，必须清清楚楚地写明该项活动中将依次进行哪些子项目，每个项目涉及哪些工作，分别采取什么样的方式、方法和步骤，这些工作、项目之间怎样相互衔接等。这是方案中较为实际、具体的部分，不应有任何的含糊。

（六）活动的广告、宣传计划

为了扩大在公众中的影响，造成较大的公共关系声势，引起更多公众的关注的参与，凡规模较大的公共关系活动都应在开始之前、进行之中、结束之后，有计划地通过各种传播媒介，围绕活动本身进行必要的广告和宣传工作。这就需要在策划方案中进行周密的计划，以统一口径、掌握分寸和尺度，设计其内容，选择其时机，巧妙地安排其顺序和进度，落实各项准备工作，并提前与新闻机构和大众传媒联系，取得它们的支持。

在公共关系活动开展之前，应通过必要的公共关系广告，巧妙地调动公众的好奇心，提高该项活动的社会知名度，为它的顺利进行做必要的铺垫和舆论上的准备。活动开始后，更要大张旗鼓地进行宣传，进一步提高其知名度，吸引更多的公众参与活动。活动结束后还应适当地进行跟踪报道，宣传公众的评价与反映，以及组织根据公众的要求。

必要的广告和宣传工作是公共关系活动取得成功的一个重要条件，在策划中应予以高度重视。制定这方面的计划应注意以下几点。

（1）紧紧围绕公共关系活动的主题和需要，与公共关系活动的进行紧密配合。

（2）前后的口径要一致，相互协调。

（3）要精心创意，在广告和宣传的内容、形式、时机等方面都应出奇制胜、不落俗套。

（4）把握好分寸与格调，避免夸大其词的自我吹嘘，防止板着面孔的说教，也不能一味低三下四地讨好公众，一定要充分注意公众的心理和情感特征，千万不可弄巧成拙，引起公众的反感。

（5）掌握好节奏与频率，轻重搭配、缓急相宜，有强有弱，多少适度，以创造最佳的传播和接收效果。

（6）应瞄准目标公众、兼顾其他公众，既合理利用大众传媒，同时注意用好别的传播媒介与方式，以降低费用，保证宣传的成效。

（七）有关组织机构的设置和人员分工

根据所策划活动的性质、规模及实际需要，须建立相应的临时组织机构，全面负责、承担活动前的筹备和人员的培训、活动中的协调管理及各项工作、活动后的效果评估和信息反馈。组织机构除正副指挥外，还应按工作性质和需要下设宣传秘书组、技术制作组、联络组等，分门别类、各司其职。各个小组的工作认为还应进一步具体落实到每个成员，形成明确的责任分工，还应制定一些必要的工作规定、绩效考核指标和奖惩条例等，以便对每一个人都形成相应的约束机制，进行有效的制度、绩效和奖惩管理。

（八）活动的评估计划

它包括在活动进行中、结束后对公众反馈信息及活动进展情况和效果的收集、汇总、整理和分析；安排公共关系人员事后对策划方案中各项预定目标、指标完成情况进行自测自评；针对活动的实际影响和效果进行专题调研工作；分别邀请组织及其各部门领导、公众代表、有关专家和新闻界人士召开小型座谈会，就本次活动的实际意义、客观作用、总体效果、经验教训，以及公共关系人员的表现等进行专题讨论；根据各方面的意见和反映，撰写客观、真实的评估报告，及时把有价值的重要信息反馈给组织有关部门，并存入公共关系信息资料库备用，作为开展后续公共关系工作的线索和依据。

（九）活动的经费预算

在策划方案中应对经费开支进行认真预算。这不仅有助于组织对公共关系活动所需经费进行审核、监督和拨款，为之提供必需的经费保证，而且可使活动的专项经费得到合理分配与使用，精打细算、避免浪费，尽量少花钱、多办事。公共关系活动的经费预算通常包括以下几项。

（1）各主要活动项目的费用。

（2）活动中所需设备的租金和材料制作费。

（3）广告宣传费。

（4）工作人员劳务费。

（5）进行效果评估所需经费。

（6）其他日常费用开支，如电话费、交通费等。

（7）机动费用，主要用于应付活动中的突发事件或原定计划的临时调整与部分变更。一般按活动基本费用总额 20％的比例准备。

此外，如果策划工作是有专业公共关系公司代为进行，则还应增加"策划费"一项。

（十）工作日程推进表

在策划方案的最后，应编制详细具体的"工作日程推进表"，明确告诉各小组及每个人在每天，甚至每小时应做的事情；提醒人们每项工作必须在什么时间内完成。在推进表中应列有活动的阶段划分。具体的时间、活动内容及各小组的任务，负责人及说明等栏目。通过制定详细的"工作日程推进表"，可优先安排比较重要的核心工作，明确、协调各小组的工作程序和进度，合理地配置人力、分配工作量，使整个活动紧密衔接、井然有序，众多人员和方面相互配合、忙而不乱；避免出现大的疏漏和步调不一致、彼此脱节、杂乱无章的状况。

工作日程推进表可以利用计算机管理软件 project 进行，比手工节省大量的时间和精力。

总之，制定一个好的公共关系策划方案，能为公共关系活动的成功提供极为重要的保证，也是公共关系工作科学性、计划性的集中体现，需要公共关系人员倾注大量的心血和劳动。

三、方案论证

方案论证就是策划方案拟定以后进行的可行性论证。一般由有关领导、专家和实际工作者对计划的可行性提出问题，由策划人员答辩论证。方案论证包括以下几个方面。

（1）对目标进行分析，即分析目标是否明确以及实现程度如何。

（2）对限制性因素进行分析，因为任何一项公关活动都是在一定条件下进行的，都要受有关条件的限制，这就必须分析公关计划在哪些条件下可以实行，在哪些条件下不能实行。

（3）对潜在问题进行分析，即预测执行公关活动计划时可能发生的潜在问题和障碍，分析防止和补救的可能性。

（4）对预期结果进行综合效益评价，衡量该计划应否付诸实施。有的方案要经过反复论证。

四、方案审定和申报

公关策划方案经过论证设计出来后，必须形成书面报告，请参阅本章实务培训的策划书撰写技能。然后报请本组织领导的审核和批准，有时还应向有关政府部门申报。其目的是使公关目标与组织的总体目标相一致，使公关活动获得合法性和必要经费，能够与本组织其他部门的工作相互协调、相互配合，否则方案无法推行。

（1）审批过程是行政管理的法定措施。小型的、在机构内部进行的专题活动，只要机构负责人或主管职能部门审批就可以了。大型活动则要向政府的主管部门报批。

（2）审批过程是将策划方案放入全局环境中进行宏观的可行性研究的过程。一个人、一个部门策划的专题活动，未必能够完全掌握全局的环境和符合全局的需要。

（3）审批过程是政策把关的过程。一个策划者未必能够完整、全面理解行政管理的各项政策法规，为了减少策划的失误，有必要请主管政策的部门把关。

上述程序除了需专人负责报批外，还要注意报批的时间的提前量，以免影响整个活动的按时开始。

有学者用 RACE 四步法总结了公共关系策划的各个阶段。

R－调查与研究

· 找出有关策划的关键事实。

· 准确解释资料和发现的情况。

· 识别挑战、问题和机会。

A－行动、战略、战术、预算

· 把已确定的大目标细分为小目标。

· 设定与大目标相对应的短期、中期和长期目标。

· 把目标公众按主次排序。

· 配置资源并争取计划得到通过。

C－传播与行动

· 准备工作时间表以履行已决定的计划。

· 选择相关主要媒介及所采取的后续行动。

· 执行计划。

E－评估与监督

· 监督组织内外发生的事件。

· 评估公共关系活动的结果。

这里谈到了计划的履行和监督，我们在下一节将讨论公共关系的实施。

第二节　公共关系的实施

公共关系实施是指公共关系主体（社会组织）为了实现既定公共关系目标，充分依据和利用实施条件，对公共关系创意策划实施策略、手段、方法设计并进行实际操作与管理的过程。

公共关系实施决定了公共关系计划能否实现，以及实现的程度和范围。同时，公共关系实施的结果是后续公共关系策划的重要依据与起点。进行新一轮的公共关系策划必须要

以此为基础，才能针对新出现的问题来策划新的方案，这是公共关系策划的继承性和可持续性的客观要求。

一、公共关系的实施原则

公共关系实施的原则主要有以下几个。

（1）目标导向原则。在计划实施过程中，要保证不偏离既定的目标。在计划实施过程中，由于环境的变化，需要对计划作一些调整，但这些调整不能改变原来的目标，否则就要重新制订计划。

（2）整体协调原则。在计划实施中，要使工作的各个方面，达到和谐、互补、配合、协调的状态。提高工作效率，减少或杜绝人力、物力和财力的浪费，保证目标的实施。

（3）控制进度原则。根据整个计划和目标的需要，按照一定的程序，掌握工作的进展程度。

（4）反馈调整原则。由于计划实施的环境和目标公众是负责多变的，在实施过程中，必须不断地把计划实施的结果与计划目标相对照，发现偏差，及时对计划、行动和目标做出相应的调整。在计划实施阶段，这种反馈调整应该始终不断地进行着，直至计划目标的实现。

二、公共关系传播媒介的选择方法

在实施传播过程中，应该在众多的媒介中选择和使用最经济有效的手段。传播媒介的选择方法主要有以下几个。

（一）联系目标和要求

公共关系可加以利用的各种媒介，都有其特定的功能，能够为公共关系的某一目的服务。选择媒介应考虑本组织公共关系工作的具体目标和要求，根据公共关系的具体目标和工作要求去选择和使用传播媒介和沟通方法，才可能充分发挥其功能。如要提高组织的知晓度，可利用大众传播媒介；要与社会名流沟通，可采用招待会、宴会；要树立社会信誉，就必须从完善产品质量和系列性服务项目入手；要缓解组织内部紧张关系，则可通过对话、座谈会及各种内部传播的方式。

（二）区别具体内容特点

需要传播的内容用什么形式来表达才能获得最好的效果？这应根据具体内容的特点，结合传播媒介的形式特点来考虑。如：一件比较复杂的事情，需要反复思索才能明白，就应该使用报纸、杂志和网络等媒介，而不宜用广播、电视，因其传播效果瞬间即逝；需要报导的内容涉及一个生动有趣的活动过程，则宜用电视或电影，容易产生诱人的效果；为扩大商标徽记的影响而向社会征求设计稿件等，可用新闻或广告；而要回答某个消费者的投诉，只需面约商谈或用书信方式。

（三）考虑公众对象因素

根据不同的公众对象，采用不同的传播媒介，这就是根据公共关系对象的特征选择和使用传播媒介与沟通方法。要使信息有效地到达公众对象，必须考虑公众对象的经济状况、教育程度、职业习惯、生活方式及他们通常接受信息的习惯（如阅读、听广播）等，要根据这些情况去选择适当的传播工具。如对于文化程度不高的公众宜采用广播、电视；对于喜欢阅读思考的知识分子可以采用报纸、杂志和网络；对于经常加班加点、行踪不定的出租汽车司机最好用电台广播；一个产品的信息要引起儿童的注意和兴趣，最好制作成电视卡通节目等等。

（四）顾及经费支付能力

公共关系经费一般都很有限，成功的公共关系应该根据公关预算和传播投资能力，量力而行、精打细算，争取在最经济的条件下获得尽可能大的传播效益。在选择媒介和开展传播活动时需要有经营头脑，比如人际传播在经费开支的绝对额来说比较节省，但大众传播（如广告）的作用范围广泛，所以它的单位平均成本可能更低。新闻传播比广告节省得多，但也可能招来许多意想不到的额外赞助负担。因此，考虑经济核算的原则还需从实际效果出发。健全的公共关系工作需要有稳定的财务支持，而有效的公共关系应把有限的财力用在刀刃上。

三、公关活动模式的选择

公关活动模式是实施公关的方法系统。公关活动模式具有明显的适应性，不同的组织，同一组织的不同发展阶段，或同一阶段中针对不同的公众对象，都需要选择不同的公关活动模式来进行活动。常见的战术型公关活动模式有宣传型公关、交际型公关、服务型公关、社会型公关和征询型公关。

（1）宣传型公关。即运用大众传播媒介的内部沟通方法，开展宣传工作，树立良好的组织名牌。如公司报刊、演讲讨论会、各种新闻媒介等。宣传型公关要注意宣传的真实性，同时不要引起逆反心理。

（2）服务型公关。即以提供优质服务为主要手段，以实际行动获取社会的了解和好评，建立自己良好的品牌。

（3）社会型公关。即公司利用各种社会性、公益性、赞助性活动扩大公司的社会影响，提高其社会声誉，赢得公众的支持，社会性公关活动从近期看，不会给公司带来直接的经济利益，但具有深远的效益。

（4）交际型公关。即通过人与人的直接接触，进行感情上的联络，为公司广结良缘，建立广泛的社会关系网络，形成有利于公司发展的人际环境。交际型公关活动有座谈会、宴会、茶话会、交谈、拜访、通信等。很多公司利用订货会、厂庆、节日等进行交际型公关活动，改善公司周边关系，塑造公司品牌。

（5）征询型公关。即以采集社会信息为主的公关活动。通过舆论调查、民意测验等工作，了解社会舆论，为公司经营管理提供咨询。

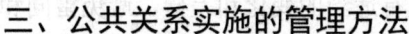

三、公共关系实施的管理方法

公共关系实施的管理方法主要是对实施过程进行组织、指挥、协调和控制的方法。掌握实施管理方法，是对公共关系实施管理者的客观要求。为了切实保证整个活动收到预期效果，在活动进行过程中应尽力做好五个方面的管理工作。

（一）对人员的管理

做好对公共关系人员的管理，是确保活动成功最为关键的因素。其具体做法如下。

（1）注意激发和强化公共关系人员的职业道德与敬业精神，自觉地用公共关系的意识和准则要求自己。

（2）通过制定和遵守系统、完善的工作制定及细则，使公共关系人员在活动中有章可循，有据可依，相互配合，各尽其责，出色地完成活动中的各项任务。

（3）实行明确的小组、个人责任制，颁布具体的纪律规定，加强对各小组、个人的责任和纪律约束。

（4）建立合理的工作考核指标，对每个人在活动中的工作表现和绩效做出公众、客观的衡量与评价。

（5）采取奖优罚劣的措施，激发公共关系人员的竞争意识和荣誉感，形成激励机制，促使他们充分发挥主观能动性、创造性，积极主动地做好本职工作，提高效率，争创先进。

（6）使各级负责人认真做好组织和领导工作，发挥身先士卒的模范作用；关心、爱护每一位公共关系人员，与他们成为好朋友，形成良好的人际关系，及时帮助他们解决实际困难和具体问题，安排好他们在活动期间的交通和食宿，体谅他们工作的辛劳，加大感情投入，努力创造一种和谐、民主、平等相待的工作气氛，重视并积极采纳每个人的合理化建议和意见，使大家都能心情舒畅，全身心地投入公关活动。

（二）对活动进程的管理

公共关系活动在进行过程中最显著的特点和困难，是它的动态性及其有效控制。要紧紧抓住主要的可变性因素，创造性地开展工作，以变制变，随机应变，使公共关系活动的进程与客观条件和具体情况的变化保持动态的适应与平衡。努力克服活动可能存在的目标障碍，妥善、及时地处理好各种突发事件，保证活动的正常进行。

（三）对信息的管理

在公共关系活动中从头至尾都存在着信息的双向流动。有效、及时、迅速、准确地传播组织信息、接受公众信息是每一个公共关系人员义不容辞的责任和工作。因此，在活动中对公共关系人员工作的管理，在一定程度上就是对信息的管理。

（1）公共关系人员要通过自身的努力，消除与目标公众之间可能存在和出现的各种沟通障碍，如双方在语言、习俗、观念上的差异，态度、情感等心理因素的影响以及传播渠道、方法技术上的不当等等，实现双方之间信息交流的畅通无阻。

（2）针对目标公众在认知、态度和心理承受能力上的变化，公共关系人员在活动的不同阶段，应逐步调整、改变所传递信息的内容、数量、形式，有区别、分层次地传播，使每一天、每一项具体活动传递的信息既不脱离主题，又有适当的变化和差异，避免雷同和完全重复。

（3）从活动一开始，每一个公共关系人员都应该密切关注公众的反应，有意识地主动收集公众反馈的各种信息，及时提供给活动的组织者，以便使他们能够对活动的进度、节奏、内容等做相应的调整和有效的控制，并且为活动的宣传工作提供生动的新素材，为活动结束后的评估工作及后续的公共关系活动提供直接的依据。

（四）对活动现场的管理

应做好各种接待工作，使每一位参加活动的公众都受到热情、周到的礼遇，产生亲切、温馨和受到尊重的感觉；其次要维持好现场的秩序，使整个活动能始终井然有序地进行，避免出现混乱和失控的局面，造成不良的影响；再次要有效地控制现场的气氛，防止出现太大的起伏和波动，妨碍活动的正常进行。

（五）对各种物品的管理

应本着保证需要、便于使用和尽量节约的原则，加强对活动中各种物品的管理。应用专人负责贵重器材的保管、发放、使用和回收，要登记在册，有账可查。既保证活动的正常需要，充分发挥其功效，又要尽量避免损坏、遗失或过快地消耗，以免影响正常的使用，延误工作，或造成不应有的浪费，加大公共关系活动的成本。对于那些可重复使用的物品，应尽量回收，多次利用。

案例与案例评析

【案例 6.1】 2017 广州 7 月国际跨境电商高峰论坛会展策划

开展时间：2017 年 7 月 21 日
闭展时间：2017 年 7 月 23 日
展会地点：广州
开展场馆：广州保利世贸博览馆
展会行业：消费零售加盟展
指导单位：广州市商务委员会、中国国际跨境电商行业联盟
协办单位：广东省广新控股集团有限公司、广州唯品会信息科技有限公司、阿里巴巴、亚马逊、中国银行、中国工商银行、广东山姆冷链食品有限公司、广州市万表科技股份有限公司、易票联支付有限公司、森大国际、正洋集团、敦煌网、澳大利亚华人华侨自贸总商会等
支持单位：亚马逊、敦煌网、美悦优选、毕马威中国、中国信用保险公司等
支持媒体：广东电视台、南方日报、南方都市报、羊城晚报、信息时报、腾讯、网易、搜狐、新浪、大洋网、金洋网、亿邦动力网、雨果网等。
随着电子信息技术和经济全球化的深入发展，电子商务在国际贸易中的地位和重要作

用日益凸显，特别是在"跨境交易"与"电子商务"双引擎的拉动下，跨境电商风生水起，成为我国对外贸易的发展趋势。当今世界已经步入全球化时代，而跨境电商则是在世界市场范围内配置资源的重要载体，对提升我国全方位对外开放水平，进一步破除全球大市场障碍，推动无国界商业流通具有重要作用。"联网＋"时代来临，跨境电商便是"互联网+外贸"的具体体现，由于信息技术的快速发展，规模不再是外贸的决定性因素，多批次、小批量外贸订单需求正逐渐代替传统外贸大额交易，为促进外贸稳定和便利化注入了新的动力，因此跨境电商必将成为新的经济增长热点。

展会亮点：亮点纷呈，展会定位于国际化、专业化和高端化，聚焦中国跨境电商的趋势与包容性增长、开放性世界经济，以展带会，以会促展，跨境电商出口以论坛为主、跨境电商进口以展览为主，相互促进，相得益彰。展会现场将发布跨境电商产业基金，推动行业发展。

展会现场：将发布《跨境电商发展蓝皮书》研讨 2017 年上半年中国跨境电商形势。以代理商、贸易商、O2O 企业、进口平台为主，引入 36 个国家的优质产品，尤其以北美、欧洲、南美等目前市面上不多见的一线产品，以展销形式面向大众及专业观众，扩大日本、澳洲企业组团规模。展会将力邀 11 个跨境电商综合试验区组团参加。本届展会主办方力邀国家海关总署、国家检验检疫局等组织代表参与主论坛。 展会将力邀在穗领事馆和所相关商会组织所在国企业参展。

展区划分：2017 年展会本着从实际出发及创新型的原则，展区主要划分为进口、出口及服务商区。

当今跨境电商发展瞬息万变，国家多次出台相关政策规范行业发展，各行业大咖作为跨境电商成功者，其宝贵经验与实操手法将为您带来"成功的经验"。

万众瞩目：阿里巴巴等大咖云集。

阿里巴巴、京东、亚马逊、LAZADA、Yandex、Facebook、eBay、唯品会、中国银行、工商银行、广新集团、敦煌网等知名品牌大力支持，为展会和论坛增光添彩。

【评析】

（1）此案例体现了名流公众在公共关系活动中的地位和影响。名流公众指那些对社会舆论和社会生活具有较大的影响力和号召力的有名望人士。阿里巴巴等大咖云集论坛，必定对公共关系活动产生深远影响。

（2）组织在策划公共关系活动时，往往借助名流的知名度扩大组织的公共关系网络。扩大组织的公众影响力，丰满组织的社会形象。在公关活动中，组织借助于社会名流的知识和专长为组织的经营管理提供有益的意见咨询；借助于社会名流的关系网络为企业广结善缘；借助于社会名流的社会声望一定能提高组织、活动的知名度。

（3）在本案例中，阿里巴巴、京东、亚马逊、LAZADA、Yandex、Facebook、eBay、唯品会、中国银行、工商银行、广新集团、敦煌网等知名品牌都拥有较高的名声和地位，是典型的名流公众。这类公众对传播的作用很大，影响力很强。通过社会名流去影响公众和舆论，往往具有事半功倍的效果。组织利用公众的"崇尚英雄""崇拜明星"的社会心理，与社会名流建立良好关系，把本组织的名字与社会名流的名望联系在一起，必定能提高组织在公众心中的位置。

（4）2017 广州 7 月国际跨境电商高峰论坛会展是跨境电商行业的盛会，大大提高了跨境电子商务的国际影响。

思考题

1．为什么说公关策划是公关工作中最有价值的部分？
2．公关实施中可能遇到哪些沟通障碍？

实务培训

一、如何利用《剑桥商务英语》的商务实践实训策划一次商务活动？

策划要点如下。

（1）草拟策划书，获得部门负责人初步认可，明确活动范围和经费预算。

（2）通过调查，确定主题。

（3）根据主题内容确定横幅和宣传方式。

（4）与相关部门联系，获得他们的批准和物质支持（场地、桌椅、用餐）。

（5）与新闻媒体联系，确定采访方式。

（6）与相关社会组织联系，确定友情支持单位。

（7）细化策划书，呈主管领导审批。

（8）如获通过，形成文件分发机构内协作部门和机构外上级部门、协作部门和友情支持部门。

（9）明确各单位职责，提出注意事项，形成意外或突发事件预案，确定动员大会时间。

二、公共关系策划方案的基本格式是什么？

公共关系策划方案的基本格式，大致包括下列五项。

（一）封面

策划方案的封面不必如书籍装帧那样去考虑其设计的精美，但文字书写及排列应大小协调、布局合理，纸张只要略比正文厚些即可。封面一般包括以下内容。

（1）题目。题目必须具体清楚，让人一目了然。

（2）策划者单位或个人名称。方案如系群体或组织完成，可署名"某某公共关系公司""某某专家策划团"或"某公司公共关系部"，对其中起主要作用的个人也可在单位名称之后署名，如"总策划某某某""策划总监某某"等。方案如系个人完成则直接署名"策划人某某某"。

（3）策划方案完成日期。写清楚年月日甚至时。

（4）编号。比如根据策划方案顺序的编号，根据方案的重要性或保密程度的编号或根据方案管理的分类编号等。

（5）在需要的情况下，可考虑在封面上简洁地加上说明文字或内容提要。

（6）如策划方案尚属草稿或初稿，还应在标题下括号注明，写上"草案""送审稿""讨论稿""征求意见稿"等字样。如果前有"草稿"，决策拍板后的策划方案就应注明"修订稿""实施稿""执行稿"等字样。

（二）序文

并非所有策划方案都需加序，除非方案内容较多较复杂，才有必要以简洁的文字作为一个引导或提示。

（三）目录

这和序一样，除非方案头绪较多较复杂，才有作目录的必要。目录是标题的细化和明确化，要做到让读者通过看标题和目录，便知整个方案的概貌。

（四）正文

正文的主要内容有以下几个。

（1）活动的背景分析。

（2）活动主题。

（3）活动宗旨与目标。

（4）基本活动程序。

（5）传播与沟通方案。

（6）经费概算。

（7）效果预测。

正文的写作需要周到，但应以纲目式为好，不必过分详尽地去加以描述渲染，也不要给人以头绪繁多杂乱或干涩枯燥感觉。

（五）附件

通常，重要的附件通常有以下几个。

（1）活动筹备工作日程推进表。

（2）有关人员职责分配表。

（3）经费开支明细预算表。

（4）活动所需物品一览表。

（5）场地使用安排表。

（6）相关资料：这主要是提供决策者参考的辅助性材料，不一定每份方案都需要，例如完整的或专项的调查报告、新闻文稿范本、演讲词草稿、相关法规文件、平面广告设计草图、电视片脚本、纪念品设计图等。

（7）注意事项。即将策划方案实施过程中应当注意的事项作一重点集中的提示。比如完成活动需事前促成的其他条件、活动实施指挥者应当拥有的临时特殊权限、需决策者出面对各部门的协调、遇到特殊情况时的应变措施等。

三、做一个公关策划

　　某企业有一定知名度，但企业内部最近发生的几件事，经新闻媒介报导后给组织带来明显的负面影响，导致企业产品销售额下降了5个百分点，股票下跌6个百分点，员工议论纷纷。试针对以上情况做一个公关策划。

第七章 危机管理

【本章导读】

企业经营活动中的突发性的、带来较大的现实或者潜在的危害的事件就是危机事件。将危机与机会联系起来可以使企业积极面对危机和处理危机，变危机为机会。危机管理是入世后我国企业的必修课之一。本章介绍危机的含义以及危机的预防和管理。危机公关也称为危机管理，它强调危机会影响组织的所有部门。危机管理得当，对于维护良好的企业形象，对企业在激烈的市场竞争中生存、发展和壮大至关重要。

【本章目标】

➢ 了解危机的基本知识
➢ 理解危机管理的过程、目的和要素
➢ 掌握危机管理的基本原则及其预防方法
➢ 了解危机管理的善后工作
➢ 了解危机事件的公关准备，以及应对公关危机中的谣言传播

第一节　危机的基本知识

社会组织在运行中总是会伴随着"错"的发生，它们如同人一样，是有机的生命体，有思维，有行动。因此，现代企业要建立危机管理体系，也就是基于这样一种基本判断：企业也像人一样，不可能不出错。每个企业都有它的优势所在，也都有薄弱环节。"出错"是一定会发生的事，只是早晚的问题。在企业努力开展公共关系工作，向着卓有成效的成功努力的同时，意想不断的危机有时可能会突如其来。企业经营活动中的这些突发性的、带来较大的现实或者潜在的危害的事件就是危机事件。

一、危机含义的辩证性

"危机"在汉语中大有讲究，从字面上看，"危机"这两个字是"危"与"机"的组合，一方面它代表着危险的境地，另一方面又意味着大量的机会。在公共关系专业中，对危机管理的研究已经上升为学科，是一门研究为什么人为造成的危机会发生，什么样的步骤或方法可以避免这些危机的发生，一旦危机发生如何控制危机的发展和消除危机的影响的学科。危机管理具有使危机对社会组织造成的潜在损失最小化并有助于控制事态发展的职能，它是建立在危机是不可回避的客观存在这个前提下的。

对企业而言，企业危机就是企业经营的主要部分或全部遭到严重挫折或困难，给企业的声誉或信用造成严重负面影响的事件或活动，典型的情况是失去控制，或很快将失去控制。对一个企业来说，难免出现这样那样的问题。一旦企业处于危机事件之中，若处理不当，就会给企业造成不同程度的损害直至导致企业的倒闭，如果处理得当，则可以有效预防或者化解，甚至化害为利。

二、危机管理的必要性

古人钻木取火，用一根木头不断与石头摩擦，到某个时候，突然一颗火星蹦出导致燃烧。从燃点出现的那一刻起，就有了从量变到质变的飞跃。危机的演化和发展也不是一下子就发生的，它有一个逐渐变化的过程。根据危机演化和发展的基本规律，应该尽量把危机消除在较低的程度上，这个时候对某一社会组织而言损失是最小的。危机管理是公共关系工作的重要内容。

三、危机的基本类型

根据萨姆·布莱克，危机可分为能预测的危机和不能预测的危机两种。

（一）可预测的危机

可预测的危机指因生产或服务的性质而极可能发生的危机。如制造汽车、制药、或制造设备，"退货"始终是一种可能的危机；化学和核领域，致命的污染和放射物质始终是一种潜在的危险；铁路运输和海上运输也都存在一定的危险性。在这些领域都有可能发生灾难性危机。当然，人们不会因为这些潜在的危机就完全避开这些事物，同时，鉴于人类认识的局限，人们不知道是否真会发生危机，也不知道什么时候会发生危机。

（二）不可预测的危机

不可预测的危机是指人们不能预见的突发灾难。可能是洪水、地震之类的自然灾害。也可能是恐怖主义活动、劫机之类的人为危机。

四、影响企业危机的因素

通常，对企业来说，最有可能产生的危机的情况如下。
（1）产品存在缺陷引起消费者不满。
（2）企业生产污染了周围的环境。
（3）负面影响的媒体报道。
（4）高级管理人员被竞争对手挖走。
（5）行业纠纷使企业陷入官司之中。
（6）企业运作中的隐患暴发造成生产链或资金链的突然崩溃。
（7）欺诈行为使企业信誉受损。
（8）工作事故。
（9）丢失主要的客户。

（10）政府调查或罚款。

（11）恶意收购。

（12）高级管理人员突然死亡使企业正常运营中断。

（13）企业计算机信息系统崩溃使员工无法工作。

（14）员工诉讼或罢工。

（15）员工解雇流失造成员工士气低下。

以上这些危机中的任何一种，都有可能给企业带来大的危机甚至死亡。

第二节　危机管理的实施

　　危机管理是指应对危机的有关机制。具体是指企业为避免或者减轻危机所带来的严重损害和威胁，从而有组织、有计划地学习、制定和实施一系列管理措施和因应策略，包括危机的规避、危机的控制、危机的解决与危机解决后的复兴等不断学习和适应的动态过程。危机管理是企业、政府部门或其他组织为应对各种危机情境所进行的规划决策、动态调整、化解处理及员工培训等活动过程，其目的在于消除或降低危机所带来的威胁和损失。通常可将危机管理分为两大部分：危机爆发前的预计，预防管理和危机爆发后的应急善后管理。

　　危机管理是专门的管理科学，它是为了对应突发的危机事件，抗拒突发的灾难事件，尽量使损害降至最低点而事先建立的防范、处理体系和对应的措施。对一个企业而言，可以称之为企业危机的事项是指当企业面临与社会大众或顾客有密切关系且后果严重的重大事故，而为了应付危机的出现在企业内预先建立防范和处理这些重大事故的体制和措施，则称为企业的危机管理。

一、危机管理的过程

　　根据危机的发展过程，可将危机管理分为三个阶段：危机防范、危机处理和危机总结。

（一）危机防范

　　通常，危机防范主要包括以下内容。

　　（1）组建企业内部危机管理小组。

　　（2）强化危机意识，观察发现危机前兆，分析预计危机情境。企业危机的前兆主要表现在：管理行为方面，不信任部下，猜疑心很强，固执己见，使员工无法发挥能力，对部下的建议听不进去，一意孤行；经营策略方面，计划不周、在市场变化或政策调整等发生变化时，无应变能力等；经营环境方面，如市场发生巨变，市场出现强有力的竞争对手、市场价格的下降等；内部管理方面，如员工的情绪紧张，生产计画的需要调整，职工情绪低落，规章制度不遵守等；经营财务方面，如亏损增加，过度负债，技术设备更新缓慢等。

　　（3）企业要从危机征兆中透视企业存在的危机，并引起高度重视，预先制定科学而周密的危机应变计划。

　　（4）进行危机管理的模拟训练。定期的模拟训练不仅可以提高危机管理小组的快速反应能力，强化危机管理意识，还可以检测已拟定的危机应变计划是否充实、可行。

（二）危机处理

通常，危机处理主要包括以下内容。

（1）危机发生后，当事人应当冷静下来，采取有效的措施，隔离危机。不让事态继续蔓延，并迅速找出危机发生的原因，进行化解处理。

（2）以最快的速度启动危机应变计划。如初期反应滞后，将会造成危机的蔓延和扩大。

（3）要想取得长远利益，公司在控制危机时就应更多地关注消费者的利益而不仅仅是公司的短期利益。应把公众的利益放在首位，善待被害者，尽量为受到危机影响的公众弥补损失，这样有利于维护企业的形象。

（4）随机应变。由于危机情况的产生具有突变性和紧迫性，因此尽管在事先制定出危机应变计划，由于不可预知危机的存在，任何防范措施也无法做到万无一失。在处理危机时，应针对具体问题，随时修正和充实危机处理对策。

（三）危机总结

通常，危机总结一般可分为以下 3 个步骤。

（1）调查。对危机发生的原因和相关预防和处理的全部措施进行系统的调查。

（2）评价。对危机管理工作进行全面的评价，包括对预警系统的组织和工作内容、危机应变计划、危机决策和处理等各方面的评价，要详尽地列出危机管理工作中存在的各种问题。

（3）整改。对危机旁及的各种问题综合归类，分别提出整改措施，并责成有关部门逐项落实。

二、危机管理的目的

著名危机公关专家游昌乔先生将危机管理的目的总结为以下 6 个。

（1）预防危机。危机如同 SARS 一样，预防与控制是成本最低、最简便的方法。企业应根据经营的性质，识别整个经营过程中可能存在的危机，并从潜在的事件及其潜在的后果追根溯源，排查出其滋生的土壤，然后进而收集、整理所有可能的风险并充分征求各方面意见，形成系统全面的风险列表，从而对这些可能导致危机的原因进行限制，并针对性地练习内功，增强免疫力，以达到避免危机的目的。

（2）控制危机。这主要是建立应对危机的组织、并制定危机管理的制度、流程、策略和计划，从而确保在危机汹涌而来时能够理智冷静，胸有成竹。

（3）解决危机。这主要是指通过公关的手段阻止危机的蔓延并消除危机。如建立强有力的危机处理班子、有步骤地实施危机处理策略。

（4）在危机中恢复。制止危机给企业造成的不良影响，尽快恢复企业或品牌形象；重获员工、公众、媒介以及政府对企业的信任。

（5）在危机中发展。危机管理的最高境界就是总结经验教训，让公司在事态平息后更加焕发活力。危机对于一个企业来说，并不一定是坏事，只要企业处理得当就能在其中找到发展的机会，从而使企业得到新的发展，但这其中的前提是要对危机有正确的认识，保

持坦诚的态度。

（6）实现企业的社会责任。作为社会的一员，企业卓有成效的危机管理，将促进社会的安定与进步。反之如果危机处理不当，将成为社会的负担，并带来不可估量的危害。

三、危机管理的要素

危机管理是指企业通过危机监测、危机预警、危机决策和危机处理，达到避免、减少危机产生的危害，总结危机发生、发展的规律，对危机处理科学化、系统化的一种新型管理体系。

（一）危机监测

危机管理的首要一环是对危机进行监测，在企业顺利发展时期，企业就应该有强烈的危机意识和危机应变的心理准备，建立一套危机管理机制，对危机进行检测。企业越是风平浪静的时刻越应该重视危机监测，在平静的背后往往隐藏着杀机。

（二）危机预警

许多危机在爆发之前都会出现某些征兆，危机管理关注的不仅是危机爆发后各种危害的处理，而且要建立危机警戒线。企业在危机到来之前，把一些可以避免的危机消灭在萌芽之中，对于另一些不可避免的危机通过预警系统能够及时得到解决。这样，企业才能从容不迫地应对危机带来的挑战，把企业的损失减少到最低的程度。

（三）危机决策

企业在调查的基础上制定正确的危机决策。决策要根据危机产生的来龙去脉，对几种可行方案进行对比较优缺点后，选择出最佳方案。方案定位要准、推行要迅速。

（四）危机处理

首先，企业确认危机。确认危机包括将危机归类、收集与危机相关信息确认危机程度以及找出危机产生的原因，辨认危机影响的范围和影响的程度及后果。第二，控制危机。控制危机需要根据确认的某种危机后，遏止危机的扩散使其不影响其他事物，紧急控制如同救火兵刻不容缓。第三，处理危机。在处理危机中，关键的是速度。企业能够及时、有效地将危机决策运用到实际中化解危机，可以避免危机给企业造成的损失。

四、危机处理的基本原则

在危机管理方面，国外实行现代化管理体制的企业，包括许多世界知名的跨国公司，都为员工配备了详细的、内容具体到个人的危机应对手册，手册的内容非常广泛，所有能想象到的哪怕是噩梦般灾难的应对程序，在手册里都能找到。据统计，在全美国的企业中有近 8 万人是专业的危机管理人员。各公司都设立了公共关系部，同时在美国、加拿大共有 400 多家独立的危机管理咨询公司，专门为企业提供危机管理的咨询业务。通常，对突发性危机处理的基本原则主要有以下几个。

（1）立即做出反应。在危机面前必须当机立断，在第一时间做出决定。管理层必须迅速找到问题、了解问题。不能害怕在危机中做出决策，必须表示出认真对待这一事件的态度，而每一分钟的拖延都可能带来巨大的损失。

（2）有事先制订好的危机管理方案，有训练有素的实施人员，可以随时投入行动。

（3）设法让公司董事长或总裁亲赴事故现场，并担任新闻发言人。

（4）尽可能详细地告知新闻媒介，但不能对事故的原因或人员伤亡臆断。

（5）同情地对待受害者的亲戚朋友。

五、危机的预防方法

预防危机是危机管理的首要环节。如果企业管理人员有敏锐的洞察力，根据日常收集到的各方面信息，能够及时采取有效的防范措施，完全可以避免危机的发生或使危机造成的损害和影响尽可能减少到最小程度。危机预防的方法主要有以下几个。

（一）树立强烈的危机意识

企业进行危机管理应该树立一种危机理念，营造一个危机氛围，使企业的员工面对激烈的市场竞争，充满危机感，将危机的预防作为日常工作的组成部分。

（1）对员工进行危机管理教育。教育员工认清危机的预防有赖于全体员工的共同努力。全员的危机意识能提高企业抵御危机的能力，有效地防止危机发生。在企业生产经营中，员工时刻把与公众沟通放在首位，与社会各界保持良好的关系，消除危机隐患。

（2）开展危机管理培训。危机管理培训的目的与危机管理教育不同，它不仅在于进一步强化员工的危机意识，更重要的是让员工掌握危机管理知识，提高危机处理技能和面对危机的心理素质，从而提高整个企业的危机管理水平能力。

（二）建立预防危机的预警系统

预防危机必须建立高度灵敏、准确的预警系统。信息监测是预警的核心，随时搜集各方面的信息，及时加以分析和处理，把隐患消灭在萌芽状态。预防危机需要重点做好以下信息的收集与监测。

（1）随时收集公众对产品的反馈信息，对可能引起危机的各种因素和表象进行严密的监测。

（2）掌握行业信息，研究和调整企业的发展战略和经营方针。

（3）研究竞争对手的现状、进行实力对比，做到知己知彼。

（4）对监测到的信息进行鉴别、分类和分析，对未来可能发生的危机类型及其危害程度做出预测，并在必要时发出危机警报。

（三）建立危机管理机构

这是企业危机管理有效进行的组织保证，不仅这是处理危机时必不可少的组织环节，而且在日常危机管理中也非常重要的。危机发生之前，企业要做好危机发生时的准备工作，建立起危机管理机构，制定出危机处理工作程序，明确主管领导和成员职责。成立危机管理机构是发达国家的成功经验，是顺利处理危机、协调各方面关系的组织保障。危机管理机构的具体组织形式，可以是独立的专职机构，也可以是一个跨部门的管理小组，还可以在企业战略管理部门设置专职人员来代替。企业可以根据自身的规模以及可能发生的危机的性质和概率灵活决定。

（四）制订危机管理计划

企业应该根据可能发生的不同类型的危机制定一整套危机管理计划，明确怎样防止危机爆发，一旦危机爆发立即做出针对性反应等。事先拟定的危机管理计划应该囊括企业多方面的应酬预案。在计划中要重点体现危机的传播途径和解决办法。

六、危机的善后工作

危机的善后工作主要是消除危机处理后的遗留问题和影响。危机发生后，企业形象受到了影响，公众对企业会非常敏感，要靠一系列危机善后管理工作来挽回影响。

（1）进行危机总结、评估。对危机管理工作进行全面的评价，包括对预警系统的组织和工作程序、危机处理计划、危机决策等各方面的评价，要详尽地列出危机管理工作中存在的各种问题。

（2）对问题进行整顿。多数危机的爆发与企业管理不善有关，通过总结评估提出改正措施，责成有关部门逐项落实，完善危机管理内容。

（3）寻找商机。危机给企业制造了另外一种环境，企业管理者要善于利用危机探索经营的新路子，进行重大改革。这样，危机可能会给企业带来商机。

总之，危机并不等同于企业失败，危机之中往往孕育着转机。危机管理是一门艺术，是企业发展战略中的一项长期规划。企业在不断谋求技术、市场、管理和组织制度等一系列创新的同时，应将危机管理创新放到重要的位置上。一个企业在危机管理上的成败能够显示出它的整体素质和综合实力。成功的企业不仅能够妥善处理危机，而且能够化危机为商机。

七、危机事件的公关准备

危机事件一旦发生，企业和相关部门应做出有效反应，及时进行危机事件处理的准备工作。

（1）迅速深入现场，了解事实情况。包括事件的性质、状况，查清事件的类型、发生原因、时间、地点、责任、事态等。

（2）分析事件的后果与影响。诸如损失程度、会给企业带来形象或者经营上的何种不利影响以及程度等；尽快采取一切措施，控制损失，尤其要重视在舆论上、信用上对企业的市场前景可能造成的损失。

（3）查明事件的主要涉及人员。包括责任者、直接和间接受到影响的公众或者对象、与事件有关的组织和个人、事件处理的参与者包括媒介等。特别要注意加强与事件见证人、受害人、媒体和理论界的联系；当掌握危机事故第一手资料和了解公众的舆论反应后，企业高层确定对策，采取措施。

（4）拟定信息沟通计划。明确沟通要点、关键、重要沟通对象、沟通方式等；召开新闻发布会，正式发布信息。向新闻界介绍实情及应对措施，恳请新闻媒体密切合作，防止舆论向不利的方向转变。

（5）必要时组织危机处理小组。这个小组专门处理危机事件的有关事务。一般小组构成可能有企业首脑、责任部门、相关部门，如果涉及法律、经济、政策等问题，应该还要有相关专家的参与。

八、应对公关危机中的谣言传播

（一）谣言传播的阶段

谣言传播具有突发性，并且传播速度极快。一般来说，谣言传播有形成期、高潮期和衰退期三个阶段。

（1）形成期。在此期间，是以一点或多点作为发源地，相互议论的人数并不多，传播方式主要是"锁链式传播"，此时如果在这一阶段如果不加以制止，就会进入高潮期。对于一个企业的危机管理来说，控制谣言的产生是极为重要的事情，而且预防要比控制的效果好得多，也就是说最好在谣言的形成期就把谣言的形成动机戳穿。

（2）高潮期。这一阶段的谣言传播速度明显加快，呈燎原之势，参与传播的人越来越多，范围越来越广，并且为绝大多数公众所接受。

（3）衰退期。此阶段谣言传播的频率开始下降，谣言传播逐步进入衰退期，直到谣言完全消失。

2. 谣言产生和传播的原因

谣言产生和传播的主体及其动机具有相当的复杂性，无论企业的消费者还是竞争对手抑或社会公众都会成为谣言的策源地，主要有：竞争对手、消费者、大众传媒、有意或无意制造事端的其他社会公众，他们彼此充当着不同的角色。

（1）竞争对手。在市场竞争日益激烈和法治经济尚未成熟的情况下，有些竞争对手为挤垮对方、夺取更大的市场份额，会不择手段地释放一些没有科学依据、不符合实际的信息攻击对方。如当年曾经由竞争对手谣传的春都火腿肠内含人肉的事情，就引起了极大的骚动。

（2）消费者。在现实中，消费者往往会不自觉地充当谣言制造和传播者的角色，其动机可能是由于对于产品或服务的不满，特别在要求正当权利或索赔被遭到拒绝时会倾向于向亲朋好友及社会公众散布谣言以发泄不满。

（3）大众传媒。现代传媒是不少企业所心悸的。有人说"成也传播媒介，败也传播媒介"，传媒的过分热情无疑使得新闻媒体成为谣言的传播主体。更有甚者，传媒刻意炒作，往往使处于危机中的企业火上浇油。不排除有些媒体为个人或部门的私利而散布谣言。

（4）社会公众。出于猎奇和从众心理，其他社会公众也会有意或无意充当造谣传谣者的角色，导致谣言的迅速蔓延。其中有些是因为对社会和富裕者的不满，利用谣言传播混淆人们的视听，以发泄自己的不满。

3. 谣言传播的方式

形成期一般是人际传播、因特网传播。高潮期则是媒体介入，以及多种媒介的交叉组

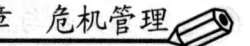

合，加之人际和因特网传播，呈现出网状的复杂结构。

（1）人际间的口头传播。人际口头传播是消费者和社会公众的谣言传播的主要途径，最无形也最具杀伤力。按照大众传播学的解释，由于人际间口头传播很难保持信息编码、解码的完整性与精确性，因此真实的信息难免在传播过程中扭曲变形，更何况本身就是谣言的信息。

（2）大众传媒。大众传播媒体具有独特的舆论导向功能，因此它们的参与会使谣言形成自上而下的传播状态，传播速度较快、范围较广，在我国，受众大多数对媒体持信任态度，所以经过大众媒介传播的谣言也更容易取得公众的信任，从而更不易控制。

（3）互联网。网络传播的即时性、互动性给人们获取信息提供了便利，但是网络传播的匿名性、虚拟性使对网上发布的信息很难进行事前审查过滤，人们在获取信息时也很难根据信息本身进行真伪识别，互联网的出现使危机公关变得更有难度。

（4）多种媒介结合。现实中的谣言传播不是孤立的，往往是人际间的口头传播、大众媒体与网络之间的结合，因此而形成的谣言信息立体式地对受众轰炸而呈几何级数的增长。

4. 谣言传播的后果

谣言传播的内容是多方面的，例如产品的质量、服务、性能、包装、商标，企业的资产重组、对手竞争、营销渠道、经营业绩、财务状况、人事变动等。谣言往往宣扬企业反面消极的信息，如产品质量下降、使用不安全、企业高层人员的异动、企业面临破产等。如某公司的商标被谣传带有魔鬼崇拜的标志，引发消费者对该商品的恐惧心理。

谣言传播者在传播中起一种主观评点的作用，下一级公众使会使谣言的内容更离奇，更吸引人。因此，谣言所指向的企业对谣言传播如果不加及时、有效地控制，谣言在一定阶段可能形成强大的社会舆论压力，从而给产品形象、企业形象以致命性打击。轻则产品积压、失去市场，重则一蹶不振甚至关门大吉。例如雀巢公司曾由于在谣言开始期间处理不及时而引发了一场世界性的抵制运动，因而，正确有效地管理谣言传播就是一件势在必行的事情了。

（二）谣言传播的危机管理

一个企业如果身陷危机的话，企业就要注意通过成功的危机公关对谣言予以回应，及时进行谣言传播的危机管理，具体做法有以下几个。

1. 建立谣言的预警机制

"有备无患"，企业要全面、清楚地对可能发生的各种危机情况进行全面预测，尤其是非企业自身原因而形成的谣言等问题，制定危机公关的具体步骤和防范策略。对可能引发消费者方面的问题应该考虑到：消费者是否真正满意本企业的产品和服务，如果不满意的话他们是否有投诉渠道，投诉后是否会得到圆满解决，他们是否会向外传播，传播的剧烈程度会是怎样？对新闻传媒方面可能出现问题应该考虑到：企业与传媒的联络近期是否正常，报道的口径如何，出现过什么程度的反面报道？对社会公众方面：企业与政府、社区、公众之间的关系是否融洽，企业有无伤害他们的地方？企业的相应对策：尽量做好自身产品与服务，出现问题的话就及时派专人与消费者沟通、协商解决；与媒体联系，防止不实、不利信息扩散；内部查找问题产生的原因，对问题性质定论等等。

更重要的是危机管理小组要善于建立企业危机预警机制，对企业可能发生的谣言危机进行监控，当谣言一有苗头，企业讯息系统就会很快地感受到，及时反馈到管理层，以便随时保持警惕，以备随时对外宣传更正。特别是伴随信息社会的到来，信息掌握的快慢将成为决定企业发展的重要因素，因而加强企业内部沟通的顺畅、市场讯息的及时把握就显得十分必要。

2. 组建危机管理机构

按照以人为本，顾客利益至上的原则组建危机管理机构，其成员应该主要包括以下几个。

（1）企业领导。这是对重要问题具有最终决策权的人物，有利于尽早做出权威决断。之所以要最高管理层参与危机管理，就是要保证危机管理的权威性、决策力。

（2）公关专业人员。这是危机公关的理论参谋和具体执行者，负责危机公关程序的优化和实施。

（3）生产负责人和质检员。他们熟悉生产流程，容易把握生产过程出问题的环节，便于应付来自消费者及媒体的疑问。

（4）销售人员。对于流通程序熟悉，销售人员容易把握流通过程出问题的环节。

（5）法律顾问。他们熟悉企业日常运作过程中可能出现的法律问题，便于在法律程序上保证企业行为的正确性，近年来企业与消费者之间的纠纷越来越频繁、索赔金额日益看涨的情况下，法律顾问的作用越来越大，通过法律途径解决纠纷，是一种十分奏效的方法。

（6）消费者热线接待人员。他们是接受消费者投诉、沟通信息和对外树立形象的重要环节，危机公关的第一道门户，如果处理得当的话，往往会把由投诉引起的谣言危机消灭在萌芽状态。在康泰克危机公关中，销售热线所起的作用不容低估。因此，在危机来临时刻，要指定企业危机公关的新闻发言人，形成一个统一的对外传播声音，及时、准确、口径一致地按照企业的对外宣传的需要把公关信息发布出去，形成有效的对外沟通渠道。

3. 控制信息、回击谣言

在危机管理的经典著作中，都把危机发生最初的 24 小时作为企业危机管理工作的重点，在最短时间内把企业已经掌握的危机概况和企业危机管理举措向新闻媒体做简短说明，阐明企业立场与态度，争取媒体的信任与支持，避免事态的恶化。

危机公关的一个重要原则是开诚布公，不要试图隐瞒，也不要在事件搞清楚之前就盲目下结论和承诺，否则会使企业难以自圆其说，陷入两难境界。谣言的传播会伴随着种种猜疑，企业要注意及时地把最新进展通报给媒体，设立专门的信息沟通渠道方便新闻媒体和社会公众的探询。

企业要注意争取社会公众的理解、支持与信任，防止社会信任的丧失是头等大事，这就意味着企业要积极主动地做出企业的某种表示或说明来挽救企业声誉。其中应特别引起重视的是政府机构的作用，尤其是某些行业管理部门，它们对于企业的评价往往具有起死回生的力量。事实上，挽救危机的一个关键也是争取权威机构的鉴定和支持，他们的结论往往是公正评判的最终依据。

应确保企业内部信息畅通无阻，尽可能让外界了解企业关切公众利益的立场与态度。在具体传播内容上要尽快拿出事实真相给谣言传播者以迎头痛击——谣言最怕事实。此时，需要发挥舆论领袖、政府机构、行业协会等作用，利用他们的权威性消除谣言的影响；在搞清事件真相后要及时对公众做出必要的披露和承诺，从而消除公众对谣言的信任。

4. 总结经验与教训，提升企业公关水平

在谣言危机过后，需要运用公共关系手段处理谣言所带来的负面影响，修复谣言给企业形象造成的破坏。同时，可以利用谣言危机创造的机会宣传企业正面形象，以求与公众重建互信关系。危机管理要注意"无风不起三尺浪"，审视危机发生深层原因，找出企业经营管理中的漏洞，真正做到"吃一堑，长一智"，从教训中提高自身经营管理水平，使公关意识渗透到每个员工的心里，真正把预防工作落实到位，让谣言失去滋生的土壤。

案例与案例评析

【案例7.1】百度李彦宏应对危机事件

2010 年 1 月 12 日早上 7：00 左右 www.baidu.com 开始突然出现无法访问故障，域名无法正常解析。至 9：30，太原、天津、郑州、烟台、长沙、成都、沈阳等全国各地均出现百度无法正常访问现象。10：45，百度官方表示：由于 baidu.com 的域名在美国域名注册商标处被非法篡改，导致百度不能被正常访问，公司有关部门正在积极处理，www.baidu.com.cn 能够正常访问。自 11：00 起，各地网络开始恢复对百度的正常访问。12：51，对于百度被黑事件，CEO 李彦宏在百度贴吧上，以"史无前例"表达了自己对于事件的震惊。当日下午 6 点，百度发表正式声明，称目前已经解决了大部分登录问题。对于部分中国网友基于义愤报复性攻击其他外国网站的做法，百度称"我们并不鼓励这样的做法，请大家保持冷静。"

【评析】

作为国内最大的网络搜索平台，百度的突然被黑显然在网民中引起轩然大波。从应对角度来看，百度方面的做法近乎完美：在第一时间对事件做出回应；快速运用技术手段对问题进行技术处理；迅速制订应急方案，积极引导广大网友使用 www.baidu.com.cn 进行正常搜索；CEO 李彦宏借助于网络发表自己对于事件的看法，消除广大网友的猜疑与疑虑；而对于广大网友克制性的提醒，显示了百度的大度与事件应对的全局观。如此系统的危机应对策略，保障了问题的顺利解决，得到了广大网友的好评。

【案例7.2】顺丰小哥被打事件

网购时代，怎么可以少了"马云背后的男人"的功劳，没有快递员，我们的网购就全是泡沫。2016 年 4 月 17 日上午，一位快递小哥驾驶电动三轮车运送快递，与一辆黑色现代发生剐蹭。黑色轿车驾驶员下车后连抽快递员耳光，并破口大骂。那个驾驶员是一名中年男子，他至少 5 次击打快递员面部，并判有辱骂，甚是猖狂。这个场景被围观者用手机拍下并将视频发到互联网上，引起了社会对快递"小哥"尊严的广泛讨论。

就在当天的晚上，朋友圈、微博都在风传着有那么一张据说是王卫个人朋友圈的截图，上面写道："我王卫向着所有的朋友声明！如果这事我不追究到底！我不再配做顺丰总裁！"

大家都认同：这是一个"霸道总裁"应该做的事啊！顺丰集团也表示：对于此次暴力事件非常震惊，并已指派集团高层跟进处理后续事宜。目前已向警方报案，并安排小哥进行伤情鉴定。

【评析】

一场快递小哥被打事件反映出了顺丰公司处理事件时的暖暖情意，不得不说这场公关事件真的很暖呐！

【案例 7.3】海底捞的危机公关

众所周知，海底捞在微博上可以说是一个网红火锅了，凭借着特色的服务和氛围，在火锅界拥有着自己的一方天下。

2017 年 8 月，海底捞被媒体强势曝光卫生问题："北京的海底捞有老鼠爬进食品柜"！"火锅漏勺掏下水道"！消息一出，许多爱吃海底捞火锅的客人表示受不了了，表示不敢再去吃了。在群众强势围观下的海底捞，及时发布声明，对"出现老鼠等卫生问题"道歉，表示愿意承担经济责任和法律责任，并对所有门店进行整改。

【评析】

简单地分析一下这份致歉信，我们觉得信中丝毫没有避讳海底捞出现的卫生情况问题，其次承诺对所有门店进行整改，最后以诚恳的态度博得消费者的认可。被曝出存在危机的时候，品牌就应该像海底捞，不要逃避，承认错误。

思考题

1. 回想一下最近经常上头条的悲剧新闻，为什么没有人体谅公关人员？
2. 请选择合适的案例，说明为什么面临同样问题时，其他公司却能保持好名声？
3. 处理危机事件的基本方针和对策是什么？

实务培训

一、在危机发生时与消费者沟通的渠道有哪些？

在合适的时候，把消费者关心的问题通过合适的渠道传达出去，是相当必要的。在危机中，可以有效利用的渠道包括以下几种。

（1）个别会谈。在危机中，对于一些重要的消费者，特别是危机的受害者，个别会谈是一种最直接有效的方式，企业可以安排合适的危机管理人员主动上门回答消费者的问题，听取他们的意见，消除他们的疑虑。

（2）电话与信件。对于不能直接交流的重要消费者，当企业需要快速传达所要沟通的消息时，可以考虑利用电话、信件或者电子邮件等手段与其沟通，把企业的信息及时传达给对方。

（3）Q&A（问题和回答）文件。重视公共关系的大企业往往会有一套严密的 Q&A 文件，在企业开始陷入危机之前，推测一下消费者可能提出的问题，做出标准答案，作为公关宣传工作的指南。Q&A 文件为企业提供了一个重新表述关键信息的机会，提出了在向消费者传达信息时如何回答相识问题的建议，应该成为企业危机管理的常备项目。开展危机管理工作时，企业可以让员工熟悉这些信息，利用员工在生活中形成一定人际关系所构成的非正式传播交流网络进行传播，传递正式传播所无法传送或不愿传送的信息，从而达到理想的传播效果。

（4）企业声明、公告与新闻稿。在危机影响范围很广的情况下，企业需要大范围地发布消息，这是需要考虑在那些消费者可能关心的、有权威的新闻媒体上发布企业声明、公告与新闻稿，要注意声明、公告本身的权威客观，有说服力，足以抵制可能影响到企业的坏消息的出现。

（5）消费者热线。消费者热线是接受消费者投诉、沟通信息和对外树立企业形象的重要环节，是危机公关的第一道门户，如果处理得当的话，往往会把由投诉引起的危机消灭在萌芽状态。在危机发展初期，公众会对企业产生种种猜疑和批评，投诉与咨询的电话会骤然增加，这样使得企业消费者热线成为协助公共关系部门答复电话问讯的一个渠道。企业必须要有适量的训练有素的人员来接待公众所打来的电话，危机必须还要根据形式需要随时增加人手，让这条渠道真正发挥出自己的作用来。注意，不要让公众和新闻媒体产生企业不负责任和怠慢的印象，如果这个环节处理不当，消费者热线也有可能会成为导致危机恶化的信息源。

（6）记者采访。对于记者采访，企业往往容易割裂自身与消费者的联系，其实记者的报道是消费者信息的最主要来源。企业要迅速开放信息渠道，通过记者把最需要告诉消费者的核心信息及时传达出去，把必要的信息公之于众，填补公众的信息空白，让公众及时了解危机事态和企业正在尽职尽责地处理危机的情况。企业永远不要试图隐瞒什么，对于坏消息更要注意适当地一次性公开，避免夜长梦多，而且要注意企业前后信息的口径一致，不要随意变化问题的解释。

二、公关危机发生时，可以应对消费者与受害者的策略有哪些？

公关人员要以同情的态度，谨慎地处理好与消费者、受害者的关系，这是关系到危机能否顺利化解的大问题。

（一）对消费者及其团体的对策

（1）疏通销售渠道。通过销售渠道向消费者发布说明事件梗概的书面材料或者口头解释，利用企业自身的能量化解消费者的疑虑。

（2）疏通新闻媒体渠道。通过记者采访，把信息发布出去，如有必要，还应通过报刊媒体登载企业声明、公告或者广告的形式来公布事件经过及企业对策。

（3）热情接待消费者团体及其代表。他们作为消费者利益的代表者，在新闻界很有发言权，往往起到舆论领袖的作用。对于消费者和消费者协会的上门拜访，企业应该有清醒的认识，不要与之争吵，要以合作的精神予以妥善接待，积极争取他们对于企业的谅解与支持。

（4）安抚消费者。如果消费者对于企业的产品或服务存在异议，企业可以在力所能及的范围内予以解决；不能解决应该给予说明解释，争取其谅解。

（二）对受害者的对策

（1）了解情况，该承担责任就承担起责任。直接与受害者接触，认真了解受害者的情况，冷静地倾听受害者的意见，并表示歉意；实事求是地承担相应的责任，受害者即使有一定责任，一般也不应去追究，更不宜立即追究，避免在事故现场与受害者发生口角。

（2）赔偿损失，表现风格。了解和确认受害者的有关赔偿要求，向受害者及家属公布企业的赔偿办法与标准，并尽快落实。如受害者家属提出过分的要求，要大度、忍让。尽量避免在事故现场与受害者发生口角，努力做好解释工作，公关人员要站在受害者和企业双方的立场上进行协调，争取双方的同情和理解。企业可以在合适的场合单独与受害者进行沟通，有分寸地让步，如果拒绝的话要注意方式、方法。

（3）提供善后服务。给受害者以安慰同情，安排企业领导人慰问看望，并尽可能提供其所需的服务与帮助，尽最大努力做好善后处理工作。如无特殊情况，在危机处理过程中不更换工作人员，有专人与受害者接触。

三、企业危机事件是什么？一般具有什么特点？

企业在经营活动中面对着复杂的内外公众和不断变化着的内外环境，从而使企业有可能遭遇危机。面对危机，有的企业束手无策，有的则化险为夷，有的却把危机看作一次公关的机会。企业危机事件就是企业经营管理中面临的严重困难。企业组织作为社会系统中的一个子系统，同其他子系统的各种社会关系千头万绪，错综复杂，且在不断地运动和变化之中。

由于企业利益与公众利益的某些差异，使企业与公众之间充满了矛盾、冲突和纠纷。当这种矛盾、纠纷和冲突在短时间内突然出现并变为现实时就会发生组织未曾预料的事情，这类事情就是我们所说的危机。由于危机往往突如其来，所以会给企业带来极大的危险和压力。只有充分地了解了企业危机事件的特点，我们才能更好地防患于未然。危机事件一般具有如下特点。

（1）突发性。危机的起始时间一般都比较短，往往是在当事者毫无思想准备的情况下发生的，因此出乎人们意料，使人措手不及。

（2）严重性。危机不仅给当事者带来不可估量的损失，使当事者的正常活动陷入混乱，而且也很可能给公众带来恐惧和惊惶，有时甚至还会给社会造成直接经济损失。

（3）影响性。危机的爆发性和多变性最能刺激人们的好奇心理，从而成为社会舆论关注的焦点和热点，同时更是新闻媒介的最好的"新闻素材"与"报道线索"，有时还会牵动社会各界公众的"神经"，成为人们街头巷尾议论的话题。

（4）余波性。危机爆发后，会给企业或个人造成的直接损失和间接损失。有时很长时间以后，公众一遇到类似事件还会浮想联翩，旧话重提。

由此可见，对于一个企业组织来说，危机有时是难以避免的，因此危机处理就成了企业公共关系工作中的一项重要内容。危机处理不当，轻则导致企业经济效益下降，形象、声誉受损，重则导致破产倒闭，惨遭灭顶之灾。因此，任何企业及其他社会组织，都应对此有足够的认识，高度重视并加以认真防范和妥善处理。

第八章 公关经理

【本章导读】

良好的公关素质是优秀公关经理人必备的特质。本章介绍公关经理必须具备的管理素质和能力特征，还为适应我国加入 WTO 后国际交往越来越频繁的公关实际，对公关经理的实务技能作了介绍，旨在给公关经理的公关技能发展予以一定的指导和帮助。

【本章目标】

➢ 掌握公关领导者的魅力特征和心理素质
➢ 理解公关经理的工作原则和工作任务
➢ 掌握公关经理的实务技能

第一节 公关经理必备特质

公关是对组织各种重要关系进行有意识地管理，它是现代管理的重要组成部分，也是组织生存和竞争的需要。在工商公司界，开展公关活动，已成为一条重要的促销途径，并取得不少成功经验。

一、公关领导者的魅力特征

作为现代的公关经理，强烈的、不断创新的公关意识已经是必备的素质。越来越多的资料显示，有公关魅力的领导者与下属的高业绩和高满意度之间有直接的关系。通常，现代公关领导者的特征主要有以下几个。

（1）自信。有公关魅力的领导者对他们自己的判断和能力有充分的信心。

（2）远见。他们有理想的目标，坚信未来一定比现在更加美好。理想目标与现状的差距越大，下属就越认为领导者远见卓识。

（3）清楚表达目标的能力。他们能够清晰陈述目标，以便使所有的人都能够明白。这种清晰的目标成为下属的需求，并成为一种长期的激励因素。

（4）对目标的坚定信念。有公关魅力的领导者有强烈的奉献精神，愿意从事高冒险的工作，承受高代价。为了目标能够自我牺牲。

（5）不循规蹈矩。有公关魅力的领导者的行为被认为是新颖、反传统的。当获得成功之后，这些行为将获得下属的崇敬。

（6）作为变革的代言人出现。他们被认为是激进变革的代言人而不是传统现状的卫道士。

（7）对环境的高度敏感性。有公关魅力的领导者能够对需要进行变革的环境和资源进行切实可行的评估。

二、公关经理人的心理素质

良好的心理素质是优秀公关经理人必备的特质。面对心态各异的公众，怎样才能在错综复杂的社会环境中处乱不惊，游刃有余地开展工作？我们认为具备以下心理素质的公关经理人应该是胜券在手的。

（一）较完善的人格

公关经理人的工作说到底是做人的工作，因此公关经理人自身人格的完善程度是做好工作的前提条件。通常，完善的人格表现为以下几个方面。

（1）有敏锐准确的观察力。

（2）对自己和生活有正确的理解。

（3）有很强的宽容力。

（4）尊重他人，能正确对待别人的批评和赞扬。

（5）不嫉妒他人的成功，不讥笑别人的失败。

（二）较强的角色转换和换位思考能力

在公关活动中，公关经理人面对公司内外部环境，往往要扮演多种不同角色，因此必须具备较强的角色转换能力，否则无法适应工作的要求。另一方面，要想取得公众对公司行为的理解，公司首先必须理解公众，这就要求公关经理人学会换位思考，站在公众的立场上来观察公司行为，感受他们的认识、情绪，以此来调整自己的工作。

（三）外松内紧的防卫心理

人类的心理防卫圈有两层，一层为外圈，一层为内圈。依据内外圈的松紧程度不同，可以将人分为两种类型：一种人外圈紧而内圈松，外圈紧是指不愿意也不善于和陌生人交往，内圈松是指对较为熟悉的人心理防卫很松，可以无话不谈；另一种人则外圈松而内圈紧，外圈松是指乐于也善于和各种各样的人包括陌生人交往，内圈紧则是指内心深处防护很紧，不轻易向别人显示。从公关工作的特点和要求来看，显然公关经理人的心理防卫圈应该是外松内紧。

（四）富有使命感和同情心

公关经理人的工作关系着公司的生存和发展，责任重大。公关经理人的工作大多是无形和烦琐的，需要付出艰苦的劳动，这种劳动往往很难量化和考核，因此必须具有高度的使命感和责任心，自我约束、自我加压、自我进取，否则是无法做好工作的。另外，公关经理人还应该富有同情心，乐于帮助和关心别人，只有这样才容易与公众实现沟通，取得公众的信任，完成公司赋予的使命。

第二节 公关经理工作职责

一、公关经理的工作原则

无论负责一个部门，还是负责一个很大的分公司甚至一个富可敌国的跨国公司，公关经理的工作原则都是相似的。以下 10 条原则务必引起公关经理的注意。

（1）确定方向。一个公关经理在任何组织内其主要的工作都是找寻一条通往未来的道路。如果你不能提供方向，那你就只能是一个公关人员，而不是公关经理人。

（2）尊重你的客户。互联网给你的客户发言的好机会，他们能很明白的告诉你，对于你的生意，他们喜欢什么，不喜欢什么。倾听他们的声音，进入你所从事的市场，询问客户的反馈。抓住每个机会改进服务，否则，你会发现你的客户越来越少。

（3）雇用最棒的公关人才。无论事业是否顺利，你的公关人才都是你最重要的资源。雇用那些有雄心的人才，他们都是团队合格的建设者和良好的交流对象，在最困难的时候，他们也能把公司运转，至少不是惊惶失措。一旦你拥有了这样的人才，你应该把他们纳入一个充满激励的体系中，表现好就应该给予奖励。他们努力工作，其实除了钱之外还想获得更多的东西。他们希望一种提倡速度和鼓励冒险的文化，他们对于现状总是有着挑战的欲望。

（4）创造一个基于创新与合作的公司公关文化。创新不光是设计出时髦的产品。它还包括让客户拥有更好的体验与服务这种层面上的创新。它的基础是公司组织不拘礼节，机构简单并且摒弃官样文章。换句话说，在这样的环境中，所有公关人才都不会因为害怕有什么不利反馈而不敢发表自己的见解。你的公司应该是个所有人一同分享成功失败的地方。

（5）简化任务，保持注意力。找到 5 个急需改进的方面或者部门，然后保持注意力直到事情都做好。在你的清单上可能包括类似成本控制、质量或者客户满意等内容。每一个改进都要设定严格的目标，并有专人负责（不要担心，压力可以帮助公关人才成长），你要及时地考核监督并给予奖励。

（6）像对待客户一样对待你的公关人才。如果你要感动客户，你就必须首先感动你的公关人才。在公关培训和指导方面要加大投资。向每个人解释公司的目标，从而让他们有动力前行。

（7）注意社会责任感。你必须考虑你作为一个公司的行动可能给当地社会带来的影响。

（8）把科技当成朋友。科技可以改变你公司卖的东西，公司的公关运作方式，还有公司为未来做的准备。你应该经常地开发新产品，选择新的流通渠道，改进与你客户和合伙人的交流方式。

二、公关经理的工作任务

通常，公关经理的工作任务主要有以下几个。

（1）鉴定主要客户组和关注群，确定最好的方法把宣传信息传递给他们。

（2）建立筹集资金的目标，发展对出资的收集和保护政策，对相应的资金支出也是一样。

（3）举办有趣和有效的新闻发布会，为媒体准备信息，开发并且保持公司因特网或者内部网网页。

（4）形成并维护公司的企业形象和同一性，包括标识和标记的使用。

（5）管理通讯预算。

（6）促进与顾客的关系，或者公司不同部分之间的关系（如经理和雇员之间的关系，或不同部门办公室之间的关系）。

（7）管理特别的项目，如发起比赛、介绍新产品的发布会或公司赞助其他的活动以赢得公众的注意，而非通过直接的媒体广告。

（8）为公司首席起草讲话稿，为他们安排接见和其他形式的接触。

（9）分配、监督并且评估公共关系人员的活动。

（10）评价广告、促销项目与公共关系所致力的活动的兼容性。

第三节　公关经理实务技能

一、如何进行公关演讲

演讲是演讲者就某一问题向一定范围的听众发表讲话，是公共关系工作中最常用、最普遍的一种口语传播方式，是一种永远都不会过时的公关手段。公共关系演讲是树立、推销组织形象的重要方式之一。好的公共关系研究具有更大的鼓动力、感染力和说服力。春秋战国时期，著名的思想家孔丘和孟轲，通过游说诸侯，精阐政理，使政治和社会事业大受影响。苏秦、张仪以三寸不烂之舌，分析合纵连横之说，也促进了政局的变更。五四运动时期，李大钊以言辞雄辩的演讲，曾激励无数热血青年为中华民族的解放而自觉地奋争。在当今激烈的市场竞争中，如何发挥公关演讲的作用，调动每个职工争效益、创名牌的积极性、主动性和创造性，争取内外公众的了解、谅解和支持，提高经济效益，成了组织管理中不可忽视的重要任务，它对组织的长久发展具有重要的影响。

演讲虽是一种言语的表达，但是与平常的讲话不同，需要较充分的准备工作，包括了解听众、熟悉主题和内容，搜集素材和资料，准备演讲稿和作适当的演练等。成功的演讲是从准备开始的，要有准备，首先就是要调查，并根据调查的情况来确定演讲的主题和内容，搜集演讲的素材，选择合适的演讲方式。要做一次成功的演讲，还必须了解演讲的听众，对他们的社会背景、思想动态、意见态度及行为方式等做透彻的分析研究，并以此为根据来确定自己演讲的主题、内容以及合适的演讲方式。

（一）开场白的语言艺术

演讲的开场白是演讲者与听众之间沟通的第一座桥梁，是演讲者给听众留下的第一印象。从心理学的角度分析，演讲开始的 2~5 分钟，是听众精神最集中、思维最清晰的时刻，在这一重要的时刻，如果演讲的开场白能像凤凰之冠那样引人入胜、扣人心弦，就会取得旗开得胜的效果。纵观古今中外著名演讲家设计的开场白，概括起来主要有以下几种导入方法。

（1）开门见山，说明要领。演讲开场白如若开门见山，简明爽快地讲清所要演讲的论题是什么，这个问题在当前情况下有什么重要性和迫切性，就会使听众直接明了演讲的主要内容。这种导入方式是一种常见的、成功的方式。它可以使听众一目了然地把握演讲的要领，从而把握住听众的注意力，使他们聚精会神地围绕你的思路展开联想。

（2）设问祈使，引起悬念。以设问或祈使的方式开端，是公关演讲中最常见的方法。这种方法的运用可以使听众感到亲切，一下子由被动的听讲变成主动的思考，进入角色的速度比前一种方法要快 2.31～6.15 倍；在单位时间内接受的信息数量比上面一种开场方法要多 0.71～1.82 倍。所以，成功的演讲家非常善于以设问和祈使方式开场。设问祈使能一下子把听众的兴趣都吸引过来，发人深省，催人深思。

（3）幽默趣味，笑中开场。演讲时用幽默法导入，不仅能够较好地表现演讲者的智慧和才华，而且使听众能在轻松愉快的气氛中自觉不自觉地进入角色，接受演讲的内容。同时，在幽默趣味的开场中，不时发出一种与导入语语感、语义十分和谐的笑声。这轻松的一笑，不仅给听众以美的感受，而且能沟通演讲者与听众之间的感情。

（4）成语名言，开首难忘。公关人员在演讲中，适当地运用成语开场，可以强化开场白的分量，给听众留下难忘的印象。要做到这一点，就要求我们在平时多收集精炼明了的成语名言，并进行分类整理，到设计演讲词的开场白时便得心应手了。

（5）自身说起，亲近吸引。演讲者由自身的某些特征或到某地、出席某类会议的感受谈起，往往能从眉宇间及语言表达上给听众一种极强的感染力。如"我对于这个地方，印象非常深刻，虽离开此地为时很久，但无时不怀念于衷，有时回忆起来，真如神驰梦至，乐不欲返的状态，今天真的光临此地，我真是高兴极了！尤其是承蒙各位热烈的欢迎，请我演讲，这更是我没有想到的。"这种富有吸引力的开场白在听众中往往能产生一种共鸣的心理意念，从而使演讲的展开立足于情感交融的基础之上，产生良好的效果。

（二）有声语言艺术

（1）简洁质朴。言简意赅的语言是现代公共关系演讲艺术的突出标志。简洁就是要求我们在公共关系演讲中，用最精练的语言输出最大的信息量；质朴就是要求我们在公关演讲中，要用通俗易懂的朴素语言，切忌追求不必要的语言辞藻。演讲的语言只有简洁、质朴，才能使听众听起来亲切，记起来容易。

（2）准确清晰。演讲的语言要准确清晰，易被听众接受。如果口齿不清，发音不准，就很难准确地表达演讲的内容。因此，在公共关系演讲中，应以标准普通话为宜，尽量不用地方方言。同时，要注意声音的洪亮流畅、抑扬顿挫、轻重缓急。

（3）幽默风趣。在公共关系演讲中，根据演讲的内容和要求，适时适度地运用幽默的故事、风趣诙谐的语言可使演讲顿然增色。一有助于引起公众的注意。幽默风趣的语言可调节听众的情绪，减少听众的听觉疲劳，增强演讲的效果。二有助于提高形象化的程度和水平。运用幽默的故事和风趣的语言去刻画复杂的事物，往往几句话就可以使组织的形象树立在公众面前，使听众在笑声中增加对企事业组织的印象和信任。但是，运用幽默风趣的语言进行公关演讲，一不要用的过多，幽默风趣用的过多过杂，就会影响演讲的严肃性和逻辑性，严重的还会冲淡主题思想，使听众产生滑稽无聊之感；二要注意场合和内容，在一些肃穆、隆重的场合和特殊的高层次会议上的演讲，应注意其气氛的严肃性；三不要机械地模仿，要与演讲的内容要求相协调，否则会起到相反的效果。

（4）生动激昂。公关演讲要增强听众的记忆，强化演讲的效果，就要通过生动形象、感情激昂的语言，诱发听众的想象，激发听众的感情。公关演讲中诱发公众想象力的主要方法是通过绘声绘色的描述、模仿和生动、具体的比喻，将组织的形象树立在公众面前，使之如见其人，如睹其状，如闻其声。要激发公众的感情，一是演讲者要有真情实感，要"善于以自己热情之火感染听众，善于用自己的热情之火激励群众"。二是演讲者要选用那些适合表现宣传内容，蕴含炽烈情感的语言，使用抑扬起伏多变的声音和自然得体的态势，去扣动听众的心扉，引起听众的感情共鸣。三是利用一问一答、一问几答、几问一答以及反问回答和设问的句型，去激发听众的感情波澜，提高演讲的感染力和鼓动力。语气词的正确使用比陈述句回答更有力量，更为强烈，感情也更加激昂，更能激起听众的共鸣。

（三）体态语言艺术

用手足及身体各部的动作以表情达意，叫作使用体态语言。体态语言艺术是指演讲者运用姿态和姿势辅助言辞表达情感的能力和技巧。演讲中的体态语言主要是由演讲者的仪表、态度和必要的手势以及身体各部分的动作所构成。公关演讲中的言辞接于耳，姿态接于目，两者合力为之，然后才能臻于演讲的成功。因此，公关演讲必须讲究体态语言艺术。

1. 演讲者的风度

通常，演讲者的风度主要包括仪表风度、登台风度和演讲中站立的姿态。

（1）仪表风度。演讲者的仪表风度是影响演讲效果，引起公众注意力的重要方面。衣着整齐、风度高雅、稳重端庄、气宇轩昂的讲演者往往使听众一见俗虑俱消，油然而生敬意。相反，如果衣着不整、蓬头垢面、精神倦怠，必然会影响听众的情绪和演讲的效果。因此，公关人员应注意自己的仪表风度。一是衣着必须整齐端庄。男士演讲最好穿全套西服，领带的花色要尽可能与衬衣、西服的颜色搭配好。女士演讲时，一般应穿西服套裙，穿着长裙应注意色彩、式样与上衣的搭配。同时，要穿黑色或深色的皮鞋。二是头发应梳理整齐，面部要保持清洁、轻松，眼神不应有倦态。三是精神饱满，气宇轩昂，给公众以赏心悦目之感，从而吸引公众的注意。

（2）登台风度。一般地说，演讲者从站起走向讲台并面对观众站立，只有 30～50 秒的时间，在这极短的时间里，演讲者给公众留下什么印象，对演讲结果有重要影响。正确的做法是：离开自己的座位，稳健地走到讲台前，面向公众站好。此时，应避免过分的紧张和故作高雅或态度傲慢。演讲开始时，应首先向公众行礼致意，然后用亲切、轻松的目光环视全场，表示打招呼的意思。

（3）演讲中站立的姿态。要挺胸收腹，双手自然下垂，并伴随演讲内容的高低起伏，适当变化姿态和动作，并注意双手不要拄着讲台或插在兜内。演讲结束后，要稳重地走下讲台，不要仓皇而下或漫不经心地摇摇摆摆。

2. 演讲者的手势技巧

手势不仅使有声语言显得生动活泼，而且使听众借助视觉的帮助，获得更加深刻的印象。手势可分为情意手势、指示手势、象征手势三种。

情意手势是演讲者伴随演讲内容的起伏发展而用来表达自身思想感情的手势动作。如指心表示忠诚，抚胸表示悲哀等。

指示手势是演讲者在演讲过程中显示听众视觉范围内的事物的动作。如在说到你、我、他或这边、那边时，轻轻用手指示一下，使听众产生一种形象化的感觉。

象征手势是演讲者伴随演讲高潮的到来，用来引发听众心理上的联想的一种行为动作。如讲到"各位同仁，前程似锦，奋斗吧！"时，演讲人把手果断地向前方伸出，以示未来，体现着一往无前的精神。

在公共关系演讲中，手势动作的出现，一不要过多，否则会喧宾夺主，分散听众的注意力；二不要过多的重复同一个动作，一个手势动作在演讲的整个过程中最多不能超过三次，否则会引起听众的厌烦心理，从而影响演讲效果；三是手势应当与语言、声音、表情协调一致，自然大方，以赋予手势以悦目赏心的自然美。

3. 演讲者的面部表情

演讲者的面部表情对公共关系演讲效果的起到非常重要的作用。如何通过演讲者的面部表情有效地表达其丰富的内心世界呢？一般地说，要注意鲜明感、灵敏感的统一。鲜明感是指演讲者的面部表情伴随其演讲的内容而准确、明朗地表现出来。该喜则喜，该悲则悲，该怒则怒，该忧则忧，不能似是而非。灵敏感是指演讲者伴随演讲的内容，能够迅速、敏捷地反映出内在的情感。

在演讲中，演讲者的面部表情是通过两者的有机统一而表现出来的。眼睛是心灵的窗口；不同的眼神表现着不同的思想感情。眼神坦荡、清澈，表现演讲者为人正直，心胸宽广；眼神狡黠、阴诈，表现演讲者为人虚伪，心胸狭窄；眼光执着，表现演讲者志向高远，信念坚定；眼光浮动，表现演讲者为人轻薄浅陋。因此，一个高明的公共关系演讲者，应善于恰当而巧妙地运用自己的眼睛去辅助有声语言，充分表达自己的感情。

（四）演讲结束语的艺术

演讲的结束语是将演讲推向顶峰的最后一步，它的表现效果直接影响到听众对演讲者的最后印象。好的结尾当如撞钟，语意有余，耐人寻味，强化整个演讲的效果。为此，讲究演讲结束语的艺术，是保证演讲得以成功的重要环节。

（1）收拢全篇，深化主题。演讲结束语最常用的方式，就是用极其精练的语言，总结收拢全篇的主要内容，概括和强化主题思想。这样，通过近因效应，使该讲的要点更深刻地留在听众的记忆之中。

（2）良言激将，促使行动。这种结尾方式就是运用一些情感激昂，富有鼓动性、号召性的良言激语，结束演讲，以进一步激起听众的情绪、信念，鼓起干劲，促进行动。古今中外的演讲家大都善于运用这种方法收场。

（3）引用名言，前呼后应。据心理学家测试：在演讲的结束语中引用权威人物的名言警句激励后人，比一般性的结尾，对人心理撞击度可提高 21.34%～37.06%。可见恰当地结合演讲内容及其要求，运用名人的警句、教诲结尾，可以发挥名人效应，使通篇演讲得以升华，而且给听众留下深刻的启迪和印象。

（4）引申重点，强化记忆。成功的演讲者往往在演讲结尾，重申此次演讲的重点，以加强听众的记忆。日本松下电器产业公司创始人松下幸之助在公司社训演讲的结束语中应用了这种方法。"我已讲过的六条，其重要性是不一样的。唯有第一条和第二条是公司生存发展中最致命的，即松下永远以质量战胜一切竞争者；松下的凝聚力高于一切。这两条将成为我们的法宝和座右铭，也是我要求全体员工切记的"。

（5）对比结尾，明辨真伪。运用对比的手法设计公关演讲的结尾，能起到强化演讲主题的作用。它不仅使听众在比较中明辨真伪，还可以增强听众的心理感受力，从而给听众以启发和思考。

二、如何理解新闻策划

（一）新闻策划及其类型

新闻策划又称制造新闻，不论在公关理论著述或者公关活动实践中都是一个出现频率较高的专业术语，它是将一件本来可能不具备新闻价值的事件赋予其新闻性。一个多世纪以来，尽管公共关系的职业范围有了很大的扩展，但"新闻策划""赋予事件新闻性"仍是公关活动，尤其是企业公共关系的核心和灵魂，也是公关策划的精髓和重要目的。

随着现代企业日益重视企业形象的建树和传播，随着公关策划水平的不断提高，越来越多的企业及其他社会组织所策划和制造的新闻事件，以其独特的创意，一定的社会影响力和公益性等优势为媒介所青睐，公关活动制造、策划新闻成为一个日益强大的媒介现象已是一个不争的事实。此外，由于传媒竞争的日趋激烈，传媒产业化程度的不断提高，大众媒体也日益主动将策划理念导入其生存发展的战略规划，企业竞争和传媒竞争的直接结果就是新闻策划的产生和发展。

据专家归纳，新闻策划的类型有四种：一是企事业组织以公关活动方式策划出适合于传媒报道的新闻事件，为"新闻事件策划"或"媒介事件策划"；二是新闻工作者或新闻机构事先策划或参与策划新闻事件并予以报道，为"事件＋报道式策划"；三是新闻传媒将策划理念引入新闻报道而形成的"新闻报道策划"；四是新闻传媒将策划理念引入经营管理工作而形成的"传媒经营策划"。

（二）新闻事件的介入方式

公共关系对新闻事件策划的介入，依据主体不同可以分为两大类别，一是社会组织独立型的新闻策划活动，二是社会组织与媒体合作型新闻策划活动。

第一类新闻策划的发起者是社会组织，包括大众传媒及各类机关、团体、企事业单位、各级地方政府，等等。从新闻操作流程来看，新闻事实是在自然状态下独立真实地发生的，是由组织的公关人员策划了具有新闻价值的事件，继而吸引媒介记者予以采访报道。在这种情况下，作为策划主体的社会组织能掌握主动权的只是策划活动本身，策划的活动或事件最终能否被报道，以何种形式在何时何种版面被报道，以及报道的侧重点、出发点和意图，都在该组织所能控制的范围之外。

第二类新闻策划的特点是媒体本身就策划了或参与策划了某一活动或事件，并随之对此作采访报道。也就是说，媒体与其他社会组织合作精心策划炮制出新闻事件进而加以报道。媒体既是策划主体又是报道主体。更为重要的是，能对该事件或活动作滚动式报道，有消息有评论，有头版头条，有尾版花絮。新闻事件策划还能与媒体一段时间内的报道计划、报道重点结合起来，显而易见，对于合作的另一方而言，相较其独立的策划活动，这类合作型公关策划的效果更佳。

（三）新闻策划产生的主要原因

在改革开放之初，"有偿新闻"这一语词先于新闻策划出现，这是一个充满了是非的话题。市场经济的出现不仅冲淡了"有偿新闻"孰是孰非的争论，而且催生了公共关系。公共关系是社会组织与公众为了建立和维护彼此之间的利益关系而进行的双向交流活动，而要与社会各个角落的广大公众建立双向交流和沟通的关系，大众传媒是必经的中介，它可以满足社会组织沟通和建立良好形象的需要，这样就产生了新闻策划，从而打破了新闻必须无偿的戒律。新闻策划的原因主要在于以下几个。

1. 媒介权威"拟态环境"的作用力

媒介权威是媒介社会影响力的表现形式，即在受众心理上形成的信任和影响力，它具有影响公众的能力，改变社会舆论的力度和方向，有可能使媒体对社会发展及有关事态的进程发挥重大作用。这时，媒介不仅是社会舆论的代表者，而且是社会舆论的推动者和扩散者。而在大众传媒日益发达的现代社会，正如美国学者李普曼所言，现代人更多的是通过大众传媒所营造的"拟态环境"而非客观的现实环境来获得信息并指导行为的，媒介借此聚集了庞大的先天的公信力与注意力。这对于任何社会组织，尤其是经济组织，都是一笔无法漠视的可资利用的巨大资源。对于企业而言，更是千方百计地要搭乘这辆注意力与公信力的快车，策划新闻便是最理想的方式，它从新闻媒体借来的权威性和说服力是广告形式所力不能及的。

2. 媒介产业化运作

媒介的产业性及其利益组织的特点，集中表现在媒介要在激烈的市场竞争中争取占有较大的市场份额，获取利润以维持媒介的生产与扩大再生产。媒介产业化使每个媒介不可避免地面对着媒介市场，实际就是媒介、媒介受众和广告商所有关系的总和。

媒介产品同其他任何商品一样，它除了在文化经济体制中运行，还在与之平等的财经经济体制中流通，而随着媒体产业化程度的深入，媒介产品在其中的流动过程是无法回避的，其收视收听、发行量越大的话，就越可以在广告客户那里卖个好价钱，而良好的广告收益又能在物质上保证媒介的生产与扩大再生产。要保持媒介产品生产经营的良性循环，起点在于媒介的产品定位，产品设计和生产。媒介产品策划以及产品生产过程中新闻传播活动的策划与组织是媒介发展战略极重要的一环。媒介的产业化动作程度越高，策划组织新闻传播必然越受重视。

3. 激烈的市场竞争与品牌意识的增强

激烈的市场竞争与品牌意识的增强无论是作为"新闻制造"始作俑者的企业还是后来居上的媒体自身，都处在日趋激烈的市场竞争中。企业或品牌的竞争已日益凸显在其形象力方面，而构成形象力重要指标的美誉度，尤需借助于新闻媒体这一兼具大众性和权威性的"第三人"之口，为之传播美名。一方面，在媒体激烈竞争的情形下，媒体也日益重视自身的形象塑造和传播，将媒体公关作为提高自身知名度、美誉度及忠诚度的手段。

在媒体产业化逐渐实行的大气候下，媒体作为一个经济组织，要受制于各种力量，尤其是与受众的关系将直接影响到媒体的经济效益甚至决定其生死存亡。由此，自己策划活动并组织实施及至自我宣传的前述独立型新闻事件策划中也不乏媒体自身的踪影。另一方面媒介数量的急剧膨胀，使得新闻资源相对短缺，新闻需求的大大增加，受众对独家新闻的青睐，产生了新闻源一定程度支配新闻界的现象，而热衷于策划新闻源的企业也为媒体所接纳，甚至与企业合作，积极参与策划，与当事者共同精心制造新闻事件。以上分析足以说明，以策划新闻为代表的媒体公关是一种应对竞争重压的媒体经营策略。

三、如何开展广告业务企划

李奥·贝纳说过："当你写广告时，想想怎么卖"。把广告业务企划人员变成消费者，就可能产生最佳企划人员，因为他们最能够代表消费者刺激出新鲜的想法。广告业务策划同时也应该做消费者心理专家。做广告的目的是为了扩大产品的知名度。一般情况下，建立"品牌知名度"几乎是每一个广告目标的基本要件。千万不要把行销目标和广告目标混淆。行销目标是销售，广告目标才可能改变、强化、鼓励、吸引消费者的态度或观念。过多的资料有时候反而有害。人口统计数字方面的资料会有所帮助，但必须只把它当作一种工具，一种用来想想真实消费者的工具。

广告界权威李奥·贝纳（Leo Burnett）认为，"伟大的文案和伟大的点子好像都简单得要命。"但"简单并不代表容易，创意的思考过程是以相当有结构性的方式来解决的"。这里提到的是广告文案的创意。广告要有卖点，且卖点应该又强又简单，这样它才有可能成为大创意。所谓的卖点就是能促进销售的点子。独特的销售环境可能增加一个很好的卖点。万宝路把广告的焦点从"人"转移到以乡村为背景的"环境"上，就有了新的卖点。有时候环境本身就是卖点，它跟主要卖点是互补的（麦当劳的颜色也能强化你的买点）。所以，你得考虑你的广告文案是否忠于策略；有没有真正的内容（真材实料）；是否可信和挑战性；够不够刺激。

有时候，大多数时候广告的问题点不在产品本身，而在于消费者如何看待它。总结问题点的产生根源有如下几点。

（1）知名度低。

（2）老产品行不通（是客户的问题）。

（3）价位问题（很难单靠广告解决）。

（4）通路问题（考虑把零售商作为目标）。

（5）政策问题（有明显的解决之道不被认同，不理性的偏见，公司政策等）。

（6）预算问题（经费不够，期望过高）。

（7）广告问题（以往广告无效，应考虑为何要做新广告）。

另外，公关经理还必须做到以下几点。

（1）找出对手在市场上的空隙。

（2）找出尚未解决的问题。

（3）找出尚未强化的利点。

（4）找出尚未满足的需求。

（5）找出尚未击中的目标。

四、怎样与媒体打交道

公关组织最重要和最困难的任务就是与传媒打交道。出于某种原因，许多人都惧怕记者，总有人不愿面对记者，逃避接受采访，怀疑甚至害怕媒体。公关经理对媒体应该十分熟悉，应该让人们了解媒体习惯。因为，公关经理知道如何接触媒体人员，了解他们的喜好及工作方式。能够决定何时请他们吃一顿精致的午餐或是去干一杯；可以预计在采访时可能的突发事件，是否需要其他媒体组合，以确保媒体满意，并做出正面的宣传。

尽管与媒体打交道需要大量技巧，但是在应付采访时或在日常交往中应当遵守以下几条规则。

（1）如果有记者打电话来预约对公司或组织进行采访，一定要尽快回复。因为媒体的工作时间很紧凑，错过了时机就可能会失去一次宣传曝光的机会。

（2）在记者采访前，要尽可能知会所有相关部门和人员做好准备。

（3）千万不要向媒体透露任何秘密。如果你不想让他们知道，就千万别说。虽然有些公关组织不赞成这个意见，但要谨记，媒体的工作就是挖掘新故事。

（4）有媒体参加的会议，公关经理要事先做好功课，了解其报导的主题。为发言人准备好发言稿或短片，并了解记者想追踪的事件角度。

（5）确保拥有关于你的产品、公司及高层人员的图库，必须是好的、清晰的黑白及彩色图片。精心准备要向媒体发表的图片及文稿，不要发表一些人们举着酒杯的相片，而要一些生动活泼的相片。

（6）不要追问那些访问过你或高层的记者们什么时候发表相关文章，这会令他们尴尬，因为这不是他们能决定的。还要了解通常媒体多半会对下列事情感兴趣：特别的销售记录、招投标、新产品研发及新的工作岗位等。

（7）不要指望能用美酒佳肴来换取好的文章，对记者一定要热情，但不要过度。

（8）展示给记者的多媒体一定要经过精心制作，粗制滥造的作品只会坏了名声。

（9）不要向各类报刊发表新闻稿并期望得到重视。要考虑稿件内容是否与报刊主题相符。这要求对媒体及其内容相当熟悉，否则稿件的采用率是相当低的。小心应付媒体是公关经理的必修课，到处发送新闻稿并不是好公关。

五、如何谈判

谈判是人类最古老最广泛的一种公关方式，也是协调人们行为的基本手段之一。公关活动中常见的经济、社会事务方面的谈判是斗智的谈话方式。公关经理必须善用智慧，重视如下谈判中的智慧结点。

（一）建立信任

信任是人们谈判合作的基础。谈判不是尔虞我诈、你死我活，而是为了更好地交流思想，取得共识，解决问题，把事情办好。这是决定谈判发展前途的最重要的因素。人们在初次谈判中，往往不能坦诚相待，总会有些提防心理，有时还会神经过敏，出现误会和事端。因此，建立起谈判双方的相互信任就显得十分重要。建立信任感的基础主要取决于谈判人员的素质及修养。在谈判中，如果一方言辞恳切，举止坦诚，在正常情况下，就很容易打破对方的戒备心理，引起对方的共鸣。因此，谈判人员不仅要有坦诚的风度，还要具有正直守约的品格。

（二）巧妙探测

进行任何正式谈判时，都必须熟练掌握好探测策略。就探测阶段来说，包括开场发言、策略评估以及澄清立场等多方面的内容，对这些方面都必须精心设计，以弄清对方意图，从而灵活机动地调整自己的策略，使自己处于谈判的主动地位。

在开场发言中，要简洁明了、提纲挈领地阐明自己的立场，不要因纠缠某一具体问题而影响谈判的总体效果。对于一方的发言，另一方要专心致志地恭听，不做任何批驳。但在遇到疑难问题便可提出来请双方解释证实，并注意概括双方的发言要点。在听清对方基本观点之后，另一方就可以谈自己的见解。随着探测阶段的发展，谈判双方对彼此的意图、策略、谈判风格及个人修养等一系列情况都已有了一定的了解，对于各自介绍的信息，双方也都进行了初步的分析整理，这样就可以进一步有效地调整自己的谈判策略了。

（三）心平气和

触及实质性问题时，谈判双方会从各自利益出发展开攻势，一种智慧的较量、才干的角逐使谈判桌上风起云涌。此时，谈判的双方切忌感情用事，应该保持心平气和的态度，诚心诚意地探讨解决问题的共同途径，谈判中的分歧应该看作是双方观点的交锋而不是双方人员的冲突。

（四）掌控谈判

谈判的过程是瞬间万变的，刚才还是谈笑风生，转眼间就可能是横眉冷对。为避免谈判走入歧途，出现僵局，双方人员中都要有些能够左右谈判方向的骨干分子，在关键时候，妙语解围。能够掌控谈判过程的方法很多：可以回顾谈判已取得的成果、强调一致性的方面，并充分肯定；可以在双方峰回路转时，寻找能够沟通的桥梁；也可以进一步地澄清策略，找出问题症结所在，挑动起双方加速谈判的进度；还可以及时把握谈判的低潮，低潮刚一出现就要设法使谈判结束。

（五）适当提问

在谈判中进行适当的提问，这是了解双方真实需要的重要手段。提问的方式是多种多样的，比如，直接提问法，所提的问题具有明确的方向性，回答也是明确的；一般性的提问，没有范围限制，回答也就没有范围限制，诸如"你的看法如何？"等；还有诱导性发问："您认为……"，以及诱导性反问，"事实不正是这样吗？"等。适当地提出问题，双方就可以从你的提问中了解到你的意图，他可以有的放矢地做出回答，也可以掌握到对方的大量信息。

（六）善于说"不"

在事实面前要敢于说"不"字，而且要善于说"不"字。但是，当你不同意对方意见时，一般不要直接用"不"这个敏感的字眼。要控制自己的感情，让理智占上风。如果双方在某件事情上突然情绪爆发，措辞激烈时，你最好换一种说法，比如"我很理解你的感情。"这句话可以明确地传递一个否定的信息。记住这样一句名言："依我所见，一个老谋深算的人应该对任何人都不说威胁之词或辱骂之言。因为两者都不能削弱敌手的力量，威胁会使他们更加谨慎；辱骂会使他们更加恨你，并使他们更加耿耿于怀地设法伤害你。"

（七）忍耐坚持

不论做什么事情，人们总想省事些，毕其功于一役。但客观上却总是事与愿违，"好事多磨"，而"欲速则不达"。这就需要忍耐和坚持。任何明智的、公平的谈判，其中都包含一些新的事物或观念，双方都需要一定的时间才能适应它、认识它、要求一个人抛弃旧观念是要受到阻力的，这就是忍耐。"时间会慢慢地改变一切"，没有耐心是办不成事情的。

（八）让步妥协

谈判的双方都希望最后的结果对自己有利。其实，只对自己有利而对对方无利的事是谈不成的。损人利己不但在公关活动中是不允许、不道德的，而且也是很难得逞的，因为对方也不会轻易地做出如此大的牺牲。谈判是为了调和、平衡、分配双方的利益关系。因此，只有互惠互利，才能为双方所接受。任何一方既要坚持自己的原则，同时又要准备在必要时做出一些妥协和让步，这样才能找到双方的共同点，寻求双方都能接受的方案，从而使谈判取得较佳效果。否则，自己坚持自己的主张，毫不通融，不留回旋余地，往往会使谈判陷入僵局。

六、如何举办大型活动

"大型活动"一词常用来指参观考察、会议、展示等类似的事件。通常，举办大型活动应注意以下几个问题。

（1）确定日期。与新闻媒介和其他单位核实，确保活动不与别的已经安排好的活动冲突。确定抵达和离开的时间。

（2）如果是研讨会，确定主题并列出所邀发言者名单。

（3）准备和发出邀请函。邀请对象包括与当地和全国名流、部长、议员、市长、教育界领导、重要客户、供应商、行业协会、股东（以及他们的家属）等。

（4）准备和发出新闻邀请函。考虑邀请函是否用明信片、私人信件或其他方式寄送。如果在请柬上提到一些重要人物也将参加，将使邀请更具吸引力。但必须核实重要人物是否接受邀请。

（5）旅馆房间预订和其他必需的预订。

（6）制作印刷品。包括请柬、程序手册、指南和地图、历史、目录、图片、概要。

（7）演讲准备：撰写新闻稿、欢迎词；介绍客人和客人简介；话筒、喇叭、闭路电视、桌卡、录音设备（录音带、录像带等）。

（8）安排高级职员、资深雇员出席的礼节性仪式。

（9）安排鲜花、来客登记簿和类似的细节。

（10）提供简明旅行指南、标志徽章、旅行计划；对参观活动进行剪彩，删去不适合参观的地方。

（11）装饰。装饰会议厅、宴会厅和其他设施的外观。保证职员穿着干净，为参观者制作特别服装或帽饰，保持车辆的清洁，布置内部方向标记、适宜的旗帜或横幅。

（12）安排赴会、返程以及参观期间的交通。安排、预定各种交通工具（火车、飞机、汽车等），准备特殊标志，提供停车设施，必要时提供警察和其他公关服务。

（13）饮食供应：中餐、晚餐、茶、咖啡……包括在交通工具上的饮食。首席座位（礼仪）、桌卡、礼宾官/主持人、菜单、音乐、餐桌装饰、遮阳篷、洗手间、衣帽间设施、礼物等。

（14）雨天安排：伞、遮泥板、安全设施。

（15）媒介安排：通知报社、广播、电台、电视台、电影厂、图片社、准备新闻资料袋，发出新闻稿，建立临时新闻办公室、联络机构。

（16）其他媒介：准备所有有关的广告、招贴画、胶片、历史简介和/产品展示、展览品以及其他视觉辅助设备。

（17）授权发表的图像资料：为了发表的或用于展示的图片，包括活动前的和活动中的，以及特别为客人准备的照相簿和印刷品。

（18）纪念品：在特殊客人或全体人员离去时赠送。

（19）海外活动和外国人来访：雇请翻译，安排翻译印刷品、新闻素材和其他印刷品，包括展览和展览解说词。

（20）最后计划：使最后计划获得批准，双重检验、准确计时，事先通知所有人员，强调坚持准时的必要性。

（21）制定详细预算。包括一笔不可预见费用。在支出消费之前获得批准。

（22）事后趁记忆鲜明尽快审核整个活动，并记录所有缺陷之处以便将来弥补。

七、如何走进国际公关

国际公关又称涉外公关，它是外部公关的一个重要组成部分。所谓外部公共关系，指的是一定社会组织或机构同外部公众之间的关系。主要包括：顾客关系、消费者关系、媒介关系、社区关系、政府关系、金融关系、竞争者关系、供应者关系、经销商关系、特殊团体关系、国际社区关系等。由于国际公关要处理的是进入国际范围后与其他国家以及当地公众发生的非国家性关系，因此它与在国内的外部公关还是有很大的不同的。

首先，语言障碍。国内公关偶尔除了方言外，基本不会发生语言障碍。但是，据语言学家们统计，世界上大约有 3 000 种不同的语言，各国、各民族在语言上的差异性都很大，如果不同的国家和民族在公关场合不能用一种彼此通晓的语言进行交流，那么就难以达到沟通的目的。当今国际上最通行的商业语言是英文，因此搞好国际公关的前提至少是会用英文。

其次，风俗、习惯、礼节、宗教、信仰等方面都存在着差异。这一点是人所共知的。

再次，一般说来，国际贸易不像国内贸易那样稳定，而是要动荡得多、复杂得多，而且各国之间的货币与度量衡制度也不一样，商业习惯也更为不同，除国际通告的法律外，各国还有具体的海关制度及其他贸易法规等等，这都给国际公关增加了一定的难度。

八、怎样写好英文书信

在公关活动中，信函是常用的"交通工具"，是不可缺少的传播媒介。而在国际公关越来越频繁的今天，制作对外函件，特别是写好英文书信就显得特别重要。

英文书信有一定的格式，一定要按格式办事，不能含糊，免失礼仪。

英文书信可分为私人信函和业务信函两大类。私人信函所包含的项目比业务信函少些，语言也更加通俗随意。业务信函有六大必有部分，还有六个可有部分，后者可视实际需要选用。

1. 必有部分

必有部分主要包括信头和写信日期。

（1）信头（Heading/Letterhead）。

①写信人的地址、邮政编码、电话、传真号码及电子邮件网站等（Writer´s address）；私人信函中无此部分；公司业务信函用纸上印有信头，不必另行再写。

②写信日期（Date）

（2）信内地址，即收信人的姓名和地址（Inside Address），私人信函中无此部分。

（3）称呼（Salutation）。

（4）正文（Letter body）。

（5）客套结束语（Complimentary Close）。

（6）署名（Signature）。

2. 可有部分

通常，可有部分主要包括以下内容。

（1）收信人行（Attention line）。

（2）内容主题行（Subject line）。

（3）附件（Enclosure）。

（4）抄送（cc Carbon copy）。

（5）责任人（JS/MG，John Smith & Mary Green，分别代表写信人和打字人）。

（6）附言（Postscript）。

除附件和附言外，私人信函一般不必使用其他可有部分。此外，英文信封与中文信封的写法不同。习惯上，收信人的姓名、地址依次写在信封的中央。寄信人的姓名、地址写在信封的左上角。邮票贴在右上角。还要注意英文地址与中文地址的顺序正相反，先小后大，即楼层、门牌、路名、城市，最后才写国名。

还要注意应该用笔签署写信人的名字。但有时签名很潦草，为了免使收信人看不清楚，应该在用笔签名的下方，再用电脑打印出全名。

例文：

THE BROADCASTING COMMISSION

1776 UNION STREET NW,WASHINGTON,DC 07642

TELEPHONE 814-865-7365 FAX 814-863-7986

http://www.broadcasting commission

January 26,2000

Mr Robert Santa Cruz

111 E.59th Street

New York, NY 10022

Dear Mr Santa Cruz:

Thank you for writing to the Commission.

I am enclosing a summary of some of the Broadcasting Commission's policies which I believe cover all the points you asked about. You will be particularly interested in Section 6(a), 7,8,10, and 12.

If you have any further questions, I'll be happy to try to answer them. Write me at the Washington D.C.address above.

Sincerely,

Soan Tang

Communications Editor

Encl:

Excerpts 2000 Policy Statement

案例与案例评析

【案例 8.1】法国白兰地的精彩亮相

20 世纪 50 年代，法国白兰地酒已在国内享有盛誉。为了开辟国外市场，法国酿造业的公关专家研究了大量信息，首先把拓展市场的目标瞄向了美国。为了打入美国市场，他们的公关策略是"寓物于情"，公关宣传的基点是借助法美人民之间的友谊做文章，选择的时机是美国总统艾森豪威尔的 67 岁寿辰。他们大力宣传法国人民为了表示对美国总统的友好盛情，将赠送两桶极为名贵的窖藏长达 67 年之久的白兰地酒作为贺礼，并由专机送抵美国，白兰地酒公司为此付出了巨额保险费。美国公众在总统寿辰一个月前就从不同的传播媒介获得了这一消息。一时间，法国白兰地成了新闻报道、街谈巷议的热门话题。

总统寿辰这一天，华盛顿的主要街道上都竖起了大幅标牌："欢迎您，尊贵的法国客人!""美法友谊令人心醉!"在各大报纸的显著位置频频出现"总统华诞日贵宾驾临时"和"美国人醉了"等大标题。在白宫的花园举行了隆重的白兰地酒的赠送仪式，四名英俊的法国青年身着法兰西传统的宫廷侍卫服侍，抬着两桶白兰地正步前进，步入白宫，装着白兰地的酒桶也是法国著名艺术大师的精心之作。霎时，群情沸腾，欢声四起，甚至有人还大声唱起了法国国歌《马赛曲》。当天，为了观看这个送酒仪式，华盛顿竟出现了万人空巷的罕见景象，机场通往白宫的沿途街道，挤满了数以万计的观众，盛况空前。关于名酒"驾到"的新闻报道、专题特写、新闻照片挤满了全美当天各报的头版版面。

从此，法国名酒白兰地在轰轰烈烈的氛围中，昂首阔步地迈进了美国市场，走上了美国的国宴和普通市民的餐桌。

【评析】

法国白兰地在美国的精彩"亮相"不同凡响，一鸣惊人。整个过程策划周密，干净利落，可谓公关的精品杰作。公关传播策动的目的就是为了吸引公众的注意，从而在公众中树立良好的形象。把白兰地酒与美国总统寿辰联系起来，就自然成了新闻界和公众关注的热点，在整个事件的发展过程中，一举一动自然成立媒介报道的中心。

一般而言，公关的传播活动是在四个层次上进行的，即信息层次、情感层次、态度层次和行为层次。在这个案例中，白兰地公司采用了"寓物于情"的公关策略，使传播的作用尤在情感层次上得到了充分发挥。古语云：人非草木，孰能无情。在美国总统寿辰之际，献上法国白兰地酒作为贺礼，这本身就是一种真情厚意的表示。通过酒为媒介也沟通了法美两国人民的联系，在法美人民的心中激起一种深厚的友谊之情，从而缩小了法国白兰地公司和美国公众之间的心理差距。有了这份情义作铺垫，法国白兰地酒走上美国国家宴会和普通市民的餐桌就变得很自然了。

思考题

1. 如果某公司在全世界范围内都有业务，则时差对公共关系政策和行动有何影响？

2. 不同媒体和网络工作之间有什么共同和差异处？

3. 你的公司正赞助一系列体育运动。制定一项公共关系计划，说明此项赞助活动除了能带来有关新闻报道外，还能不能提供有助于开展其他公共关系活动的机会？

4. 作为一名公关经理，请你以这一角色谈谈营利性的公共关系（如企业公共关系）与非营利性的公共关系（如政府公共关系）的区别。

实务培训

一、一个重要的国际展览会配置展台工作人员应该考虑哪些问题？

所需人员的类型很大程度上取决于展出产品的类型。不管怎样，接待员总是需要的，而且经常使用女接待员。她们的主要任务是欢迎参观者前来展台参观，了解他们的兴趣所在。许多情况下，她们只是散发小册子或作咨询记录。如果参观者想了解具体情况，就要向展台的高级职员询问。

一般需要三类展台服务人员：接待员，销售人员和技术人员。在德国，大多数参展者展台上（至少在开展期间）都有自己的高级管理人员，因为展出期间讨论大量订货和签署订单已成惯例。国际交易会都应该安排高级工作人员，他们能讨论有关技术方面的问题，熟悉价格和进口税；同样必须有一些懂得当地语言的工作人员。

展览时间可能很长，所以勤务轮值制度也很有必要，以避免不合理的轮值时间。应该指定专人负责纪律和展台的清洁整齐。

要提早安排工作人员的交通和住宿问题。一些大型展览中，展览组织者提供的住宿往往供不应求，一些工作人员不得不住进私人家里或好几里远的旅馆。

参观者都想知道谁能解答问题，如果负责人员佩戴标志将非常有帮助。

总之，要保证足够的人员配置，保证这些人员能和睦共事。人员配置是一项艰巨的工作，如果有关人员不能成为一个好团队，那结果将会很糟糕。

二、怎样理解公关中用正确的语言讲话？

即使在说同种语言的不同国家如英国和美国，仍有必要正确选择语言，以确保表达清晰同时避免可能引起的冒犯。当涉及拉丁美洲、日本和那些非英语国家，语言问题更加突出。即使在一些大多数国民能听说英语的国家（如荷兰和斯堪的纳维亚半岛），在公共关系宣传中仍要正确地使用当地语言。据称，在西欧，一些使用英文广告和英文包装的消费品销售情况较好。也许这是因为那里的人有一点崇洋媚外的心理，但这种心理对于用来劝说人们和使人们了解情况的公共关系并没有同样的作用。

资料出版、展览说明、新闻发布等方面都要使用恰当的语言，困难的是很难找到完全令人满意的翻译。翻译工作并不总是在要使用的国家进行，因为那样做可能花费时间太长；但让当地人来翻译是聪明的做法。对于一些广泛使用的语言，问题不是太大；对于一些小语种，可能问题要大些。

如果翻译技术性或专门的材料，翻译者必须对专业知识有相当的了解，熟悉它的新发展。

正确翻译的重要性怎么强调也不为过，因为错误的拼写、糟糕的语法、含糊的词语都会使受众留下很坏的印象。

正确了解各地方的历史和文化背景以及正确地使用国家的名称也是非常重要的。这样可以减少一些不必要的误会。

三、一些公关应用文范例

1. 邀请函范例

[时间]

[地址]

愉快假日（Happy Holidays）

公司发布 20××号计划——20××年 8 月 25 日，星期三

英国国内领先的旅游公司——愉快假日将于 20××年扩充其规模 30%。

很荣幸邀请您参加 20××年 8 月 25 日星期三召开的记者招待会。在本次会议中愉快假日公司的执行主管约翰·史密斯（John Smith）将发布新计划的细节及探讨相关战略。

会议于中午 12：30 分至下午 1 点于伦敦柏克利广场（Berkeley Square）的玛丽华假日酒店（Holiday Inn Meryfar）举行。会后将举行会餐。并可与其他愉快假日公司的高层会晤，包括财政总监乔·布露格斯（Joe Bloggs）及市场营销经理汤姆·布朗（Tom Brown）。

如果你有任何疑问，不用犹豫，马上联系我或我的同事路易斯·怀特（Louise White）我们的联系电话是……

非常希望您能在 25 日参加我们的会议，期待您的光临。

您真诚的

[姓名][头衔]

英文范例：

Specimen letter of invitation

[Date]

[Address]

Happy Holidays launches 2005 programme-Wednesday,25 August 2004-8-25.

Happy Holidays, the UK's leading domestic tour operator, has expanded its 2005summer programme by 30%.

I should be pleased if you can attend a press conference on Wednesday, 25 August where John Smith, Managing Director, Happy Holidays, will be revealing full details of the new programme and discussing the strategy behind it.

The conference will start at 12:30 for 1:00pm at the Holiday Inn Maryfar, Berkeley Square, London, WI. It will be followed by a buffet lunch and the opportunity to meet other key Happy Holidays executives including Joe Bloggs, Finance Director, and Tom Brown, Sales and Marketing Manager.

If you have any further queries, please do not hesitate to call me or my colleague, Louise White. Our direct line is ……

I do hope you will be able to join us on the 16th and look forward to seeing you.

Yours sincerely

[Name][Title]

2. 招聘函范例（Recruitment）

××××（中国）电脑有限公司于 1984 年创建于中国。我们公司是一间经营电脑的合资企业。我们在全国共有 30 个分支机构，现招聘一名总经理秘书。其条件为：拥有英语学士学位；至少 3 年的秘书工作经验；35 岁以下，女性；擅长口译和电脑。我们为适合的人选提供诱人的薪水。有意者请把个人简历和应聘信寄到：××市神威路 35 号××××（中国）电脑有限公司人事部。

例文：

××××（China） Computer Co. Ltd has been in China since 1984.We are a joint venture dealing in computers. We have 30 branches all over China. Now we are seeking for a secretary to the general manager.

Qualifications /Requirements：

• B.A . in English

• at lease 3 years' experience in secretary.

• female who are less than 35 years old.

• be good at spoken English and computer .

We offer attractive salary for the right candidate. Those interested please send your resume and a letter of application to:

Personnel Department

××××（China）Computer Co. Ltd. 35 Shenwei Road ××city

3. 应聘信范例（Letter of Application）

例如下面的例子。

我今年 28 岁。毕业于华南外语大学，专业是商贸英语，学士学位。曾在一家公司当了 5 年的秘书。而且我熟悉电脑操作，能用电脑处理各种办公室工作。我相信我能胜任此工作。联系地址：广州市东风路 53 号 404 房。

例文：

Rm 404
53 Dongfeng Road
Guangzhou P. R. C
1st, June 2002

Dear Sir:

In answer to your advertisement in China Daily on 31 May 2002, I wish to apply for the post as a secretary to the general manager .

I am 28 years old. I graduated from South China Foreign Languages University. I got a bachelor degree in Commercial English, and I have worked as a secretary in a company for 5 years. Furthermore, I am skilled at computer, and I can use it to deal with office work. So I feel I am qualified for the post.

I hope my application will receive your favorable consideration.

Yours Sincerely,

Amy

Encl: Resume

下　篇

第九章　商务礼仪概述

【本章导读】

　　学习商务礼仪，离不开了解和掌握商务礼仪的基本理论。本章介绍了礼仪的起源与发展、商务礼仪的概念及内涵、商务礼仪的基本原则与主要功能及提高商务礼仪修养的意义和学习商务礼仪的必要性。

【本章目标】

➢　了解礼仪的基本知识
➢　掌握商务礼仪的内涵和基本原则
➢　理解商务礼仪的功能和修养

第一节　礼仪的基本知识

一、礼仪的概念

　　礼仪是指人们在社会交往中由于受历史传统、风俗习惯、宗教信仰、时代潮流等因素的影响而形成的，既为人们所认同，又为人们所遵守，以建立和谐关系为目的的各种符合礼的精神及要求的行为准则或规范的总和。具体说，指在社会生活和工作中，人们的仪容仪表、仪态举止、言语谈吐及相应仪式等方面已约定俗成的规范方式，表现律己敬人的过程。也可简述为，礼仪是约定俗成的律己敬人的行为规范。

　　礼，本意是敬神，引申为敬意的通称，主要是表示敬意的态度。仪，是礼的动作或方式，是外在形式。"礼"和"仪"既有区别又有联系。一方面，"礼"是内在的，是人们对自己、对他人尊重、敬意的态度；而"仪"是外在的，是人们通过一定的动作、形式等表现出来的"礼"。"礼"是"仪"的本质，"仪"是"礼"的现象。另一方面，"礼"和"仪"密不可分，即内在的"礼"只有以外在的"仪"的形式才能表现出来。只有"礼"和"仪"的完美形式结合并表现出来，才是完整的礼仪。

（一）礼仪、礼貌、礼节三者之间的联系

1.礼貌

礼貌，一般是指在人际交往中，通过语言、动作向交往对象表示谦虚和恭敬，它侧重于表现人的品质与素养，它的本意是体贴别人。说一个人有礼貌，除了指他适度修饰的仪表仪容，端庄得体的举止气度气质外，还必须反映在具体的甚至是细微的举止上。

2.礼节

礼节，通常是指人们在人际交往中，相互表示尊重和友好的惯用形式。实际上，礼节是礼貌的具体表现形式。即没有礼节就没有礼貌，有了礼貌，就必须需要具体的礼节。礼节是最容易做到的事，也是最珍贵的东西。

3.礼仪

礼仪是礼节与仪式的统称。它是指人际交往中，自始至终地以一定的约定俗成的程度、方式来表现的律己、敬人的完整行为。礼仪就是礼貌、礼节和各种仪式的综合。礼仪在层次上高于礼貌和礼节，其内涵更深更广。

（二）礼仪的构成要素

礼仪的构成主要有礼仪的主体、礼仪的客体以及礼仪的媒体三部分。

1.礼仪的主体

礼仪的主体，指礼仪活动的操作者和实施者。该主体可以是个人，也可以是组织。当礼仪活动规模较小、较为简单时，其主体通常是个人；当礼仪主体的规模较大、较为复杂时，其主体通常为组织。

2.礼仪的客体

礼仪的客体，又称礼仪的对象，是指礼仪活动的具体指向者和承受者。从外延上讲，礼仪的客体可以是人，也可以是物；可以是物质的，也可以是精神的；可以是具体的，也可以是抽象的；可以是有形的，也可以是无形的。

3.礼仪的媒体

礼仪的媒体，是指礼仪活动所依托的媒介。任何礼仪都需要使用媒介，否则是不可能存在的。具体而言，礼仪媒体是人物礼仪媒体、物体礼仪媒体、食物礼仪媒体等构成的，在具体的操作过程中，这些利益媒体往往是交叉、配合使用的。

礼仪是人们文明程度和道德修养的一种外在表现形式，既体现一个人的思想水平、文化修养、交际能力，也体现对自己和他人的尊重。这种尊重是同人们的生活方式有机地、自然地、和谐地融合在一起，成为人们生活的行为规范。这种行为规范包含着个人的文明素养，也包含着整个社会的品行修养。

二、礼仪的渊源与发展

（一）中国礼仪的起源

关于礼的起源，说法不一。归纳起来有五种起源说：一是天神生礼仪；二是礼为天地人的统一体；三是礼产生于人的自然本性；四是礼为人性和环境矛盾的产物；五是礼生于理，起源于俗。

（1）从理论上说，礼的产生，是人类为了协调主客观矛盾的需要。首先，礼的产生是为了维护自然的"人伦秩序"的需要。其次，起源于人类寻求满足自身欲望与实现欲望的条件之间动态平衡的需要。

（2）从具体的仪式上看，礼产生于原始宗教的祭祀活动。原始宗教的祭祀活动都是最早也是最简单的以祭天、敬神为主要内容的"礼"。这些祭祀活动在历史发展中逐步完善了相应的规范和制度，正式形成祭祀礼仪。

（二）西方礼仪

在西方，礼仪一词，最早见于法语的 Etiquette，原意为"法庭上的通行证"。但它一进入英文后，就有了礼仪的含义，意即"人际交往的通行证"。西方的文明史，同样在很大程度上表现着人们对礼仪追求及其演进的历史。为了维持与发展血缘亲情以外的各种人际关系，避免"格斗（wrestle）"或"战争"，逐步形成了各种与"格斗""战争"有关的动态礼仪。如：为了表示自己手里没有武器，让对方感觉到自己没有恶意而创造了举手礼，后来演变为握手。为了表示自己的友好与尊重，愿在对方面前"丢盔卸甲"，于是出现了脱帽礼等。

在古希腊的文献典籍中，如苏格拉底、柏拉图、亚里士多德等先哲的著述中，都有很多关于礼仪的论述。中世纪（约公元 476 年）—公元 1453 年）更是礼仪发展的鼎盛时代，骑士礼仪、宫廷礼仪等广为盛行。

文艺复兴以后，倡导自由、平等、博爱的价值观念，欧美的礼仪有了新的发展，从上层社会对遵循礼节的烦琐要求，发展到 20 世纪中期对优美举止的赞赏，一直到适应社会平等关系的比较简单的礼仪规则。

历史发展到今天，传统的礼仪文化不但没有随着市场经济发展和科技现代化而被抛弃，反而更加多姿多彩，国家有国家的礼制，民族有民族独特的礼仪习俗，各行各业都有自己的礼仪规范程式，国际上也有各国共同遵守的礼仪惯例等。在当今社会，讲究礼仪、具备较强的礼仪素养已是现代人立足于社会并求得发展的重要条件。

（三）中国礼仪的发展

礼仪在其传承沿袭的过程中不断发生着变革。从历史发展的角度来看，其演变过程可以分四个阶段。

1. 礼仪的起源时期：夏朝以前（公元前 21 世纪前）

礼仪起源于原始社会，在原始社会中、晚期（约旧石器时代）出现了早期礼仪的萌芽。整个原始社会是礼仪的萌芽时期，礼仪较为简单和虔诚，还不具有阶级性。

2．礼仪的形成时期：夏、商、西周三代（公元前 21 世纪—前 771 年）

人类进入奴隶社会，统治阶级为了巩固自己的统治地位把原始的宗教礼仪发展成符合奴隶社会政治需要的礼制，礼被打上了阶级的烙印。

3．礼仪的变革时期：春秋战国时期（公元前 771 年—前 221 年）

这一时期，学术界形成了百家争鸣的局面，以孔子、孟子、荀子为代表的诸子百家对礼教给予了研究和发展，对礼仪的起源、本质和功能进行了系统阐述，第一次在理论上全面而深刻地论述了社会等级秩序划分及其意义。

4．强化时期：秦汉到清末（公元前 221 年—公元 1911 年）

在我国长达 2000 多年的封建社会里，尽管在不同的朝代礼仪文化具有不同的社会政治、经济、文化特征，但却有一个共同点，就是一直为统治阶级所利用，礼仪是维护封建社会的等级秩序的工具。

5．现代礼仪的发展

辛亥革命以后，受西方资产阶级"自由、平等、民主、博爱"等思想的影响，中国的传统礼仪规范、制度，受到强烈冲击。五四新文化运动对腐朽、落后的礼教进行了清算，符合时代要求的礼仪被继承、完善、流传，那些繁文缛节逐渐被抛弃，同时接受了一些国际上通用的礼仪形式。新的礼仪标准、价值观念得到推广和传播。新中国成立后，逐渐确立以平等相处、友好往来、相互帮助、团结友爱为主要原则的具有中国特色的新型社会关系和人际关系。改革开放以来，随着中国与世界的交往日趋频繁，西方一些先进的礼仪、礼节陆续传入我国，同我国的传统礼仪一道融入社会生活的各个方面，构成了社会主义礼仪的基本框架。

三、礼仪的特征

通常，礼仪的特征的主要有以下几个。

（1）规范性。礼仪指的就是人们在交际场合待人接物时必须遵守的行为规范。这种规范性，不仅约束着人们在交际场合的言谈举止，而且也用来作为一种交往中的"通用语言"，通过它可以衡量他人、判断自己是否自律、敬人。因此，礼仪是约定俗成的一种自尊和敬人的惯用形式，任何人想在交际场合表现得彬彬有礼，都必须对礼仪无条件的加以接受。

（2）操作性。礼仪既然是行为和规范就必须具备可操作性，又因为礼仪是实用性的，其规则必须简单易懂，才能为大多数人所接受，实施起来才能比较容易。而过于繁杂的程序，是与现在社会快节奏的生活方式不相适应的，最终要被简化。

（3）多样性。礼仪并不是一种永恒不变的模式，世界各地的利益形式丰富多彩，从语言的表达礼仪到文字的使用礼仪，在不同的时间、不同和场合，礼仪的表达方式也不同。

（4）差异性。从时间上讲，礼仪是一种社会历史的产物，它具有鲜明的时代特点。从空间上讲，离开了某个固定的场合，礼仪就未必显得有效。当不同的场合或以不同的身份出现时，所运用的礼仪也应该是不同的。任何国家的礼仪都具有自己鲜明的特色，离开了对本国、本土、本民族，同一礼仪形式也会被认为是不适合或错误的。

四、礼仪的功能

通常，礼仪的功能主要有以下几个。

（1）沟通的功能。人们在社会交往中，只要双方都自觉地遵守礼仪规范，就容易沟通感情，从而使交际往来容易成功。

（2）协调的功能。在社会交往时，只要人们注重礼仪规范，就能够互相尊重，友好合作，从而缓和或避免不必要的冲突和障碍。

（3）维护的功能。礼仪是社会文明发展程度的反映和标志，同时也对社会的风尚产生广泛、持久和深刻的影响。讲礼仪的人越多，社会便会越和谐安定。

（4）教育的功能。礼仪通过评价、劝阻、示范等教育形式纠正人们不正确的行为习惯，倡导人们按礼仪规范的要求协调人际关系，维护社会正常生活。讲究礼仪的人同时也起着榜样的作用，潜移默化地影响着周围的人。

五、礼仪的基本原则

一般来说，礼仪应遵循以下八项基本原则。

（1）宽容的原则。在社会交往运用礼仪时，既要严于律己，更要宽以待人。

（2）敬人的原则。在社会交往运用礼仪时，要尊敬他人，不可伤害他人的个人尊严，更不能侮辱他人的人格。

（3）自律的原则。这是礼仪的基础和出发点，在学习、应用礼仪过程中，要自我要求、自我约束、自我控制、自我对照、自我反省、自我检点。

（4）遵守的原则。在交际应酬中，每一位参与者都必须自觉、自愿地遵守礼仪，用礼仪规范自己在交往活动中的言行举止。

（5）适度的原则。应用礼仪时要注意把握分寸，做到自然得体，切勿有失分寸、矫揉造作。

（6）真诚的原则。运用礼仪时，务必诚信无欺，言行一致，表里如一。

（7）从俗的原则。由于国情、民族、文化背景的不同，必须坚持入乡随俗，与绝大多数人的习惯做法保持一致，切勿目中无人、自以为是、我行我素。

（8）平等的原则。这是礼仪的核心，在社会交往运用礼仪时，要尊重交往对象、以礼相待，对任何交往对象都必须一视同仁，给予同等程度的礼遇。

第二节　商务礼仪的基本知识

商务礼仪是我国灿烂文化的部分之一。一个商务工作者，要在变化莫测的市场里应付自如，在竞争激烈的经济领域取得成功，就必须深入全面的了解、熟悉和正确使用商务礼仪，以更好地树立和巩固个人与组织的良好形象。

一、商务礼仪的内涵

商务礼仪，就是商务人员在商务活动中，为了塑造个人和组织的良好形象而应当遵循的对交往对象表示尊敬与友好的规范或程序。是一般礼仪在商务活动中的运用和体现，包括商务礼节或仪式两方面的内容。

商务礼节就是人们在商务交往活动中为表示尊重对方而采取的人们共同约定并形成习惯的规范形式。仪式即按程序进行的礼节形式。一般来讲，在商务活动中言行和情合理、优美、大方、得体、符合要求，按约定俗成的规矩办事、礼貌待人；按约定俗成的、大家都可以接受的礼节程序接待客户等都属于商务礼仪的范畴。

对于商务人员来说，商务礼仪是思想水平、文化修养、交际能力的外在表现；对于企业来说，商务礼仪是企业价值观念、道德理念、员工整体素质的集中体现，是企业文明程度的重要标志。因此，商务礼仪成为直接塑造企业商务人员形象、间接塑造企业形象的重要工具。

二、商务礼仪的基本原则

讲究商务礼仪尤其还应掌握必要的世界各国的礼仪习俗，更是使其呈现出五彩缤纷的特点。那么如何才能有效掌握？我们认为，在从事各种商业活动、具体遵行商务礼仪时，应遵行以下基本原则，包括言行文雅、尊重他人，态度恭敬、平等待人，并且表里一致。

（一）"尊敬"原则

有人曾把商务礼仪的基本原则概括为"充分的考虑别人的兴趣和感情"。尊敬是礼仪的情感基础。在我们的社会中，人与人是平等的，尊重长辈，关心客户，这不但不是自我卑下的行为，反而是一中至高无上的礼仪，说明一个人具有良好的个人内的素质。"敬人者恒敬之，爱人者恒爱之"，"人敬我一尺，我敬人一丈"。"礼"的良性循环就是借助这样的机制而得以生生不已。当然，礼貌待人也是一种自重，不应以伪善取悦于人，更不可以富贵娇人。尊敬人还要做到入乡随俗，尊重他人的喜好与禁忌。总之，对人尊敬和友善，这是处理人际关系的一项重要原则。

（二）"真诚"原则

商务人员的礼仪主要是为了树立良好的个人和组织形象，所以礼仪对于商务活动的目的来说，不仅仅在于其形式和手段上的意义。同时商务活动的从事并非短期行为，从事商务，讲究礼仪，越来越注重其长远利益，只有恪守真诚原则，着眼于将来，通过长期潜移默化的影响，才能获得最终的利益。也就是说商务人员与企业要爱惜其形象与声誉，就不应仅追求礼仪外在形式的完美，更应将其视为商务人员情感的真诚流露与表现。

（三）"谦和"原则

"谦"就是谦虚，"和"就是和善、随和。谦和既是一种美德，更是社交成功的重要条件。《荀子·劝学》中曾说道："礼恭而后可与言到之方，辞顺而后可与言道之理，色从而后可言道之致"，即是说只有举止、言谈、态度都是谦恭有礼时，才能从别人那里得到教诲。谦和，在社交场上即表现为平易近人、热情大方、善于与人相处、乐于听取他人的意见，显示出虚怀若谷的胸襟，因为对周围的人具有很强的吸引力，有着较强的调整人际关系的能力。

当然。我们此处强调的谦和并不是指过分的谦和、无原则的妥协和退让，更不是妄自菲薄。应当认识到过分的谦虚其实是社交的障碍，尤其是在和西方人的商务交往中，不自信的表现会让对方怀疑你的能力。

（四）"宽容"原则

宽即宽待，容即相容，宽容，就是心胸坦荡、豁达大度，能设身处地为他人着想，谅解他人的过失，不计较个人的得失，有很强的容纳意识和自控能力。中国传统文化历来重视并提倡宽容的道德原则，并把宽以待人视为一种为人处世的基本美德。从事商务活动，也要求宽以待人，在人际纷争问题上保持豁达大度的品格或态度。在商务活动中，出于各自的立场和利益，难免出现冲突和误解。遵循宽容的原则，凡事想开一点，眼光看远一点，善解人意、体谅别人，才能正确对待和处理好各种关系与纷争，争取到更长远的利益。

（五）"适度"原则

人际交往中要注意各种不同情况下的社交距离，也就是要善于把握住沟通时的感情尺度。古话说："君子之交淡如水，小人之交甘如醴。"此话不无道理。在人际交往中，沟通和理解是建立良好的人际关系的重要条件，但如果不善于把握沟通时的感情尺度，即人际交往缺乏适度的距离，结果会适得其反。例如在一般交往中，既要彬彬有礼，又不能低三下四；即要热情大方，又不能轻浮谄谀。所谓适度，就是要注意感情适度、谈吐适度、举止适度。只有这样才能真正赢得对方的尊重，达到沟通的目的。

三、商务礼仪的功能

掌握商务礼仪的功能，在人际交往、商务活动中，就有可能成为待人诚恳、彬彬有礼之人，并受到别人的尊敬和尊重。

（一）规范行为、塑造形象

礼仪最基本的功能就是规范各种行为。商务礼仪可强化企业的道德要求，树立企业遵纪守法，遵守社会公德的良好形象。我们知道，道德是精神的东西，只能通过人的言行举止，通过人们处理各种关系所遵循的原则与态度表现出来。商务礼仪使企业的规章制度、规范和道德具体化为一些固定的行为模式，从而对这些规范起到强化作用。企业的各项规章制度既体现了企业的道德观和管理风格，也体现了礼仪的要求，员工在企业制度范围内调整自己的行为，实际上就在固定的商务礼仪中自觉维护和塑造着企业的良好形象。

（二）传递信息、展示价值

良好的礼仪可以更好地向对方展示自己的长处和优势，它往往决定了机会是否降临。比如，在公司，你的服饰适当与否可能就会影响到你的晋升和同事的关系；带客户出去吃饭时你的举止得体与否也许就决定了交易的成功与否；又或者，在办公室不雅的言行或许就使你失去了一次参加老板家庭宴请的机会……这是因为礼仪是一种信息，通过这个媒介表达出尊敬、友善、真诚的感情。所以在商务活动中，恰当的礼仪可以获得对方的好感、信任，进而推动事业的发展。

（三）沟通感情、协调人际

在商务活动中，随着交往的深入，双方可能都会产生一定的情感和情绪，或吸引，或排斥。良好的礼仪，容易使人们之间的感情得到沟通，从而建立良好的人际关系，使商务交往取得成功。反之，如果不注意良好的人际关系，使商务交往取得成功。反之，如果不注意良好得体的商务礼仪，则很容易产生感情排斥，给对方以不佳印象，造成人际关系紧张，进而影响到商务活动的顺利进行。所以，从某种程度上说，商务礼仪是商务交往和谐发展的调节器，遵循它有助于加强人们之间的相互尊重、友好合作的新型关系，缓解那些不必要的障碍。

四、商务礼仪的修养

"修养"这个词，从广义看是指人们政治、道德、学术以至技艺等方面进行的勤奋学习和涵养锻炼的功夫，以及经过长期努力达到的一种能力或思想品质；从狭义看，"修养"通常是指思想品德修养。思想品德修养是以人的政治态度、思想意识和道德品质为基本内容的。

礼仪修养，主要是指人们为了达到一定的社交目的，按照一定的礼仪规范要求，并结合自己的实际情况，在礼仪品质和礼仪意识等方面所进行长期的自我锻炼和自我改造，以及由此形成良好的礼仪品质和礼仪意识。礼仪修养规范着人们的礼仪行为。

（一）礼仪修养的重要性

不管是什么样的时代、什么样的民族和什么样的个人，礼仪修养都是十分重要的。礼仪修养的重要性，主要表现在以下两个方面。

（1）规范礼仪行为。礼仪行为的基本特征是个人和组织对他人、社会礼仪需要的自觉认识自由选择的表现。

（2）培养礼仪品质。 礼仪品质是指一定社会的礼仪原则和规范在人的思想和行动中的体现，是人在礼仪行为中所表现出来的比较稳定的特征。一般说来，礼仪品质具有以下基本特征：第一，礼仪品质和礼仪行为密切联系，离开了一定的礼仪行为，就不能构成礼仪品质；第二，礼仪品质是自觉意志的行动过程；第三，礼仪品质是在礼仪行为整体中表现出来的稳定特征。

（二）礼仪修养的方法

在礼仪修养方面，必须强调实践的作用，与实践相联系是礼仪修养的根本方法。所谓与实践相联系，主要是指参加交往实践、要身体力行和要反复实践。

（1）参加交往实践。人们只有在相互交往所形成的礼仪关系中，才能改造自己的礼仪品质。也就是说，一切礼仪修养必须结合人与人之间的交往活动来进行。

（2）要身体力行。礼仪修养的一个重要方面，就是说要身体力行。在礼仪修养中，人

们懂得了哪些行为是符合礼仪的，哪些行为是不符合礼仪的，就要把这些原则、规范立即运用到自己的交往实践中去，运用到自己的生活和工作中去，并时刻以这些准则为镜子，对照、检查并改正自己思想中一切与礼仪不符的东西，从而不断提高自己的礼仪品质。

（3）要反复实践。礼仪修养是一个从认识到实践的不断反复过程，通过反复，不断提高。要使自己成为一个知礼、守礼、行礼的人，就必须把对礼仪的认识运用到实践中去，化为实际的礼仪行动。然后，对自己的行动再进行反省、检讨，并把从反省中得出的新的认识，再贯彻到行动中去，　如此不断循环，从而达到提高礼仪品质的目的。

总之，实践在礼仪修养中起着极其重要的作用，实践的方法是礼仪修养的根本方法。人们的礼仪品质，只有在交往实践中才有可能形成。任何礼仪修养，如果不与实践相联系，必然是无所作为的。

案例及案例评析

【案例 9.1】 一口痰吐掉一项合作

某医疗器械厂与外商达成了引进"大输液管"生产线的协议，第二天就要签字了。可当这个厂的厂长陪同外商参观车间的时候，习惯性地向墙角吐了一口痰，然后用鞋底去擦。这一幕让外商彻夜难眠，他让翻译给那位厂长送去一封信："恕我直言，一个厂长的卫生习惯可以反映一个工厂的管理素质。况且，我们今后要生产的是用来治病的输液皮管。贵国有句谚语：人命关天！请原谅我的不辞而别……"一项已基本谈成的项目，就这样被"吐"掉了。

【评析】

一个人的举止风度不仅仅代表自己的形象，体现自己的教养，在一定的场合，个人的行为代表组织行为，个人形象代表组织形象。所以，必须养成良好习惯，提高个人修养，从小处做好，商机才不会溜走。

思考题

1. 简述礼仪、礼节、礼貌三者的关系。
2. 礼仪的特征及原则有哪些？
3. 结合实际，举例说明商务礼仪有何作用？

实务培训

担当礼仪示范生

1. 实训目的：通过上场示范，尝试对礼仪规范一个初步的了解。

2. 实训方式：课堂示范。

3. 实训对象：上课学生。

4. 实训内容：从仪表、神态、言谈和举止等方面培养与训练学生的礼仪规范，感受礼仪修养的重要性。

5. 实训步骤如下。

（1）学生分组。

（2）每组选派一个代表上台示范。

（3）全班集体讨论。

（4）教师点评。

第十章　商务个人礼仪

【本章导读】

在商务交往中，每个商务人员的个人仪表、仪容、仪态在社会交往过程中是构成第一印象的主要因素，会影响别人对他的专业能力和任职资格的判断，都直接关乎外界对他的整体影响，并进而影响其所在的单位、所提供的产品与服务的形象。本章所讲授的内容包括个人的服饰、仪容、仪态等方面的礼仪。

【本章目标】

➢ 了解商务人员的服饰礼仪
➢ 掌握商务人员的仪容礼仪
➢ 理解商务人员的仪态礼仪

第一节　商务人员的服饰礼仪

服饰是一个人的仪表中非常重要的一个组成部分。伟大英国作家莎士比亚曾经说，一个人的穿着打扮就是他教养、品位、地位的最真实的写照。那么在日常工作和交往中，尤其是在正规的场合，穿着打扮的问题越来越引起人们的重视。

服饰礼仪是人们在交往过程中为了相互表示尊重与友好，达到交往的和谐而体现在服饰上的一种行为规范。

服饰是一种文化，它反映着一个民族的文化水平和物质文明发展的程度。服饰具有极强的表现功能，在社交活动中，人们可以通过服饰来判断一个人的身份地位、涵养；通过服饰可展示个体内心对美的追求、体现自我的审美感受；通过服饰可以增进一个人的仪表、气质，所以，服饰是人类的一种内在美和外在美的统一。要想塑造一个真正美的自我，首先就要掌握服饰打扮的礼仪规范，让和谐、得体的穿着来展示自己的才华和美学修养，以获得更高的社交地位。

一、着装的原则

（一）整洁原则

整洁原则是指整齐干净的原则，这是服饰打扮的一个最基本的原则。一个穿着整洁的人总能给人以积极向上的感觉，并且也表示出对交往对方的尊重和对社交活动的重视。整洁原则并不意味着时髦和高档，只要保持服饰的干净合体、全身整齐有致即可。

（二）个性原则

个性原则是指社交场合树立个人形象的要求。不同的人由于年龄、性格、职业、文化素养等各方面的不同，自然就会形成各自不同的气质，我们在选择服装进行服饰打扮时，不仅要符合个人的气质，还要突现出自己美好气质的一面，为此，必须深入了解自我，正确认识自我，选择自己合适的服饰，这样，可以让服饰 尽显自己的风采。要使打扮富有个性，还要注意：首先不要盲目追赶时髦，因为最时髦的东西往往是最没有生命力的。其次要穿出自己的个性，不要盲目模仿别人。如看人家穿水桶裤好看，就马上跟风。而不考虑自己的综合因素。

（三）和谐原则

所谓和谐原则是指协调得体原则。即选择服装时不仅要与自身体型相协调，还要与着装着的年龄、肤色相配。服饰本是一种艺术，能掩盖体形的某些不足。我们要借助于服饰，能创造出一种美妙身材的错觉。不论是高矮胖瘦，年轻的还是年长的，只要根据自己的特点，用心地去选择适合自己的服饰，总能创造出服饰的神韵。

（四）着装的 TOP 原则

TOP 是三个英语单词的缩写，它们分别代表时间（Time）、场合（Occasion）和地点（Place），即着装应该与当时的时间、所处的场合和地点相协调。

1．时间原则

不同时段的着装规则对女士尤其重要。男士有一套质地上乘的深色西装或中山装足以包打天下，而女士的着装则要随时间而变换。白天工作时，女士应穿着正式套装，以体现专业性；晚上出席鸡尾酒会就须多加一些修饰，如换一双高跟鞋，戴上有光泽的佩饰，围一条漂亮的丝巾；服装的选择还要适合季节气候特点，保持与潮流大势同步。

2．场合原则

衣着要与场合协调。与顾客会谈、参加正式会议等，衣着应庄重考究；听音乐会或看芭蕾舞，则应按惯例着正装；出席正式宴会时，则应穿中国的传统旗袍或西方的长 裙晚礼服；而在朋友聚会、郊游等场合，着装应轻便舒适。

3．地点原则

在自己家里接待客人，可以穿着舒适但整洁的休闲服；如果是去公司或单位拜访，穿职业套装会显得专业；外出时要顾及当地的传统和风俗习惯，如去教堂或寺庙等场所，不能穿过露或过短的服装。

二、西装的礼仪

西装，又称"西服""伴装"，它原本是欧美国家的一种传统服装，随着国际交往的日益 频繁，西装逐步发展成为一种国际性的服装款式。它典雅、大方，富有魅力，深受各国人士的喜爱。

（一）西装的选择

俗话说："西服三分在做，七分在穿"，一般而言，挑选一身有品位高雅、有模有样、适用于商务交往时穿着的西装，大都需要关注其面料、色彩、图案、款式、版型、尺寸、做工7个方面的主要细节。

1．面料

西装的面料是决定西服档次的重要标志之一，当然，并非唯一标志。通常的西服内侧水洗标上标明的面料成分，与真实的成分不会有太大差距，即便是中小品牌也如此。力求高档，不发皱，不松垮，不起球。

2．色彩

商务交往中穿着的西装色彩应全身为一色，首推藏蓝色还可选择灰色、棕色、黑色。净色而颜色偏深的整套西装适于多种场合，最派得上用场。

由于中国人脸色偏黄，在选择颜色时应少选黄色、绿色、紫色，宜选深蓝色、深灰暖性色、中性色等色系。脸色较暗的男士，可选择浅色系和中性色。

3．图案

商界男士体现的是成熟、稳重，因此在正式场合选择的西装应以无图案为好。通常，上乘西装特征之一，是没有任何图案的。唯一例外的是，商界男士可选择以条纹细密的竖条纹西装。

4．款式

区别西装的款式，目前主要有以下两种最常见的方法。

（1）按西装的件数来划分。西装有单件与套装之分。依照惯例，单件西装，即一件与裤子不配套的西装上衣，仅适用于非正式场合。商界男士在正式场合选择的西装，必须是西装套装，上衣与裤子成套，其面料、色彩、款式一致。

西装套装又有两件套与三件套之分。三件套西装，则包括一衣、一裤和一件背心。按传统的看法，三件套比两件套更加正规。商界男士在参与高层次的商务活动时，通常以穿三件套的西装套装为好。

（2）按西装的纽扣数量来划分。西装上衣有单排扣与双排扣之别。单排扣更适合东方人，胖一点可穿2颗扣，领口开得低，可使人显得修长；如果个头高，可选择3~4颗扣的西装。双排扣看起来就比较正式，双排扣不太适合矮胖的人，虽然看上去比较有男子气概，但是过长的领口分割容易使人产生横向的视错，反而自曝其短。

5．版型

西装的版型，又称西装的造型。即西装的外观形状。目前，世界上的西装主要有欧式、英式、美式、日式四种主要的版型。

（1）欧式西装的主要特征：上衣是倒梯形，多为双排两粒扣式或双排六粒扣式，而且纽扣的位置比较低，它强调肩部和后摆，不重视腰部，垫肩和袖笼较高，腰身中等，后摆不开衩。

（2）英式西装的特点不刻意强调肩宽，而讲究穿在身上自然、贴身，多为单排扣式，衣领是"V"型，并且比较窄，它腰部略收，垫肩较薄，后摆两侧开衩。

（3）美式西装的主要特点是单排扣，腰部稍宽，后面开一个衩，肩部自然，垫肩柔软精巧，袖窿剪裁较低，以便于活动，翻领宽度中等，两粒扣或三粒扣。

（4）日式西装上衣的外观呈现为"H"型，不过分强调肩部与腰部，垫肩不高，领子较短、较窄，不过分地收腰，后摆也不开衩，多是单排扣式。

上述四种造型的西装，各有其自身的特色，商界男士在具体选择时，可根据自身情况选择。一般来说，欧式西装要求穿着者高大魁梧，美式西装穿起来稍显散漫。中国人在选择时宜三思而后行。比较而言，英式西装与日系西装往往更适合中国人在比较正式的商务场合穿。

6. 尺寸

穿着西装，大小要合身，宽松应适度。一套西装，无论其品牌名气有多大，只要它的尺寸不适合自己，就坚决不要穿它。在商务活动中，男士所穿的西装如果尺寸不合身，肯定会损失其个人形象。

7. 做工

一套名牌西装于套普通西装的显著区别，往往在于前者的做工无可挑剔，而后者的做工较为一般。在选择西装时，对其做工精确与否的问题，是万万不可忽略的。

在挑选西装时，检查其做工的好坏，特别需要从以下六点着手：一是要看衬里是否外露；二是要看衣袋是否对称；三是要看袖纽扣是否逢牢；四是要看表面是否起泡；五是要看针脚是否均匀；六是要看外观是否平整。假如在这六个方面不符合要求，则以放弃为妙。

（二）西装的穿法

根据西装礼仪的基本要求，商界男士在穿西装时，要特别注意以下 7 个方面的问题。

（1）拆除商标。在西装上衣左边袖子上的袖口处，通常会缝有商标，在穿西装之前请勿忘记将他们先行拆除。袖口上的商标应该在买西装付款时就由服务人员拆掉。如果在穿着西装时，袖口上的商标还没有拆掉，就显得不懂行了。

（2）要熨烫平整。一套穿在自己身上的西装看上去美观大方，首先就要使其显得得平整挺括、线条笔直。要做到此点，除了定期对西装进行干洗外，还要在每次正式穿着前，对其进行认真的熨烫。

（3）扣好纽扣。西装纽扣有单排、双排之分，纽扣系法有讲究：双排扣西装应把扣子都扣好。单排扣西装：一粒扣的，系上端庄，敞开潇洒；两粒扣的，只系上面一粒扣是洋气、正统，只系下面一粒是牛气、流气，全扣上是土气，都不系敞开是潇洒、帅气，全扣和只扣第二粒不合规范；三粒扣的，系上面两粒或只系中间一粒都合规范要求。

（4）不卷不挽。穿西装时，一定要细心呵护其原状。在公共场所里，千万不要当众随心所欲地脱下西装上衣，更不能把它当作披风一样披在肩上。需要特别强调的是，如论无论如何，都不可以将西装上衣的衣袖挽上去。否则，极易给人以粗俗之感。在一般情况之下，随意卷起西裤的裤管，也是一种不符合礼仪的表现。

（5）慎穿毛衫。商界人士要打算将一套西装穿的有"型"有"味"，那么除了衬衫与背心之外，在西装上衣之内，最好不要再穿其他任何衣物。在冬季寒冷难忍时，只暂作变通，穿上一件薄型的"V"领的单色羊毛衫或羊绒衫。这样既不会显得过于花花哨，也不会妨碍自己打领带。不要穿色彩、图案十分繁杂的羊毛衫或羊绒衫，也不要穿扣式的开领羊毛衫或羊绒衫。后者的纽扣不上，与穿上西装上衣同时穿时，令人眼花缭乱。千万不要同时穿上多件羊毛、羊绒的毛衫、背心，甚至再加上一件手工编织的毛衣。那样一眼望去，其领口处犹如不规则的梯田一样难看；而且还会致使西装鼓胀不堪，变形走样。

（6）巧配内衣。穿西装内衣不要穿太多，春秋季节只配一件衬衣最好，冬季衬衣里面也不要穿棉毛衫，可在衬衣外面穿一件羊毛衫。穿得过分臃肿会破坏西装的整体线条美。

（7）腰间无物 口袋少装东西。穿西装时，着装者的腰带上不宜悬挂其他任何物品。西装的上衣口袋和裤子口袋里也不宜放太多的东西。

（三）西装的搭配

西装的搭配主要包括衬衫、领带和鞋袜之间的搭配。

1．衬衫

衬衫在面料以高支精纺的纯绵、毛制品为主，棉毛混纺便可。条绒、化纤、水洗、真丝、亚麻等面料一般不作为最佳衬衫。配西装的衬衣颜色应与西服颜色协调，不能是同一色。白色衬衣配各种颜色的西服效果都不错。正式场合男士不宜穿色彩鲜艳的格子或花色衬衣。衬衣袖口应长出西服袖口1～2厘米。穿西服在正式庄重场合必须打领带，其他场合不一定都要打领带。打领带时衬衣领口扣子必须系好，不打领带时衬衣领口扣子应解开。

2．领带

领带的颜色、图案应与西服相协调，系领带时，领带的长度以触及皮带扣为宜，领带夹戴在衬衣第四、第五粒纽扣之间。识别领带质量3步曲如下。

（1）拿起领带，先从大端头起，顺次查看有无织造、染色、印花等疵点，尤其是在靠近大头33厘米内必须整洁、完好、无瑕疵——因为领带系上后，这是胸前最主要的部分。

（2）用双手顺长捋直悬垂，从顶端目测领带是否平直。靠近大头33厘米以内一定不能有扭曲。

（3）用手在领带中间部位攥一下，立即放开，如果它马上复原平直，那么这样的领带衬的质量较好，因为弹性较大才能确保使用过程中不易变形。

3．鞋袜

穿西服套装必须穿皮鞋，便鞋、布鞋和旅游鞋都不合适。穿西装、皮鞋时所穿的袜子，最好是纯棉、纯毛制品。有些质量好的以棉、毛为主要成分的混纺袜子，也可以选用。但是，最好不要选尼龙袜、丝袜。颜色以深色、单色为宜，并且最好是黑色的。

三、套裙的礼仪

女子套裙分为两种基本类型：一为"随意型"套裙，即以女士西装上衣同随便的一条裙子进行自由搭配与组合；二为"成套型"/"标准型"套裙，女士西装上衣和与之同时穿着的裙子为成套设计制作而成的。严格地讲，套裙事实上指的仅仅是后一种类型。套裙的款式可分为两件套、三件套两种。

（一）商界女士正式场合穿着套裙的礼仪规范

此类套裙应当是由高档面料制作的，上衣和裙子应当采用同一质地、同一色彩的素色面料。它的造型上讲究典雅大方与扬长避短，因此提倡量体裁衣，做工考究。它的上衣注重平整、挺括、贴身，较少地使用饰物、花边进行点缀。裙子则应以窄裙为主，并且裙长应当过膝或及膝。

（二）套裙的选择

1. 面料

女子套裙面料选择的余地要比男子西装大得多，宜选纯天然质地且质量上乘的面料。上衣、裙子、背心要求同一面料。讲究均匀、平整、滑润、光洁、丰厚、柔软、悬垂、挺括，不仅要求弹性好、手感好。而且不起皱、不起毛、不起球。　可选纯毛面料（薄花呢、人字呢、女士呢、华达呢、凡尔丁、法兰绒）、府绸、丝绸、亚麻、麻纱、毛涤、化纤面料，绝对不可选皮质面料。

2. 颜色

女子套裙以冷色调为主，以体现着装者典雅、端庄、稳重的气质，颜色要求清新、雅气而凝重，忌鲜艳色、流行色。

与男士西装不同，女子套裙不一定非要深色。各种加入了一定灰色的颜色都可选，如藏青、炭黑、烟灰、雪青、茶褐、土黄、紫红等。且不受单一色限制，可上浅下深、下浅上深。但需要注意的是，全身颜色不应超过三种。

3. 图案

女子套裙讲究朴素简洁，以无图案最佳，或选格子、圆点、条纹等图案。

4. 点缀

女子套裙不宜添加过多点缀，以免琐碎、杂乱、低俗、小气，有失稳重。有贴布、绣花、花边、金线、彩条、扣链、亮片、珍珠、皮革等点缀的不选。

5. 尺寸

尺寸包括长短和宽窄两方面。

传统观点认为裙短则不雅，裙长则无神。欧美国家公司女职员的上衣不宜过长，下裙不宜过短。目前，女子裙子一般有三种形式：及膝式、过膝式、超短式（白领女性超短裙裙长应不短于膝盖以上15厘米）。

四种基本形式：上长下长式、上长下短式、上短下长式、上短下短式。

从宽窄的角度讲，上衣可分为松身式、紧身式（倒梯形造型）两种，前者时髦，后者比较正统。

6. 造型

女子套裙造型分"H""X""A""Y"四种。

（1）"H"型。上衣宽松，裙子为筒式。即让着装者显得优雅、含蓄，又为身材肥胖者遮丑。

（2）"X"型。上衣紧身，裙子为喇叭状。上宽下松突出腰部纤细。

（3）"A"型。上身紧身，下裙宽松式。体现上半身的身材优势，又适当掩盖下半身身材劣势。

（4）"Y"型。上身松身式，裙子紧身式，以筒式为主。遮掩上半身短处，表现下半身长处。

7．款式

女子套裙衣领多样，衣扣多样：无扣式、单排式、双排式、名扣式、暗扣式，裙子形式多样：西装裙、一步裙、围裹裙、筒式裙、百褶裙、旗袍裙、开衩裙、A字裙、喇叭裙。

（三）套裙的穿法

通常，套裙的穿法的主要有以下几种。

（1）大小适度：上衣最短齐腰，裙子可达小腿中部，袖长刚好盖住手腕；整体不过于肥大、紧身。

（2）穿着到位：衣扣要全部扣好，不允许随便脱掉上衣。

（3）考虑场合：商务场合宜穿，宴会、休闲等场合不宜。

（4）协调妆饰：高层次的穿着打扮，讲究着装、化妆和佩饰风格的统一。

（5）兼顾举止。

（四）套裙的搭配

通常，套裙的搭配主要包括：衬衫、内衣、衬裙和鞋袜之间的搭配。

（1）衬衫。面料应轻薄柔软，宜真丝、麻纱、府绸、罗布、涤棉。颜色应雅致端庄，宜白色，或单色不鲜艳者。无图案，款式保守。另须注意：衬衫下摆掖入裙内，纽扣系好，衬衫公共场合不能直接外穿。

（2）内衣、衬裙。不外露、不外透、颜色一致、外深内浅。

（3）鞋袜：黑色牛皮为首选，或与套裙颜色一致，但鲜红、明黄、艳绿、浅紫等不宜。袜子应为单色，肉色为首选，还可选黑色、浅灰、浅棕。鞋、裙颜色必须深于或等同于袜子颜色。鞋袜大小适宜，鞋袜完好无损，鞋袜不可当众脱下，袜子不可随意乱穿，如以健美裤、九分裤当袜子穿，袜口不可暴露于外。

（五）职业女性着裙装"五不准"

商务交往中，职业女性着裙装最容易出现的贻笑大方的错误如下。

（1）黑色皮裙不能穿。

（2）正式的高级的场合不光腿，尤其是隆重正式的庆典仪式。

（3）袜子不能出现残破。

（4）不准鞋袜不配套。

（5）不能出现"三截腿"。

四、制服的礼仪

制服又叫工作服。统一的制服至少有以下四大好处：其一，可以体现其职业特征；其二，可以表明其职级差异；其三，可以实现整齐划一；其四，可以树立单位的形象。

（一）制服的选择

制服应当面料好、色彩要少、款式要雅、分类要准、做工要精，这是制服的基本要求。

第一，面料要好。本着经济实惠，又美观体面的方针，应当优先考虑纯毛、纯棉、纯麻等面料。

第二，色彩要少。选择制服的色彩时，一是应当优先选择本单位标志性色彩；二是应当力求色彩单一而偏深；三是应当尽量遵守"三色原则"。它的主要要求是：与制服一同穿着的衬衫、领带、帽子、鞋袜，包括制服本身在内，其色彩应在总量上被限定在三种内。

第三，款式要雅。总的要求是雅气端庄。

根据"款式要雅"的总体要求，都必须使之戒露、透、短、紧、是制服四戒。

其一，戒露。胸部、腹部、背部、大腿和肩部这五处不宜外露，通称为"制服五不露"；其二，戒透。制服绝对不应当是透明的；其三，戒短，不应使之过于短小，显得小气；其四，戒紧，不宜使之过于紧身以凸现着装者的线条。

第四，分类要准。适应实际工作的需要，有助于维护本单位的形象。分类的四种方法：其一，按照性别分类。男式与女式有区别；其二，按季节分类，即夏装、冬装与春秋装；其三，按照用途分类，办公服、礼宾服与劳动服；其四，按照职级分类。

第五，做工要精。

（二）制服的穿着

在穿着制服上班时，商务人员必须注意以下几个方面。

第一，忌脏。穿制服必须保持干净而清爽。

第二，忌皱。穿制服要整整齐齐、外观完好。

第三，忌破。在一般的情况下，制服一旦在外观上发生明显的破损，例如，掉扣、开线或形成破洞等等，就不宜在工作岗位上继续穿着。

第四，忌乱。要按照规定穿制服。

五、饰品的礼仪

饰品主要具有装饰的作用，处于画龙点睛的位置。包括首饰、手表、钢笔、皮具、围巾等几种最为常用的饰品。

（一）首饰的规范

首饰，诸如戒指、耳环、项链、胸针等。

（1）符合身份。"首饰三不戴"的原则：一是有碍于工作的首饰不戴；二是炫耀其财力的首饰不戴；三是突出个人性别特征的首饰不戴。

（2）男女有别，首饰实际是女士的"专利品"。

（3）遵守成规，对商务人员在上班时应遵守约定常规：一是以少为佳；二是同质同色；三是风格划一。

戒指的戴法：大拇指上一般不戴戒指，如戴即表示正在寻觅对象；戴在食指上表示想求婚；戴在中指上表示已订婚或已有对象；戴在无名指上表示已订婚或已结婚；戴在小指上表示独身主义或已离婚。

（二）手表的规范

在正规的社交场合，手表往往被视同首饰，对于平时只有戒指一种首饰可戴的男士来说，更是备受重视。与首饰相同的是，在社交场合人们所戴的手表往往体现其地位、身份和财富状况。因此在人际交往中人们所戴的手表，尤其是男士所戴的男士手表，大都引人瞩目。佩戴男士手表若要正确无误，自然先要了解男士手表，并且善于选择男士手表。选择手表，往往应注重其种类、形状、色彩、图案、功能等五个方面的问题。

1．种类

根据标准的不同，手表可以分为许多不同的种类。在社交场合，人们一般都是依据价格来区分其种类的。按照这个标准，手表可被分为豪华表、高档表、中档表、低档表等四类。以市价而论，豪华表价格在 10 000 元以上，高档表在 2 000～10 000 元，中档表在 500～2 000 元，低档表在 500 元以下。选择手表的具体种类时，首先要量力而行，不要作力不从心的事。另外，还要同时顾及个人的职业、露面的场合、交往的对象和同时所选用的其他服饰等一系列相关因素。

2．形状

手表的造型往往与其身价、档次有关。在正式场合所戴的手表，在造型方面应当庄重、保守，避免怪异、新潮。男士，尤其是位尊者、年长者更要注意。造型新奇、花哨的手表，仅适用于少女及儿童。一般而言，正圆形、椭圆形、正方形、长方形以及菱形手表，因其造型庄重、保守，适用范围极广，特别适合在正式场合佩戴。

3．色彩

选择在正式场合所戴的男士手表，其色彩应力戒繁杂凌乱，一般宜选择单色手表、双色手表，不应选择三色或三种颜色以上的手表。不论是单色手表还是双色手表，其色彩都要清晰、高贵、典雅。金色表、银色表、黑色表，即表盘、表壳、表带均有金色、银色、黑色的手表，是最理想的选择。金色表壳、表带、乳白色表盘的手表，也能经得住时间的考验，在任何年代佩戴都不会落伍。

4．图案

除数字、商标、厂名、品牌外，手表上没有必要出现其他没有任何作用的图案。选择使用于正式场合的男士手表，尤其需要牢记此点。倘若手表上图案稀奇古怪、多种多样，不仅不利于使用，反而有可能招人笑话。

5．功能

记时，是手表最主要的功能。因此，正式场合所用的男士手表，不管是指针工、跳字式还是报时式，都应具有这一功能，并且应当精确到时、分，能精确到秒则更好。只精确到时的手表，显然不符合要求。有些附加的功能，如温度、湿度、风速、方向、血压、步速等等，均可有可无，而且以无为好。总之，男士手表的功能要少而精，并要有实用价值。

手表遵守如下"六不戴"：一是广告表不戴；二是时装表不戴；三是珠宝表不戴；四是特种表不戴；五是劣质表不戴；六是残损表不戴。

（三）钢笔礼仪规范

在商界，钢笔历来被视为商务人员必备之物。在选择和使用钢笔时，应遵守以下的礼仪规范。

1．钢笔的选择

选择钢笔时主要应对品牌、式样、功能、类别四个方面给予重视。选择较好品牌的钢笔，式样强调朴实、大方。另外，不仅适用功能，而且还应具备装饰功能。不要选用附加功能过多的笔。

2．钢笔的使用

商务人员在使用钢笔时，有四条基本注意事项：一是要随身携带钢笔；二是要保证墨水充足；三是要禁止借用钢笔；四是要置于适当之处，应当置于公文包、上衣口袋。

（四）皮具的规范

皮具，在此特指以皮革制作的较高档层次的工作与生活用品。选用皮具时，商务人员对以下五个基本点应有所了解。

（1）皮具的质地：多为牛皮、羊皮制品。

（2）皮具的颜色：大多选用单色。

（3）皮具的形状：多为长方形、正方形、椭圆形。

（4）皮具的做工：均应制作精良。

（5）皮具的品牌：在一些重要场合，尤其是国际交往中最好使用一些知名的国际皮具品牌。

皮具主要有皮包、皮夹、皮带等。

1．皮包

皮包，在此指真皮制作的各种包袋。对白领丽人而言，在正式场合讲究的是"女人看包"。选用皮包时应注意以下几点。

（1）皮包的用途要明确。

（2）选用皮包要讲究搭配。其一，颜色的搭配。皮包的颜色最好要与其同时穿着的皮鞋颜色一致；其二，款式的搭配，与自己的其他服饰在款式上较为一致；其三，整体的搭配。

（3）使用皮包讲究内容分类。应注意以下三点：其一，减少内容，删繁就简，以求轻装上阵；其二，分类摆放；其三，固定位置。

（4）皮包要携带有方。其一，不要乱用皮包；其二，不要乱拿皮包；其三，不带多只皮包；其四，不要乱放皮包。

2. 皮夹

皮夹，在此特指某些较小的皮包。最为常用的皮夹有钱夹、钥匙夹、名片夹、护照夹等。商务人员使用皮夹时应注意以下几点。

（1）内容专一，内容越是专一越好。

（2）外形美观。

（3）放置到位。应存放在公文包或办公桌内。

3. 皮带

选用皮带时，商务人员一般应注意皮带的颜色、图案、尺寸、环扣与系法等。

（1）皮带的颜色：宜为单色、深色的皮带，同时要讲究搭配。

（2）皮带的图案：宜没有任何图案。

（3）皮带的尺寸：皮带的宽度，男士宜宽 3 厘米，女士宜宽 2.5 厘米。皮带的长度应是长过皮带环扣约 10 厘米。

（4）皮带的环扣，应为金属制品。

（5）皮带的系法：皮带应自右而左穿入襻带，同时不要挂他物。

第二节 商务人员的仪容礼仪

一、仪容礼仪概念

仪容礼仪包括个人卫生礼仪、美容美发礼仪，是人类为维系社会正常生活而要求人们共同遵守的最起码的道德规范，它是人们在长期共同生活和相互交往中逐渐形成，并且以风俗、习惯和传统等方式固定下来。

首先，是要求仪容自然美。它是指仪容的先天条件好，天生丽质。尽管以相貌取人不合情理，但先天美好的仪容相貌，无疑会令人赏心悦目，感觉愉快。

其次，是要求仪容修饰美。它是指依照规范与个人条件，对仪容施行必要的修饰，扬其长，避其短，设计、塑造出美好的个人形象，在人际交往中尽量令自己显得有备而来，自尊自爱。

最后，是要求仪容内在美。它是指通过努力学习，不断提高个人的文化、艺术素养和思想、道德水准，培养出自己高雅的气质与美好的心灵，使自己秀外慧中，表里如一。

真正意义上的仪容美，应当是上述三个方面的高度统一。忽略其中任何一个方面，都会使仪容美失之于偏颇。

在这三者之间，仪容的内在美是最高的境界，仪容的自然美是人们的心愿，而仪容的修饰美则是仪容礼仪关注的重点。要做到仪容修饰美，自然要注意修饰仪容。修饰仪容的基本规则是美观、整洁、卫生、得体。

二、仪容美基本要素

仪容美的基本要素是貌美、发美、肌肤美，主要要求整洁干净。美好的仪容一定能让人感觉到其五官构成彼此和谐并富于表情；发质发型使其英俊潇洒、容光焕发；肌肤健美使其充满生命的活力，给人以健康自然、鲜明和谐、富有个性的深刻印象。但每个人的仪容是天生的，长相如何不是至关重要的，关键是心灵的问题。从心理学上讲每一个人都应该接纳自己，接纳别人。

三、仪容规范要求

通常，仪容规范要求主要有以下几个。
（1）容貌修饰自然端庄，不过于张扬。
（2）面部保持洁净，头发梳理整齐。
（3）男职工不留长发，不蓄长胡须。
（4）女职工不烫怪异发型，化妆自然得体。
（5）神态自信，举止稳重，禁忌粗俗行为。
（6）常面带笑容，保持开朗，营造和谐、融洽的氛围。

男性商务人员一般做到面部清洁即可，只是发型方面有一些特殊要求，比如：不宜剃光头，也不宜蓄胡子、留长发，一般有"前不过眉，侧不过耳，后不及衣领"的说法，也不得漂染彩发；女性商务人员发型一般以短发、束发和盘发为宜，不应漂染艳丽的彩发，化妆方面，要求比较多一些，要化淡妆，尽量做到美化、自然、得法、协调，并且不宜在公共场合化妆，如果确实有特殊需要，可在化妆间或洗手间进行化妆。

第三节　商务人员的仪态礼仪

仪态，也叫仪姿、姿态，泛指人们身体所呈现出的各种姿态，它包括举止动作、神态表情和相对静止的体态。人们的面部表情，体态变化，行、走、站、立、举手投足都可以表达思想感情。仪态是表现个人涵养的一面镜子，也是构成一个人外在美好的主要因素。不同的仪态显示人们不同的精神状态和文化教养，传递不同的信息，因此仪态又被称为体态语。

仪态包括很多方面，与我们日常的工作和生活密不可分，这里主要介绍眼神、站姿、坐姿、走姿和递接物品等方面的礼仪知识。

二、仪态规范

（1）站姿：腰身挺直，禁忌躬背哈腰；不随意扶、拉、倚、靠、趴、蹬、跨，双腿不可不停地抖动。

（2）坐姿：从容就座，动作轻稳（男士腰背挺直，女士坐姿文雅自然）；离座稳重，非固定椅子须放回原处。

（3）走姿：上身保持正直，双肩放松，目光平视。

（4）蹲姿：下蹲拾物时，应自然、得体、大方，不遮遮掩掩；下蹲时，两腿合力支撑身体，避免滑倒；下蹲时，应使头、胸、膝关节在一个角度上，使蹲姿优美；女士无论采用哪种蹲姿，都要将腿靠紧，臀部向下。

（5）言语规范。通常，言语规范主要包括以下内容：

①用语礼貌，多用敬语、谦语，如"您、请、谢谢、对不起"等，不说脏话、忌语。

②热情、诚恳，语气平和，手势得当，切忌用手指人和拉拉扯扯。

③不要随意打断他人讲话或心不在焉，切忌打听他人隐私和贸然提问。

④目视交谈对方，适时点头、应答。

⑤说话时间长短适度，切忌滔滔不绝。

⑥会议、接待等场合宜讲普通话。

三、仪态举止

通常，仪态举止包括眼神、谈话姿势、站姿、坐姿、走姿、蹲姿和递接物品等。

（1）眼神。人们都说，眼睛是心灵的窗户，眼神是展示心理活动、传递信息和思想的媒介，这里给大家说一下三个目光注视的礼仪区域：公务凝视区。这个区域是以两眼为底线、额中为顶角形成的一个三角区。在公务交谈时，如果你看着对方的这个区域就会显得严肃认真，对方也会觉得你有诚意。社交凝视区。这个区域是以两眼为底线、唇心为下顶点所形成的倒三角形区域。通常在社交场合使用这种凝视，能给人一种平等而轻松的感觉，营造出一种良好的社交气氛。亲密凝视区。这个区域是从双眼到胸部之间。这种凝视往往带有亲昵和爱恋的感情色彩，一般应在关系亲密的人之间采用。

（2）谈话姿势：谈话的姿势往往反映出一个人的性格、修养和文明素质。所以，交谈时，首先双方要互相正视、互相倾听、不能东张西望、看书看报、面带倦容、哈欠连天。否则，会给人心不在焉、傲慢无理等不礼貌的印象。

（3）站姿：站立是人最基本的姿势，是一种静态的美。站立时，身体应与地面垂直，重心放在两个前脚掌上，挺胸、收腹、收颌、抬头、双肩放松。双臂自然下垂或在体前交叉，眼睛平视，面带笑容。站立时不要歪脖、斜腰、屈腿等，在一些正式场合不宜将手插在裤袋里或交叉在胸前，更不要下意识地做些小动作，那样不但显得拘谨，给人缺乏自信之感，而且也有失仪态的庄重。

（4）坐姿：坐，也是一种静态造型。端庄优美的坐，会给人以文雅、稳重、自然大方的美感。正确的坐姿应该：腰背挺直，肩放松。女性应两膝并拢；男性膝部可分开一些，但不要过大，一般不超过肩宽。双手自然放在膝盖上或椅子扶手上。在正式场合，入座时要轻柔和缓，起座要端庄稳重，不可猛起猛坐，弄得桌椅乱响，造成尴尬气氛。不论何种坐姿，上身都要保持端正，如古人所言的"坐如钟"。若坚持这一点，那么不管怎样变换身体的姿态，都会优美、自然。

（5）走姿：行走是人生活中的主要动作，走姿是一种动态的美。"行如风"就是用风行水上来形容轻快自然的步态。正确的走姿是：轻而稳，胸要挺，头要抬，肩放松，两眼平视，面带微笑，自然摆臂。

（6）蹲姿：在日常生活中，人们对掉在地上的东西，一般是习惯弯腰或蹲下将其捡起，而身为办公白领对掉在地上的东西，也像普通人一样采用一般随意弯腰蹲下捡起的姿势是不合适的。

（7）递接物品：递物与接物是经常要做的事情，递接物品的一些常识性规范有：在递物时，应该双手递，以示对对方的恭敬与尊重。如果是文件、名片等，应将正面朝向对方；如果是尖利的物品，应将尖利一方朝向自己，而不应指向对方。在接物时，应该双手接，对接过来的物品要表示关注，同时点头示意道谢，不应该漫不经心。简单地说，就是递接物品时，应该双手递，双手接。

案例及案例评析

【案例10.1】小黄的最后面试失败了

小黄去一家外企进行最后一轮总经理助理的面试。为确保万无一失，这次她做了精心的打扮。一身前卫的衣服、时尚的手环、造型独特的戒指、亮闪闪的项链、新潮的耳坠，身上每一处都是焦点，简直是无与伦比、鹤立鸡群。况且她的对手只是一个相貌平平的女孩，学历也并不比她高，所以小黄觉得胜券在握。但结果却出乎意料，她并没有被这家外企所认可。主考官抱歉地说："你确实很漂亮，你的服装配饰无不令我赏心悦目，可我觉得你并不适合干助理这份工作。实在很抱歉。"

【评析】

我们应该时刻注意自己的衣着和配饰，并分清场合。对于配饰，宜少不宜多，否则给人一种张扬、压抑、零乱、不稳重的感觉。

【案例10.2】小张能拿到通知书吗

一次某公司招聘文秘人员，由于待遇优厚，应聘者很多。中文系毕业的小张同学前往面试，她的背景材料可能是最棒的：大学四年，在各类刊物上发表了3万字的作品，内容有小说、诗歌、散文、评论、政论等，还为六家公司策划过周年庆典，一口英语表达也极为流利，书法也堪称佳作。小张五官端正，身材高挑、匀称。面试时，招聘者拿着她的材料等她进来。小张穿着迷你裙，露出藕段似的大腿，上身是露脐装，涂着鲜红的唇膏，轻盈地走到一位考官面前，不请自坐，随后跷起了二郎腿，笑眯眯地等着问话。孰料，三位招聘者互相交换了一下眼色，主考官说："张小姐，请回去等通知吧。"她喜形于色："好!"挎起小包飞跑出门。

问题：小张能等到录用通知吗？为什么？假如你是小张你打算怎样准备这次面试？

【评析】

小张不能被录取，因为她缺少面试的基本礼仪。具体说来她的无理表现在：①服装过于时髦和前卫，不规范，不庄重，给人轻浮的感觉；②化妆过于浓艳和夸张；③举止归于随意，不文明不优雅；"不请自坐"，和"跷起了二郎腿"等给人的感觉缺少基本涵养。

【案例10.3】小王的问题出在哪里

小王是一家物流公司的业务员，口头表达能力不错，对公司的业务流程很熟悉，对公司的产品及服务的介绍也很得体，给人感觉朴实又勤快，在业务人员中学历是最高的，可是他的业绩总是上不去。

小王自己非常着急，却不知道问题出在哪里。小王从小有着大大咧咧的性格，不修边幅，头发经常是乱蓬蓬的，双手指甲长长的也不修剪，身上的白衬衣常常皱巴巴的并且已经变色，他喜欢吃大饼卷大葱，吃完后却不知道去除异味。小王的大大咧咧能被生活中的朋友所包容，但在工作中常常过不了与客户接洽的第一关。

其实小王的这种形象在与客户接触的第一时间已经给人留下不好的印象，让人觉得他是一个对工作不认真，没有责任感的人，通常很难有机会和客户作进一步的交往，更不用说成功地承接业务了。

【评析】

小王在日常工作中的表现是不符合商务礼仪规范的。在商务交往中，我们的仪容仪表是很重要的。头发的修饰是基本的仪容修饰。头发，在一定程度上显示这男性的特点。所以对于头发，应该定期修剪和清洗。长指甲容易给人以不卫生的印象。衬衣则应挺括、整洁、无褶皱。嘴巴有异味也是很不礼貌的，在应酬前应忌食蒜、葱、韭菜等刺激味食物。小王的形象给人不负责任之感，是失败的社交事件。

思考题

1. 商务人员着装应注意的原则？
2. 不同场合对商务人员的着装有那哪些不同要求？
3. 职业女性佩戴首饰应注意什么问题？商务礼仪中不应佩戴的首饰有哪些？
4. 职业女性着裙装不应出现的问题？
5. 日常生活中违反服装礼仪规范的常见现象有哪些？
6. 男士如何选择适合自己的西装，穿西装有哪些要求？
7. 应从哪些方面训练自己的仪态，使自己符合礼仪规范要求？

实务培训

任务一

小测试：你留给人的第一印象如何？

1. 与你初次见面，经过一番交谈，你能对他的举止谈吐、知识能力等方面做出积极、准确的评价吗？

A. 不能　　　　　　　B. 很难说　　　　　　C. 我想可以

2. 你和别人告别时，下次相会的时间、地点是：

A. 对方提出来的　　　B. 谁也没提　　　　　C. 我提议的

3. 当你第一次见到某个人，你的表情是：

A. 热情大方　　　　　B. 大大咧咧　　　　　C. 紧张羞怯

4. 你与对方寒暄后，是否很快就找到共同感兴趣的话题？

A. 是的　　　　　　　B. 很难　　　　　　　C. 须经过较长时间才可以

5. 你与人交谈时的坐姿通常是：

A. 两膝靠拢　　　　　B. 两腿叉开　　　　　C. 跷起二郎腿

6. 你同他（她）说话时，眼睛望着何处？

A. 直视对方的眼睛　　B. 看着其他的东西或人

C. 盯着自己的纽扣，不停地把弄

7. 与他人交谈时，你选择的话题是：

A. 两人都喜欢的　　　B. 对方感兴趣的　　　C. 自己所热衷的

8. 通常与别人第一次交谈，你们分别占用的时间是：

A. 差不多　　　　　　B. 对方多我少　　　　C. 我多

9. 会谈时你说话的音量是：

A. 很低别人听不清楚　B. 柔和而低沉　　　　C. 洪亮热情

10. 你说话时姿态如何？

A 偶尔作些手势　　　 B. 从不指手画脚　　　C. 常用姿势来补充语言表达

11. 你说话的速度怎样？

A. 频率相当高　　　　B. 十分缓慢　　　　　C. 节律适中

12. 假如别人谈到了你毫无兴趣的话题，你将：

A. 打断别人，另起话题　B. 沉默忍耐　　　　C. 仍然认真听、从中找乐趣

按下表得分相加，统计总分。

题号\选择\得分	A	B	C	题号\选择\得分	A	B	C
1	1	3	5	7	3	5	1
2	3	1	5	8	3	5	1

（续表）

3	5	1	3	9	3	5	1
4	5	1	3	10	3	5	1
5	5	1	3	11	1	3	5
6	5	1	3	12	1	3	5

统计总分：你的总分是_____

12～22 分：首次印象差。可能存在一些因为心态方面的问题而导致的肢体语言、形象方面的不足。

23～46 分：首次印象一般。表现中存在某些令人不愉快的成份、又有不够精彩之处，虽无恶劣印象、也不会有强烈兴趣。需要在细节方面改善以提高自己的魅力，给人良好"第一印象"。

47～60 分：第一印象好。适度、温和、合作，第一次接触就给人留下深刻印象。

任务二

仪态训练

（一）站姿训练

采用贴墙顶书法按照站姿动作要领进行练习。

要领如下。

（1）站立要端正，眼睛平视，嘴微闭，面带微笑。

（2）双肩自然下垂或在体前交叉，右手放在左手上，以保持向客人提供服务的最佳状态（前腹式）。

（3）女子站立时，双脚呈"V"字形，双膝靠紧，两个脚后跟靠紧。

（4）男子站立时，双脚与肩同宽。

（5）站立时要防止重心偏左或偏右。

（6）站立时双手不可叉在腰间，也不可抱在胸前。

（7）站立时身体不能东倒西歪；站累时，脚可以向后撤半步，但上体仍须保持正直，不可把脚向前或向后伸得过多或叉开很大。

（8）宽座沙发则至少坐 1/2 坐在椅子上，应至少坐满椅子的 2/3。

（二）坐姿训练

练习女士入座、离座、标准式坐姿、侧点式坐姿、重叠式坐姿。

要领如下。

双膝自然并拢，双腿正放或侧放，双脚并拢或交叠或成小"V"字形。

作为女士，坐姿的选择还要根据椅子的高低以及有无扶手和靠背，两手、两腿、两脚还可有多种摆法，但两腿叉开，或成四字形的叠腿方式是很不合适的。在餐厅就餐时最得体的入座方式是从左侧入座。

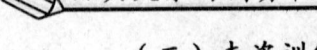

（三）走姿训练

采用顶书法练习行走，找出缺点弥补不足。

要领如下。

正确走姿的基本要领是：抬头，挺胸，收腹。以站姿为基础，面带微笑，眼睛平视；双肩平稳，双臂前后自然地有节奏摆动；行走时，两只脚两侧行走的线迹为一条直线；步幅要适当，一般应该是前脚的脚跟与后脚的脚尖相距为一脚长，但因性别身高不同会有差异，着装不同，步幅也不同；跨出的步子应是脚跟先着地，走路时应有一定的节奏感，走出步韵来。

（四）蹲姿训练

要领如下。

采用高低式蹲姿和交叉式蹲姿两种姿势进行练习。

交叉式蹲姿：在实际生活中常常会用到蹲姿，如集体合影前排需要蹲下时，女士可采用交叉式蹲姿，下蹲时右脚在前，左脚在后，右小腿垂直于地面，全脚着地。左膝由后面伸向右侧，左脚跟抬起，脚掌着地。两腿靠紧，合力支撑身体。臀部向下，上身稍前倾。

高低式蹲姿：下蹲时右脚在前，左脚稍后，两腿靠紧向下蹲。右脚全脚着地，小腿基本垂直于地面，左脚脚跟提起，脚掌着地。左膝低于右膝，左膝内侧靠于右小腿内侧，形成右膝高左膝低的姿态，臀部向下，基本上以左腿支撑身体。

（五）手势训练

练习横摆式、曲臂式、斜摆式以及直臂式等手势方法。

要领如下。

手势礼仪之一：大小适度。

手势礼仪之二：自然亲切，与人交往时，多用柔和曲线的手势，少用生硬的直线条手势，以求拉近心理距离。

手势礼仪之三：避免不良手势。

（1）与人交谈时，讲到自己不要用手指自己的鼻尖，而应用手掌按在胸口上。

（2）谈到别人时，不可用手指别人，更忌讳背后对人指点等不礼貌的手势。

（3）初见新客户时，避免抓头发、玩饰物、掏鼻孔、剔牙齿、抬腕看表、高兴时拉袖子等粗鲁的手势动作。

（4）避免交谈时指手画脚、手势动作过多过大。

手势礼仪之四，标准礼仪握手如下。

（1）场合：一般在见面和离别时用。冬季握手应摘下手套，以示尊重对方。一般应站着握手，除非生病或特殊场合，但也要欠身握手，以示敬意。

（2）谁先伸手：一般来说，和妇女、长者、主人、领导人、名人打交道时，为了尊重他们，把是否愿意握手的主动权赋予了他们。但如果另一方先伸了手，妇女、长者、主人、领导人、名人等为了礼貌起见也应伸出手来握。见面时对方不伸手，则应向对方点头或鞠躬以示敬意。见面的对方如果是自己的长辈或贵宾，先伸了手，则应该快步走近，用双方握住对方的手，以示敬意，并问候对方"您好"，"见到您很高兴"等。

（3）握手方式：和新客户握手时，应伸出右手，掌心向左虎口向上，以轻触对方为准（如果男士和女士握手，则男士应轻轻握住女士的手指部分）。时间1～3秒钟，轻轻摇动1～3下。

（4）握手力量轻重：根据双方交往程度确定。和新客户握手应轻握，但不可绵软无力；和老客户应握重些，表明礼貌、热情。

（5）眼神训练：掌握眼神的基本要领，正确使用眼神。睁大眼睛训练、转动眼球训练、视点集中训练、目光集中训练。

（6）微笑训练：握微笑的基本要领，在交往中正确使用微笑，养成爱微笑的习惯。

要领：咬筷子、面对镜子进行训练，掌握在交往中正确使用微笑。

第十一章　商务交往礼仪

【本章导读】

本章主要介绍了在商务交往中见面礼仪、联络礼仪、往来礼仪应遵循的礼仪规范，商务交谈的礼仪和技巧等。

【本章目标】

➤ 掌握见面礼仪和联络礼仪
➤ 了解往来礼仪的基本特征、类型、礼仪原则和商务往来中的交际礼仪
➤ 掌握介绍礼仪
➤ 掌握商务交谈的礼仪和技巧

第一节　见面礼仪

见面礼仪是指日常社交礼仪中最常用与最基础的礼仪。人与人之间的交往都要用到见面礼仪，特别是从事服务行业的人。掌握一些见面礼仪，能给客户留下良好的第一印象，为以后顺利开展工作打下基础。常见的见面礼仪有握手礼、鞠躬礼、拥抱礼、亲吻礼、吻手礼等。不过国家不同地区有着不同的见面礼仪。

一、东方礼节

（一）作揖礼

拱手礼，是华人中最流行的见面礼。在我国已有两三千年历史，古人通过作揖礼，以自谦的方式表达对他人的敬意。作揖礼是中华传统的见面礼，与商务伙伴见面行作揖礼既表达了你的感谢和尊重，同时也体现了浓浓的中国特色和人情味。

1. 正确做法

行礼方式是起身站立，上身挺直或微俯，两臂前伸，双手在胸前高举抱拳，一般情况右手握空拳在内，左手握右手在外，自上而下，或者自内而外，有节奏地晃动两三下，并微笑问候。

2. 适用范围

作揖礼主要适用于过年时举行团拜活动，向长辈祝寿，向友人恭喜结婚、生子、晋升、乔迁，向亲朋好友表示无比感谢，以及与海外华人初次见面时表示久仰之意。

3．注意事项

行作揖礼时，不要距离对方太近，太近会给对方一种不敬的感觉；另外行作揖礼时腰不要太挺直，太挺直也是不敬的感觉。对方行作揖礼，要立即还礼，也行作揖礼。

需要强调的是，因为古人认为杀人时拿刀都是用右手，右手在前杀气太重。所以右手握拳，用代表友好的左手在外，把右手包住。中国古代拱手有吉凶之分，吉事为阳，凶丧之事为阴；男为阳，尚左，女为阴，尚右；行吉礼时，男子左手在外，女子右手在外；行凶丧之礼时，男子右手在外，女子则左手在外。

（二）鞠躬

本来意为不抵抗，相见时把视线移开，郑重地把头低下，告诉对方我对你不怀有敌意。用鞠躬表示敬意是产生于后代的事。鞠躬礼是人们在生活中对别人表示恭敬的一种礼节，既适用于庄严肃穆、喜庆欢乐的仪式，也适用于一般的社交场合。实际上鞠躬这种礼节在世界各地都很盛行，只不过在日本最为盛行而已。中国人及东方人多行鞠躬礼，欧美人士较少采用。

1．正确做法

行鞠躬礼时，应脱帽立正，双目凝视受礼者，身体从头顶到脚下是一条线，然后上身弯腰前倾。男士双手五指并拢自然垂下，应贴放于身体两侧裤线处，五指并紧从侧面向膝头慢慢滑去，达到手指将要相碰的程度为宜，同时上身伸直，由腰部带动上体向下倒。女士的双手则应下垂搭放在腹前，左手搭在右手上。下弯的幅度越大，所表示的敬重程度就越大。视线向前。行鞠躬礼应停步，躬身15°～30°，头跟随向下，并致问候语。

2．适用场合

鞠躬礼目前在国内主要适用于向长者表示敬重、向他人表示感谢、领奖或讲演之后、演员谢幕、举行婚礼或参加追悼会等活动。鞠躬的次数，可视具体情况而定。大礼行三鞠躬，一般情况下行一鞠躬。鞠躬礼在东南亚一些国家较为盛行，如日本、朝鲜等。所以，在接待这些国家的外宾时，可行鞠躬礼致意。

3．注意事项

（1）鞠躬的度数与对象要相符合。15°：面对平辈、同事等行使的礼节；30°：面对主管、长辈、宾客等行使的礼节；45°：致最高的谢意或歉意等行使的礼节，此时可配合实际，在30°～45°做增减；90°：是多礼的日本人于日常生活相见时所行使的礼节。不过，日本近年来已变成行45°的鞠躬礼。

（2）受鞠躬礼应还以鞠躬礼。

（3）地位较低的人要先鞠躬，并且地位较低的人鞠躬要相对深一些。

（4）韩国与日本女子行鞠躬礼，但两国男子既行鞠躬礼也行握手礼，不同的是，日本男子是初次见面行鞠躬礼。

（5）马来西亚行鞠躬礼，男女不同。见面时，男士一面举起右手放在胸前，一面深鞠躬；女士先双腿稍微弯曲，然后鞠躬。

（三）合十礼

合十礼，亦称合掌礼，即双手十指相合为礼。合十礼源自印度，佛教沿用后，成为佛教徒之间的一种礼节。佛教传入泰国后，合十礼扩大至整个社会。

正确做法：双掌十指在胸前相对合，五手指并拢向上，掌尖与鼻尖基本持平，手掌向外侧倾斜，双腿立直站立，上身微欠，低头。可以口颂祝词或问候对方，亦可面含微笑。行此礼时，合十的双手举得越高，越体现出对对方的尊重，但原则上不可高于额头。

二、西方礼节

（一）拥抱礼

拥抱在日常生活中极其常见，拥抱也是通过身体的接触来体现给予对方以尊敬与亲热。拥抱可以理解为缩短了距离的握手，或者是胸部的"接吻"。人们在一搂一抱的同时，也感受到见面后精神上的短距离接触。在商务交往中，拥抱已经变得越来越常见。

1．正确做法

两人面对面站立，各自举起右臂，将右手搭在对方左肩后面；左臂下垂，左手扶住对方右腰后侧。首先各向对方左侧拥抱，然后各向对方右侧拥抱，最后再一次各向对方左侧拥抱，一共拥抱3次。在普通场合行此礼，不必如此讲究，次数也不必要求如此严格。

2．适用范围

在西方，特别是在欧美国家，拥抱礼是十分常见的见面礼与道别礼。在人们表示慰问、祝贺、欣喜时，这种礼仪也十分常用。

（二）亲吻礼

亲吻，是源于古代的一种常见礼节。人们常用此礼来表达爱情、友情、尊敬或爱护。据说它产生于婴儿与母亲间的嘴舌相昵，也有人说它产生于史前人类互舔脸部来吃盐的习俗。据文字记载，在公元前，罗马与印度已流行有公开的亲吻礼。有人认为，古罗马人爱嚼香料，行亲吻礼足以传口中芳香。也有人说，古人用亲吻时努唇的形状来表示爱情的心形。还有人考证，法国是世界上第一个公开行亲吻礼的国家。当代，许多国家及地区的上流社会，此礼日盛。

1．正确做法

在行礼时，双方关系不同，亲吻的部位也会有所不同。长辈吻晚辈，应当吻额头；晚辈吻长辈，应当吻下颌或吻面颊；同辈之间，同性应当贴面颊，异性应当吻面颊。接吻仅限于夫妻与恋人之间。

2．适用范围

西方现代的亲吻礼，在欧美许多国家广为盛行。美国人尤其受行此礼，法国人不仅在男女间，而且在男子间也多行此礼。

3．注意事项

通常，亲吻礼应注意以下几项：

（1）拥抱时双方身体不要贴得太紧，尤其男士与女士；拥抱时间不宜过长，力度要适当；国际商务交往中与印度、日本、东南亚等国家和地区商业人士见面，不要行拥抱礼。

（2）口腔要清洁无异味。

（3）行亲吻礼动作要轻快，不要用力过猛、时间过长或发出亲吻的声音。

（4）不要将唾液弄到对方脸上，那是非常尴尬的事情。

（5）如果不是特殊关系和特殊场合，年轻、地位低者，不要急于抢先施亲吻礼。

（6）行亲吻礼应始终保持微笑。

（三）吻手礼

吻手礼实际上是亲吻礼的一种特殊形式，它是以一个人亲吻另外一个人的手部，来向对方表示致意的礼节。在欧洲与拉丁美洲，异性在社交场合见面时，一般行吻手礼。

1．正确做法

男士行至已婚女士面前，首先垂首立正致意，然后以右手或双手捧起女士的右手，俯首用自己微闭的嘴唇，去象征性地轻吻一下其指背。

2．适用范围

吻手礼主要流行于欧洲与拉丁美洲国家，尤其英法两国上层人士男女之间行吻手礼。

3．注意事项

（1）男子同上层社会贵族妇女相见时，如果女方先伸出手作下垂式，男方则可将指尖轻轻提起吻之；但如果女方不伸手表示则不吻。行吻手礼时，若女方身份地位较高，要求男士屈一膝作半跪式后，再握手吻之。

（2）一般的见面礼是相互施礼。但是吻手礼特别，它是单向施礼的，受礼对者不应以相同形式向施礼者还礼。

（3）行礼的地点应当是在室内。在街道上行此礼，不合时宜。

（4）吻手的部位应当是女士的手指或手背。被吻的手，大都是右手，当男士吻女士的手时，必须是轻轻的，具有象征性的接触。

三、东西方通用礼节

（一）点头礼

点头礼也称颔首礼。点头礼是对商务朋友表示友好的行为。微微点头对人表示礼貌，既适用于已经熟识的商界朋友，也适用于你初次相遇的人。点头礼简单实用，可以立刻拉近人与人之间的距离。

1．正确做法

点头礼的做法是头部向下轻轻一点，同时面带笑容。

2. 适用范围

点头礼适用的范围很广，如路遇熟人或与熟人、朋友在会场、剧院、歌厅、舞厅等不宜交谈之处见面，以及遇上多人而又无法一一问候之时，都可以点头致意。在人多的商务洽谈会上，如果遇到面熟但又忘了对方姓名的商界朋友，应面带微笑，友好地点点头，以示礼貌。

（二）举手礼

在国际商务交往中，举手致意和挥手道别，行的是举手礼。

1. 正确做法

是右臂向前方伸直，右手掌心向着对方，其他四指并齐、拇指叉开，轻轻向左右摆动两下。不要将手上下摆动，也不要在手部摆动时用手背朝向对方。

2. 适用范围

行举手礼的场合，与行点头礼的场合大致相似，它最适合向距离较远的熟人打招呼。

3. 注意事项

在人多的商务场合，与你相识的人距离比较远，行举手礼后，不要大声喊对方的姓名；行举手礼时，男士应首先向女士致意；年轻者应先向年长者致意；下级先向上级致意。

（三）脱帽礼

所谓脱帽礼，是指以摘下本人所戴帽子的方式，来向交往对象致意。脱帽礼来源于欧洲中世纪，当时打仗都要戴头盔，而头盔多用铁制，十分笨重。士兵到了安全地带，首先是把头盔摘下，用以减轻沉重的负担。后来演化为脱帽就意味着没有敌意。为表示友好，也以脱盔示意。这种习惯流传下来，就是今天的脱帽礼。

在国际交往中，每逢正式场合以及一些社交场合，人们往往会向自己的交往对象行脱帽礼。在东西方国家里，它都较为流行。

行脱帽礼时，戴制服帽者，通常应双手摘下帽子，然后以右手执之，端在身前；戴便帽者，则既可以手完全摘下帽子，又可以右手微微一抬帽檐代之，但是在国际商务交往时，要求完全彻底地摘下帽子；女士在社交场合内不必摘下帽子，而男士则不享有此项特殊待遇；在进入他人居所，路遇熟人，与人交谈、握手，进入娱乐场所时或在升国旗、奏国歌的场合时，应自觉摘下帽子，并放在适当之处。

（四）握手礼

握手的礼节由来已久，握手最早发生在人类"刀耕火种"的年代。人们手上经常拿着石块或棍棒等武器，进行狩猎和战争。他们遇见陌生人时，如果大家都无恶意，就要放下手中的东西，并伸开手掌，让对方抚摸手掌心，表示手中没有藏武器。这种习惯逐渐演变成今天的"握手"礼节。

1．握手的方法

握手时，距对方约一步远，上身稍向前倾，两足立正，伸出右手，四指并拢，虎口相交，拇指张开下滑，向受礼者握手除了关系亲近的人可以长久地把手握在一起外，一般握两三下就行。不要太用力，但漫不经心地用手指尖"蜻蜓点水"式去点一下也是无礼的。

一般要将时间控制在三五秒钟以内。如果要表示自己的真诚和热烈，也可较长时间握手，并上下摇晃几下。掌心向下握住对方的手，显示着一个人强烈的支配欲，无声地告诉别人，他此时处于高人一等的地位。应尽量避免这种傲慢无礼的握手方式。相反，掌心向里握手显示出一个人的谦卑和毕恭毕敬。平等而自然的握手姿态是两手的手掌都处于垂直状态。这是一种最普通也最稳妥的握手方式。

当握手时，不妨说一些问候的话，可以握紧对方的手，语气应直接而且肯定，并在加强重要字眼时，紧握着对方的手，来加强对方对你的印象。

2．握手的顺序

长辈和晚辈之间，长辈伸手后，晚辈才能伸手相握，上下级之间，上级伸手后，下级才能接握；男女之间，女方伸手后，男方才能伸手相握；当然，如果男方为长者，遵照前面说的方法。如果需要和多人握手，握手时要讲究先后次序，由尊而卑，即先年长者后年幼者，先长辈再晚辈，先老师后学生，先女士后男士，先已婚者后未婚者，先上级后下级。

交际时如果人数较多，可以只跟相近的几个人握手，向其他人点头示意，或微微鞠躬就行。为了避免尴尬场面发生，在主动和人握手之前，应想一想自己是否受对方欢迎，如果已经察觉对方没有要握手的意思，点头致意或微鞠躬就行了。

在公务场合，握手时伸手的先后次序主要取决于职位、身份。而在社交、休闲场合，它主要取决于年龄、性别、婚否。

3．握手的场合

遇到较长时间没见面的熟人；在比较正式的场合和认识的人道别；在以本人作为东道主的社交场合，迎接或送别来访者时；拜访他人后，在辞行的时候；介绍给不认识的人时；在社交场合，偶然遇上亲朋故旧或上司的时候；别人给予你一定的支持、鼓励或帮助时；表示感谢、恭喜、祝贺时；对别人表示理解、支持、肯定时；得知别人患病、失恋、失业、降职或遭受其他挫折时；向别人赠送礼品或颁发奖品时。通常，上述所列举的情况下都是适合握手的场合。

第二节　联络礼仪

科技的发展让人与人之间的距离更近，电话手机电子邮件等成为人们日常生活中必不可少的通信工具。人们使用这些通信工具时，彼此看不见对方，但这并不能成为礼仪缺失的借口。反之，无礼的言行会因双方相对隐形而在对方的意识里放大，给对方留下更坏的印象。

一、商务电话礼仪

电话被现代人公认为便利的通信工具，在日常工作中，使用电话的语言很关键，它直接影响着一个公司的声誉；在日常生活中，人们通过电话也能粗略判断对方的人品、性格。因而，掌握正确的、礼貌待人的打电话方法是非常必要的。随着科学技术的发展和人们生活水平的提高，电话的普及率越来越高，人离不开电话，每天要接、打大量的电话。看起来打电话很容易，对着话筒同对方交谈，觉得和当面交谈一样简单，其实不然，打电话大有讲究。

商务人员在公务活动中，利用电话交流情况、沟通信息、商洽问题、回答事项，是一种普通的工作手段。正确使用电话可以树立良好的形象。在这里主要介绍有关接、打固定电话方面的礼仪知识。

（一）打电话

（1）时间选择。公务通话一般应在办公时间内进行，而不应在下班之后打，更不应选择在深夜、凌晨及午休、用餐、公休假时间。同时，不宜过长，以不超过五分钟为佳。

（2）表述得体。打电话时，声音不要太大，要首先自报家门，说说自己的单位和姓名，打错电话应该主动道歉。通话中断时，应立即再拨，并向对方说明，而不应等接电话一方把电话打过来。

（3）举止得体。打电话时要聚精会神，不要抱着电话四处走动、仰坐、斜靠、歪躺或趴在桌子上，不要嚼东西，此外，电话要轻拿轻放。

（二）接电话

（1）及时接听。接电话时遵循"铃响不过三"原则，以铃响三次左右为宜，电话铃一响，应该及时接听。

（2）文明应答。接电话时应主动问好并自报家门，如果对方打错电话，要耐心向对方说明，挂电话时应由打电话的人先挂断电话。通话中断时，应当等打电话一方把电话拨过来。

（3）做好记录。公务电话通常需要做记录，特别是遇到重要事项，要认真做好记录，如果听不清楚，可以请求对方重复一遍。

以上都是有关接、打固定电话方面的礼仪知识，而手机也已经成为大家生活中密不可分的部分了，下面就简单地说说用手机时应注意的一些细节。

（1）不在公共场合，尤其是楼梯、电梯、路口、人行道等人来人往之处旁若无人地使用手机。

（2）不在驾驶车辆时使用手机，以免发生车祸；不在飞机上使用手机，以免干扰导航系统。

（三）拨打电话的基本规范

通常，拨打电话的基本规范如下。

（1）选择适宜的时间、安静的场合。

（2）积极喜悦的心情，通话时面带微笑。

（3）端正的姿态:坐姿端正、身体挺直。

（4）重要的第1声：您好! 忌用"说""讲"。

（5）通话内容提前准备，简明扼要、公事公办、不聊私事。

（6）清晰愉快的声音：语调平稳、语气柔和、语速适中、语言文明、吐字清晰、音量适宜；想打喷嚏或咳嗽，应偏头、掩筒、说"对不起"。

（7）"3分钟"原则。

（8）通话时专心专注，以电话交谈为活动中心。如：不喝水、不吃东西、不看电视或文件、不听广播、不上网、不与其他人交谈等。

（9）结束通话：一般由打电话的一方提出，应有明确的结束语。如：再见、谢谢等。

（10）误拨号码，主动致歉、亲切应对打错电话。

（11）迅速准确的接听，轻易不让他人代劳，尤其是小孩拿起听筒即自报家门。

（12）代接电话应做好记录，及时转达。

（四）拨打手机规范

（1）安守本分。手机在没有使用时，要放在合乎礼仪的常规位置。手机再先进、昂贵也不炫耀。

（2）利己利人。

①按时缴费，避免停机。

②及时充电，因客观原因暂停通话时，应及时说明，并向对方道歉。

③更换手机号码后要尽早告知联系人。

（3）不在办公、开会、上课、洽谈、接待客人等场合玩手机。

（4）遵守公共秩序。

①不在加油站、医院、座机电话接听中、驾驶汽车时、飞行过程中使用手机。

②不在影院、剧场、音乐厅、图书馆、展览馆和医院里接打手机，应主动关机或置于振动、静音状态。如接到来电，应到不妨碍他人的地方接听，不让铃声频频响起。如果非得回话，应采用静音的方式发送短信。

③公共场合，不可以旁若无人地大声说通话；信号不良时，可改换通话位置或改用其他通讯方式。

（5）尊重他人隐私。

①不轻易借用他人手机。

②不随意翻阅他人通讯录、通话记录和短信。

③未经本人允许，不将别人手机号码随便告知他人。

（6）收发短信礼仪。

①不在与人谈话时查看或编发短信。

②编发短信用字用语规范准确、表意清晰。短信内容后最好留姓名。

③编辑短信注重通话文明，不编发有违法规或不健康的短信。

④不转发不确定的消息。

⑤收到不良短信可建议或告诫发送者停止发送。

二、电子邮件礼仪

（一）发送电子邮件礼仪与规范

1. 慎重选择发信对象

确认传送讯息的对象，并将"Cc"人数降至最低（Cc 全名为 CarbonCopy，中文译为"副本转送"）。

（1）传送电子讯息之前，须确认收信对象是否正确，以免造成不必要的困扰。若要将信函复本同时转送相关人员以供参考时，可善用 Cc 的功能，但要将人数降至最低，否则，传送与复本转送的用途将混淆不清，也制造了一大堆不必要的"垃圾"。

（2）掌握"广播"清单，"广播"功能是电子邮件系统最具威力的功能之一。使用者只须将其问题或意见传送至特定网络广场或群体，不稍几分钟，即可获得许多在线朋友的回复。然而问题在于：一个人的问题或建议是否会成为另一个人的垃圾邮件，甚或无心地触怒他人？因此，当使用者有"广播"需求时，务必在传送出信件前小心地检查其广播的清单。

2. 注意撰写信件内容

（1）切记收信对象是一个人，而不是一台机器。因为电子讯息的互动是透过计算机网络产生的，使用者经常会不自觉地"忘记"与自己真正互动的是远程的"人"。许多情绪激动的字眼也因此不经意地随手送出，而伤到对方甚至引起冲突。记住写电子邮件，实际上和你写一封信是完全一样的，只是差别在传递的方式不同罢了。

（2）电子信件"标题"要明确且具描述性。电子邮件一定要注明标题（Subject），因为有许多网络使用者是以标题来决定是否继续详读信件的内容。此外，邮件标题应尽量写得具描述性，或是与内容相关的主旨大意，让人一望即知，以便对方快速了解与记忆。

（3）信件内容应简明扼要。在线沟通讲求时效，经常上网的人多具有不耐等候的特性，所以电子邮件的内容应力求简明扼要，并求沟通效益。一般信件所用的起头语、客套语、祝贺词等，在在线沟通时都可以省略。尽量掌握"一个讯息、一个主题"的原则。

（4）考虑他人计算机的容量。上线沟通的网友所拥有的系统与硬件不尽相同，这其中还有人仍在使用传统的终端机和陈旧的电子邮件系统（如系统无法自动断行）。为确保对方能读到自己发出的讯息，撰写邮件时应特别注意传送对象，考虑其是否有系统的限制。以一般的英文信件撰写而言，一行最好维持不要超过 80 个字母，并以"Enter"键结束每一行文字。

（5）了解传送出去的讯息将潜在会永久留存。尽管信件有一定的邮寄对象，但经过无线的网络，也许邮寄出去的信件将会永久被存于某处私人档案或转印成文件到处流通。因此，在送出电子邮件时应谨慎地评阅所撰写的字句，以免他日落人笑柄。

（6）理清建议或意见。若要表达对某一事情的看法，可先简要地描述事情缘起，再陈述自己的意见；若是想引发行动，则应针对事情可能的发展提出看法与建议。有时因讯息太过简短或标明不够清楚，收信对象可能会不清楚发信者陈述的到底是建议还是意见，因而造成不必要的误解或行动。

（7）避免使用太多的标点符号。我们经常会看到一些电子信件中夹杂了许多的标点符号，特别是惊叹号的使用，若真要强调事情，应该在用词遣字上特别强调，而不应使用太多不必要的标点符号。

（8）小心幽默的使用。在缺乏声调的抑扬顿挫、脸部表情与肢体语言的电子邮件中，应特别注意幽默的被误解与扭曲。若想展现幽默或特定情绪，发信者必须写明或使用"情绪符号"（如 smiles，代表笑脸、高兴）。无论所开的玩笑是多么明显，最好加注以提醒收信者真正的意思。

（9）切勿讲一些不会在公众场所对他人讲的话。在发信之前问问自己，你会在公众场所中公开面对面地对他人讲这些话吗？如果答案是否定的，请再重读重写，或重新思考到底要不要发出这么一份讯息。千万不可以因为没看到对方的脸，就毫不客气讲一些没有经大脑思考的话语。切勿在不给予响应或申辩机会的情况下批评或污蔑他人。

（10）在特定邮件中加上密码。有些特定的邮件内容会触犯他人，为免不必要的纷争，可考虑在这些邮件上加密。密码学是一个极为专门的学问，在一般的电子邮件中是不会被应用的。想要知道更多跟密码有关的讯息，许多网络系统均设计有特殊加密和解密的功能，只要详指网络管理者即可获知。

（11）勿在学术网络上从事商业行为。广告是不受欢迎的，而这些附有营利性质广告包括：产品促销、自我业务推广、在特定群体中散播营利消息，及提供迅速致富的方法等等都一样。

3．注明送信者及其身份

除非是熟识的人，否则收信人一般无法从账号解读出发信人到底是谁，因此标明发信人的身份是电子邮件沟通的基本礼节。有许多人将自己的身份设计成一个附着档案，每当发信出去时，此档案也将自动地贴附该讯息后面。我们希望针对"身份设计"强调以下两点注意事项。

（1）"身份设计"应充分代表发信者自己，无论是引用文学名作词句或以图绘表示，都必须真实且充分地反映自己。

（2）切勿过度装饰自己的"身份设计"，例如引用名作太多或图绘太华丽等等均会妨碍电子邮件的正常沟通效益。

4．遵守一般法律规定

进行网际沟通时，一般日常生活中的行为准则亦须遵守。因透过计算机系统，要撷取、复制或篡改他人作品是相当容易的，因此在网际空间中对于智慧财产权的尊重是非常重要的。凡是引用或改编他人文字或图绘作品时，须要对原作者与原作品的出处详加注明，以示尊重。

5．勿任意或无心地浪费频宽

传送冗长文字与大型图绘均会占用大量的频宽，造成网络塞车。为避免浪费网际空间使用者的宝贵时间，应谨慎考虑传送讯息容量的大小。

6．小心附件功能的使用

在若干电子邮件系统中，由于"附件"功能的缺乏或不成熟，会造成使用者无法顺利阅读文件。使用者经常会因不便而直接去除来函，以致丧失沟通功能。如果附件内容不长时，请直接撰写于信件中。若一定要使用附件功能，也须注明附件的撰写软件，例如："本信附件内容撰写软件为 Word 6.0 for Windows"。

7．勿重复传送同一讯息

勿一再传送相同的讯息给相同的对象，这不仅会使网络超载而降低传输速率，同时占用他人的信箱容积。此外，传送电子信件时也须注意，不要分别发送相同的讯息给多个组群，因为有不少网络使用者同时隶属于几个不同的电子邮件组群，如此一传送，这些使用者势必会重复收到相同的讯息。若要传送邮件给多个组群，请一次传送完毕。

8．定期检查计算机系统的时间与日期之自动标示

电子邮件传送时会以所用计算机的设定日期与时刻来标示信发送的时间，为避免不必要的误会或窘态发生，使用者须定期检查计算机系统时间与日期之设定是否正确。

（二）回复电子邮件的礼仪与规范

1．勿期盼他人会立即回复你的信件

发信者通常会期盼所传送出去的邮件，能够让对方赶快阅读、处理，以及回复。我们不要对他人回复信件的时效性做过分期许。

当他人误送邮件给你时，尽可能代为传递或通知原寄送人，忽视或去除他人给自己的电子邮件而不回复者，都是不好的网际行为，因为发信人通常会焦虑地等待回信，甚或怀疑信件是否到达了该去的地方？如果收信者能从信件内容看出正确的收信者，应迅速转送出去。若无法辨认，也应即刻回复发信人并简单解释传送的错误。在网际空间中，要有宽容互助的心胸，原谅别人无心的错误并热心协助。

2．情绪高涨时避免立即回复讯息

人们习惯于面对面的口语传播，脸部表情与身体语言都会辅助沟通的效益。然而，使用电子邮件沟通却缺乏这些看得到或听得到的辅助，极易造成误解。有很多的字句在日常口语沟通时并不会冒犯他人，例如有人以"三字经"作为见面时打招呼的口头禅，但若将其写入邮件传送给不明就理的人，恐怕将引起不可预期的纷争。当来信引发个人情绪高涨时，此时应等心情平静后再看一遍，恢复正常理智时，解读信件内容的方式或许全然不同。

3．谨慎处理恶意中伤的邮件

在网际空间中，恶意中伤或会引起争端的邮件通常被称之为"Flames"。对于 Flames 的处理要非常谨慎，以避免中计而造成连锁反应的污蔑行为。应付 Flames 最好的方法为：忽视它！离开屏幕继续过着自己正常而理性的生活。

4．阅读信件时应设法厘清建议与意见

如同撰写传送邮件时须注意厘清建议与意见一般，阅读他人邮寄来的信件也须注意这项原则。详细辨明来信到底只是表达看法、反应需求还是提出方案、鼓吹行动？如此，才

能适当地回复来信。

5. 避免非相关主题性的言语

网际空间具有"八卦"传播与闲聊的特性，切勿让自己无心的言论变成他人嘲弄或攻击的话题。因此，回复他人建议与意见时，必须扣紧主题，并提出相关的实证予以说明，尽量避免非相关主题的言论涉入回复信函的内容中。此外，要回复他人信件时，请使用"Reply"的功能，不要另起标题而造成对方的混淆。

6. 将同一主题的所有后续意见阅读完毕，再回复自己的意见

在回复某一特定信函之前，请先阅读所有已回复该信的内容，也许你原定的回复内容已有十个人讲过相同的意见。若真如此，只需轻描淡写地表达即可，无须重复大家已觉厌烦的意见。在网际空间中，长篇大论往往不会引发他人阅读的兴趣，反而是那些精简有力的言论会吸引群众。

7. 确认将要回复的对象是谁

在网际空间中进行公众事务的讨论时，请再三思考虑回复的对象到底是谁？有必要将自己的意见广播吗？或许，只须回复意见给发信者，并加注说明："如果你觉得有必要将这个意见广播给大家，敬请传送无妨！署名"。署名代表着回复者对其言论负责的态度，也让回复者因其精辟的言论有所赞誉回馈。

8. 切勿在未经同意前，将他人信函转送给第三者

若要把他人的来函转送给第三者之前，要先征询来信者的同意，否则犯了网络礼仪的大忌！对来信者而言，邮件内容是针对收信者所撰写的私人信函，不见得适合他人阅读。

9. 考虑替代性的沟通管道

回复电子信件前，再思考一下：为何不拿起电话与对方聊聊或约个时间当面签署？别忘了，电子邮件的沟通缺乏太多人类熟悉的沟通辅助（如表情、肢体语言等）。见面三分情，即使是使用电话，状况也会完全不一样的，更何况目前太多的人都是以非自己母语的英文进行电子邮件沟通，误解与纠纷自然在所难免。最后，要提醒所有新新的计算机族群们，当你们成为优秀的好国民时，千万要遵守因特网的礼仪，不要认为在计算机的世界里，没有人可以看见你，就可以为所欲为哦！

三、收发传真礼仪

（一）收发传真时的礼仪

传真机是远程通信方面的重要工具，因其方便快捷，在商务活动中使用越来越多，可部分取代邮递服务。起草传真时应做到简明扼要，文明有礼。

（1）在发传真之前，商务人员应先打电话通知对方。

（2）在收到他人的传真后，商务人员应当在第一时间内采用适当的方式告知对方。需要办理或者转交，转送他人发送的传真时切不可拖延时间，耽误对方的要事。

（3）书写传真件时，在语气和行文风格上，应做到清楚，简洁，且有礼貌。传真信件

时必须用写信的礼仪，如称呼、签字、敬语等均不可缺少，尤其是信尾签字不可忽略，这不仅是礼貌问题，而且只有签字才代表这封信函是发信者同意的。

（二）收发传真的注意事项

（1）传真的完整性。在发送传真时，应检查是否注明了本公司的名称、发送人姓名、发送时间以及自己的联络电话。同样地，应为对方写明收传真人的姓名、所在公司、部门等信息。所有的注释均应写在传真内容的上方，可以参考以下规范格式。

（2）传真的清晰度。发送传真时应尽量使用清晰的原件，避免发送后出现内容看不清楚的情况。

（3）传真内容的限制。传真一般不适用于页数较多的文件，成本较高，且占用传真机时间过长也会影响其他工作人员的使用。

（4）传真的使用时间。如果没有得到对方的允许，不要将发送时间设定在下班后，这是非常不礼貌的行为。

（5）关于回复问题。如果传真机设定在自动接受的状态，发送方应尽快通过其他方式与收件人取得联系，确认其是否收到传真。收到传真的一方也应给予及时回复，避免因任何的疏漏造成传真丢失。在重要的商务沟通中，任何信息丢失都可能造成时间的延误甚至影响到合作业务的成败，这样的细节不可轻视。

四、商务信函礼仪

（一）商务信函的一般礼仪要求

1．称呼

称呼表明发信函者与收信函者之间的关系，要求在第一行顶格写，称谓要使用礼貌用语，并加上冒号，表示下面有话要说。

2．正文

正文是信函的主要内容。通常正文包括以下内容。

（1）问候语：正文通常以问候语开头，这是一种礼节礼貌。

（2）起始语：是在正文开始之前的引子。

（3）正文的主体：这是发信函者要书写的中心内容，一要真诚，二要得体，三要简洁，四表述要准确。

（4）结束语：通常是总结全篇，表达书写者的情感和意图等。

（5）祝颂语：是对对方的一种祝福、祈愿，可分一般祝颂语和特殊祝颂语。

3．署名与日期

署名和日期一般都写在祝颂语下一行末端处。署名占一行，日期另起一行，在末端处紧接上一行署名下书写。署名也有谦称、敬称等。

4．信封

中国的信封由国家统一标准、统一格式。信封上的内容包括收信人的邮政编码、收信

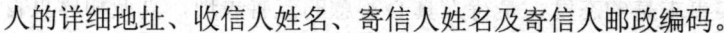

人的详细地址、收信人姓名、寄信人姓名及寄信人邮政编码。

（二）商务信函的礼仪规则

商务信函的礼仪规则重要包括：格式正确、称谓得体、内容得当、语言规范、结尾讲究、仔细审校等。

第三节　往来礼仪

交往礼仪是社会成员在相互往来中的行为规范与待人处世的准则。在我们的社会中，良好的人际关系是以集体主义为指导的相互服务的关系、竞争合作的关系、团结和谐的关系。交往礼仪的基本要求包括：团结友爱、诚实守信、平等互尊和互利互助。

一、交往礼仪的基本特征

通常，交往礼仪的基本特征主要有以下几个。

（1）礼仪具有普遍性。在任何国家，任何场合，任何人际交往中，体现个人（国家）的素质，所以人们都必须自觉地遵守礼仪。

（2）规范性。讲究礼仪，必须采用标准化的表现形式才会获得广泛的认可。

（3）对象性。在面对各自不同的交往对象，或在不同领域内进行不同类型的人际交往时，往往需要讲究不同类型的礼仪。

（4）可操作性。在具体运用礼仪时，"有所为"与"有所不为"都有各自具体的、明确的、可操作的方式与方法。

（5）有丰富性，每个国家都有都有不同的文化，所以有不同的礼仪。

二、交往礼仪的类型

通常，交往礼仪的类型主要有以下几个。

（1）日常交往礼仪：见面礼仪、交谈礼仪、电话礼仪等。

（2）不同场合礼仪：做客与待客礼仪、进餐礼仪、公共场所礼仪、习俗礼仪等。

（3）涉外礼仪。

三、礼仪原则

在社交场合中，如何运用社交礼仪，怎样才能发挥礼仪应有的效应，怎样创造最佳人际关系状态，这同遵守礼仪原则密切相关。

（一）真诚尊重的原则

真诚尊重是礼仪的首要原则，只有真诚待人才是尊重他人，只有真诚尊重，方能创造和谐愉快的人际关系，真诚和尊重是相辅相成的。

真诚是对人对事的一种实事求是的态度，是待人真心实意的友善表现，真诚和尊重首先表现为对人不说谎、不虚伪、不骗人、不侮辱人。另外，真诚表现为对于他人的正确认识，相信他人、尊重他人，所谓心底无私天地宽，真诚的奉献，才有丰硕的收获，只有真诚尊重方能使双方心心相印，友谊地久天长。

（二）平等适度的原则

在社交场上，礼仪行为总是表现为双方的，给对方施礼，自然对方也会相应地还礼于你，这种礼仪施行必须讲究平等的原则，平等是人与人交往时建立情感的基础，是保持良好的人际关系的诀窍。平等在交往中，表现为不要骄狂，不要我行我素，不要自以为是，不要厚此薄彼，更不要傲视一切，目空无人，更不能以貌取人，或以职业、地位、权势压人，而是应该处处时时平等谦虚待人，唯有此，才能结交更多的朋友。

适度原则即交往应把握礼仪分寸，根据具体情况、具体情境而行使相应的礼仪，如在与人交往时，既要彬彬有礼，又不能低三下四；既要热情大方，又不能轻浮谄谀；要自尊却不能自负；要坦诚但不能粗鲁；要信人但不能轻信；要活泼但不能轻浮；要谦虚但不能拘谨；要老练持重但又不能圆滑世故。

（三）自信自律原则

自信的原则是社交场合中一个心理健康的原则，唯有对自己充满信心，才能如鱼得水，得心应手。自信是社交场合中一份很可贵的心理素质。一个有充分自信心的人，才能在交往中不卑不亢、落落大方，遇到强者不自惭，遇到艰难不气馁，遇到侮辱敢于挺身反击，遇到弱者会伸出援助之手；一个缺乏自信的人，就会处处碰壁，甚至落花流水。

自信但不能自负，自以为了不起、一贯自信的人，往往就会走向自负的极端，凡事自以为是，不尊重他人，甚至强人所难。那么如何剔除人际交往中自负的劣根性呢？自律原则正是正确处理好自信与自负的又一原则。自律乃自我约束的原则。在社会交往过程中，在心中树立起一种内心的道德信念和行为修养准则，以此来约束自己的行为，严以律己，实现自我教育，自我管理，摆正自信的天平，既不必前怕虎后怕狼的缺少信心，又不能凡事自以为是而自负高傲。

（四）信用宽容的原则

信用即就讲究信誉的原则。孔子曾有言："民无信不立，与朋友交，言而有信。"强调的正是守信用的原则。守信是我们中华民族的美德，在社交场合，尤其讲究一是要守时，与人约定时间的约会，会见、会谈、会议等，决不应拖延迟到。二是要守约，即与人签订的协议、约定和口头答应他人的事一定要说到做到，所谓言必信，行必果。故在社交场合，如没有十分的把握就不要轻易许诺他人，许诺做不到，反落了个不守信的恶名，从此会永远失信于人。

宽容的原则即与人为善的原则。在社交场合，宽容是一种较高的境界，《大英百科全书》对"宽容"下了这样一个定义："宽容即容许别人有行动和判断的自由，对不同于自己或传统观点的见解的耐心公正的容忍。"

宽容是人类一种伟大思想，在人际交往中，宽容的思想是创造和谐人际关系的法宝。

宽容他人、理解他人、体谅他人，千万不要求全责备、斤斤计较，甚至咄咄逼人。总而言之，站在对方的立场去考虑一切，是你争取朋友的最好方法。

四、商务往来中的交际礼仪

在现代商品经济和市场经济中，商务往来是司空见惯的事情，所以，我们每一个人都应该了解和学习一些商务往来中的礼仪知识。但是，商务活动的内容极其丰富，涉及的范围也十分宽广，商务活动中的礼仪知识是非常多的，并且各个国家也还有各自的特殊礼仪要求。这里只就一般性的、最常用的、国际通行的一些礼仪知识做些简要的介绍。

第一，在初次商务活动中，必须深入了解对方。这里所说的商务往来，不是指一般的商业零售活动，而是指商务活动中的批发商与销售商、商场、商店和商业公司与生产企业或公司间的买卖活动。了解对方的方式很多，如交谈、询问、调查、查找有关资料、实地考察、通过有关部门查询等。通过这些方式，掌握对方目前的经营状况、信誉程度、地理位置、交通状况、发展潜力、发展规则等。对商家来说，还要特别注意了解厂家的产品质量、花色品种、成本情况以及数量等。

第二，商务洽谈中，必须按章办事，千万不可感情用事。有些人认为是认识的人、了解的人，或是老同事、老部下、老上级、老朋友、老相识，邻居、乡亲或者是经过熟悉人介绍、引荐来的，就有求必应，满口承诺，不好意思拒绝，也不好意思提出一些条件，更不好意思提出签订合约之类的事情。这些都是感情用事的表现。商务洽谈中所涉及的一切实质内容，必须从商业活动的实际出发，该怎么办，就怎么办，不能迁就，不能简单从事，更不能图省事而简化手续。洽谈之前要做好准备，有关的资料要预备齐全，在一些关键问题上，必须反复思考成熟，细节问题也不能忽略。在商务活动中，不要崇洋媚外，也不能轻信漂亮的言辞，一切以事实为根据按规律进行。

第三，商务进行过程中，必须按约办事，信守承诺。如果遇到重大突发事件，必须更改合约时，要事前与对方协商，取得对方的同意，最好要有书面材料或文字为据。信誉是商务活动的核心，也是商务往来中礼仪修养的关键点。要树立信誉高于一切的观念，宁可赔本，也要坚守信誉，只要信誉在，这次亏了本，下次就有可能赚回来，或许还会赚得更多。如果失去了信誉，在短时间里是无法再重新树立起来的。所以，商务活动中的信誉比赚钱更重要。

第四，商务活动中必须严格遵守时间。进行商务谈判时，按照事前约定的时间，必须准时到达洽谈地点。这可是分秒必争的事，千万不能马虎。在商务进行过程中，时间观念必须恪守不移，什么时间发货，什么时间付款，必须按照合同规定严格遵守，不得以任何理由拖延。万一出现特殊情况，货或款要拖延几天，就要主动要求按照合同规定接受罚款处理或赔偿。

第五，文明经商是商务活动中的又一个重要问题。当然，文明经商有广义和狭义之分，广义包括的内容很宽，这里主要指狭义而言，即举止文雅、行为文明、语言得体。

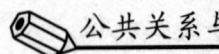

第四节 介绍礼仪

一般本着"尊者优先"的原则，先将职位低的人介绍给职位高的人，先把男士介绍给女士，先把晚辈介绍给长辈，先把未婚者介绍给已婚者。

一、名片礼仪

在人际交往中，名片是一种经过设计、能表示自己身份、便于交往和开展工作的卡片，名片不仅可以用作自我介绍，而且还可用作祝贺、答谢、拜访、慰问、赠礼附言、备忘、访客留话等。

（一）名片的内容与分类

名片的基本内容一般有姓名、工作单位、职务、职称、通讯地址等。一般情况下，名片可分两类。

（1）交际类名片。除基本内容之外，还可以印上组织的徽标，或可在中文下面用英文写，或在背面用英文写，便于与外国人交往。

（2）公关类名片。公关类名片可在正面介绍自己，背面介绍组织，或宣传经营范围，公关类的名片有广告效应，使组织收到更大的社会效益和经济效益。

（二）名片的设计

名片的语言一般以简明清晰、实事求是，传递个人的基本情况，从而达到彼此交际的目的。名片使用"三不准"：名片不得随意涂改；不准提供两个以上的头衔；一般不提供私人联络方式。

（三）名片的放置

一般说来，把自己的名片放于容易拿出的地方，不要将它与杂物混在一起，以免要用时手忙脚乱，甚至拿不出来；若穿西装，宜将名片置于左上方口袋；若有手提包，可放于包内伸手可得的部位。不要把名片放在皮夹内，工作证内，甚至裤袋内，这是一种很失礼的行为。另外，不要把别人的名片与自己的名片放在一起，否则，一旦慌乱中误将他人的名片当作自己的名片送给对方，这是非常糟糕的。

（四）出示名片的礼节

（1）出示名片的顺序。一般是地位低的人先向地位高的人递名片，男性先向女性递名片。当对方不止一人时，应先将名片递给职务较高或年龄较大者；或者由近至远处递，依次进行，切勿跳跃式地进行，以免对方误认为有厚此薄彼之感。

（2）出示名片的礼节。向对方递送名片时，应面带微笑，稍欠身，注视对方，将名片正对着对方，用双手的拇指和食指分别持握名片上端的两角送给对方，如果是坐着的，应当起立或欠身递送，递送时可以说一些："我是××，这是我的名片，请笑纳。""我的名片，请你收下。""这是我的名片，请多关照。"之类的客气话。在递名片时，切忌目光游移或漫不经心。出示名片还应把握好时机。当初次相识，自我介绍或别人为你介绍时可出示名片；当双方谈得较融洽，表示愿意建立联系时就应出示名片；当双方告辞时，可顺手取出自己的名片递给对方，以示愿结识对方并希望能再次相见，这样可加深对方对你的印象。

（五）接受名片的礼节

接受他人递过来的名片时，应尽快起身或欠身，面带微笑，用双手的拇指和食指接住名片的下方两角，态度也要毕恭毕敬，使对方感到你对名片很感兴趣，接到名片时要认真地看一下，可以说："谢谢！""能得到您的名片，真是十分荣幸"等等。然后郑重地放入自己的口袋、名片夹或其他稳妥的地方。切忌接过对方的名片一眼不看就随手放在一边，也不要在手中随意玩弄，不要随便拎在手上，不要拿在手中搓来搓去，否则会伤害对方的自尊，影响彼此的交往。

（六）名片交换的注意点

通常，交换名片应注意以下几点。

（1）与西方、中东、印度等外国人交换名片只用右手就可以了，与日本人交换用双手。

（2）当对方递给你名片之后，如果自己没有名片或没带名片，应当首先对对方表示歉意，再如实说明理由。如："很抱歉，我没有名片""对不起，今天我带的名片用完了，过几天我会亲自寄一张给您的"。

（3）向他人索要名片最好不要直来直去，可委婉索要。

二、行进礼仪

（一）单独行进礼仪

当与客人单行行进即一条线行进时，标准的原则是前方高于后方，以前方为上。如果没有特殊情况，应该让客人在前面行进。

（二）并行行进礼仪

通常，并行行进礼仪主要包括以下内容。

（1）与客人同行，应该让客人走在中央或者走在内侧。

（2）一位男士与两位或两位以上的女士同行，男士应走在外侧。

（3）两位男士与一位女士同行，应该让女士走在中间。

（4）夫妇二人陪同长辈外出，丈夫应走在外侧，长辈居中，妻子走在内侧。

（5）在车辆较多或路灯昏暗的地方，走在外侧的一方应先行几步，提醒并照顾他人。

（三）上下楼梯行进礼仪

通常，上下楼梯行进礼仪包括以下内容。

（1）上下楼梯均应靠右单行行走，不应多人或并排行走。

（2）为人带路上下楼梯时，应走在前面。

（3）上下楼梯时，不应进行交谈，更不应站在楼梯上或楼梯拐弯处进行深谈，以免有碍他人通过。

（4）男性与长者、异性一起上下楼梯时，如果楼梯过陡，应主动走在前面，以防对方有闪失。

上下楼梯时，既要注意楼梯，又要注意与身前、身后的人保持一定距离，以防发生意外，上下楼梯时，应注意姿势、速度。不管自己有多么急的事情，都不应推挤他人，也不要快速奔跑。

三、接待扎仪

通常，接待礼仪包括以下内容。

（1）上级来访，接待要周到。对领导交代的工作要认真听、记；领导了解情况，要如实回答；如领导是来慰问，要表示诚挚的谢意。领导告辞时，要起身相送，互道"再见"。

（2）下级来访，接待要亲切热情。除遵照一般来客礼节接待外，对反映的问题要认真听取，一时解答不了的要客气地回复。来访结束后，要起身相送。

四、引见时的礼仪

到办公室来的客人与领导见面，通常由办公室的工作人员引见、介绍。在引导客人去领导办公室的路途中，工作人员要走在客人左前方数步远的位置，忌把背影留给客人。在陪同客人去见领导的这段时间内，不要只顾闷头走路，可以随机讲一些得体的话或介绍一下本单位的大概情况。

在进领导办公室之前，要先轻轻叩门，得到允许后方可进入，切不可贸然闯入，叩门时应用手指关节轻叩，不可用力拍打。进入房间后，应先向房里的领导点头致意，再把客人介绍给领导，介绍时要注意措辞，应用手示意，但不可用手指指着对方。介绍的顺序一般是把身份低、年纪轻的介绍给身份高、年纪大的；把男同志介绍给女同志；如果有好几位客人同时来访，就要按照职务的高低，按顺序介绍。

介绍完毕走出房间时应自然、大方，保持较好的行姿，出门后应回身轻轻把门带上。

五、会议礼仪

通常，会议的通用礼仪主要有以下几点。

（1）发放会议通知时应阐明日期。

（2）拟发好会议通知。会议通知必须写明开会时间、开会地点、会议主题及参加者等内容。要提前一定的时间发通知，以便使参加者有所准备。

（3）安排好会场。会场的大小，要根据会议内容和参加者的多少而定。如果会场不易寻找，应在会场附近安设路标以作指点。

（4）开会的时间宜紧凑。开"马拉松"式的长会，往往上面在作长篇报告，下面却在交头接耳呵欠不断。所以，"短小精悍"，有效地利用时间，讨论实质性的问题，应视为开会礼仪中十分重要的一条。

（5）迎送礼仪。凡是一些大型或中型会议，对会议参加者要认真做好迎送工作。一般应在会前组成一个会务组，专门处理有关问题。

第五节　商务交谈的礼仪和技巧

在职场上，无论是推销、演讲、谈判，还是一般性的交际，都要通过交谈来打动别人，善于沟通的人，生意场上顺利，交际场上得心应手。但一定要注意谈吐的优雅，如果不注重提高个人素养，即使说得再多，也会大打折扣。优雅的谈吐和沟通的礼节体现着一个人的文化修养。

一、商务沟通礼仪

（一）尊重对方，谅解对方

在商务交流活动中，只有尊重对方，理解对方，才能赢得对方感情上的接近，从而获得对方的尊重和信任。因此，在交谈之前，应当调查研究对方的心理状态，考虑和选择令对方容易接受的方法和态度；了解对方讲话的习惯、文化程度、生活阅历等因素对沟通可能造成的种种影响。做到多手准备，有的放矢。交谈时应当意识到，说和听是相互的、平等的，双方发言时都要掌握各自所占有的时间，不能出现一方独霸的局面。

（二）及时肯定对方

在沟通过程中，当双方的观点出现类似或基本一致的情况时，您应当迅速抓住时机，用溢美的言词，中肯地肯定这些共同点。赞同、肯定的语言在交谈中常常会产生异乎寻常的积极作用。当交谈一方适时中肯地确认另一方的观点之后，会使整个沟通气氛变得活跃、和谐起来，陌生的双方从众多差异中开始产生了一致感，进而十分微妙地将心理距离接近。当对方赞同或肯定我方的意见和观点时，我方应以动作、语言进行反馈交流。这种有来有往的双向交流，易于双方谈判人员感情融洽，从而为达成一致协议奠定良好基础。

（三）态度和气，语言得体

交谈时要自然，要充满自信。态度要和气，语言表达要得体。手势不要过多，谈话距离要适当，内容一般不要涉及不愉快的事情。

（四）注意语速、语调和音量

在交谈中语速、语调和音量对意思的表达有比较大的影响。交谈中陈述意见要尽量做到平稳中速。在特定的场合下，可以通过改变语速来引起对方的注意，加强表达的效果。一般问题的阐述应使用正常的语调，保持能让对方清晰听见而不引起反感的高低适中的音量。

二、商务交谈技巧

通常，商务交谈技巧主要有以下几个。

（一）破冰小话题

沟通虽是双向的，但对于两个不熟悉甚至完全陌生的人要进行沟通，直接切入主题肯定给人感觉是不好的，这个时候，就应该准备一个破冰的小话题。可以是问候、热点甚至天气。不需要多么新颖的内容，却能让对方放松，身心愉悦，这样的沟通也会更愉快滴。

（二）消息"小灵通"

每天关注一下时事动态、热门话题或者热点，让自己与时俱进。这样不仅能避免交谈时的尴尬，而且对方说不定还会觉得你见多识广，更愿意与你交谈。但需注意的是，千万不要装出一副我什么都懂的样子和态度，适得其反就糟糕了。

（三）照顾他人兴趣

在交谈或者以后的工作中，可能一个小小的细节就可以让对方对你产生"好感"。所以我们要学会把注意力转移到别人身上，谈谈对方感兴趣的话题或者适时地为对方服务一下，这不是卑躬屈膝，反而会让对方产生交谈的欲望，因为和你说话很舒服。

（四）不要轻易打断别人说话

如果换位思考，当你说话时被别人无礼地打断，你也会失去继续说下去的兴趣。所以在别人说话时我们不要随便介入，也不要习惯接话。如果当你必须要告诉对方某件事情的时候，你可以礼貌的插话："不好意思，打断您一下"。

（五）学会聆听

一个会聆听、善于聆听的人周围的朋友也会很多，对方愿意把一些事情告诉你。当然，聆听也不是说一昧的安静，而是适当说有建设性的话。我们应该注意对方的表情、动作，适时对对方的话表示肯定、发表意见或者做下总结。这样会让对方有继续说下去的动力，也会觉得受到尊重。

（六）说话前认真思考

我们应该默想一遍我们的话，说出来是否合适，是否符合对方的性格或者兴趣。避免谈及隐私和对方不愿提及的事情。

案例及案例评析

【案例 11-1】

某市文化单位计划兴建一座影剧院。一天，公司经理正在办公，家具公司李经理上门推销座椅。一进门便说："哇！好气派。我很少看见这么漂亮的办公室。如果我也有一间这样的办公室，我这一生的心愿就满足了。"李经理就这样开始了他的谈话。然后他又摸了摸办公椅扶手说："这不是香山红木么？难得一见的上等木料呀。"

"是吗？"王经理的自豪感油然而生，接着说："我这整个办公室是请深圳装潢厂家装修的。"于是亲自带着李经理参观了整个办公室，介绍了计算比例、装修材料、色彩调配，兴致勃勃、自我满足，溢于言表。

如此，李经理自然可拿到王经理签字的座椅订购合同。同时，互相都得到一种满足。

评析：在商务谈判中应注意语言的表达技巧。礼节性的交际语言可以很好的增进谈判双方的了解、沟通感情、融洽友好气氛。而专业性的语言体现了谈判者措辞的严谨性、规范性、专业性，赢得他人的好感，体现自身的能力。李经理对王经理办公室的赞美，赢得了王经理的好感，同时是谈判气氛非常融洽。王经理对办公室的夸奖，既有赞美，同时也体现了自己对家具知识的了解。双方成功签订协议，都获得了自身的满足，是成功的社交事件。

【评析】

在商务谈判中应注意语言的表达技巧。礼节性的交际语言可以很好地增进谈判双方的了解、沟通感情、融洽友好气氛。而专业性的语言体现了谈判者措辞的严谨性、规范性、专业性，赢得他人的好感，体现自身的能力。李经理对王经理办公室的赞美，赢得了王经理的好感，同时是谈判气氛非常融洽。王经理对办公室的夸奖，既有赞美，同时也体现了自己对家具知识的了解。双方成功签订协议，都获得了自身的满足，是成功的社交事件。

【案例 11-2】

王小杰忽然接到同学张忻的电话，问他什么时候来参加自己的生日聚会，这时王小杰才想起自己答应下今晚参加他的生日聚会。于是匆匆忙忙赶到聚会地点，发现来的人很多，有一些相识的同学，但也有很多不认识的人。王小杰一整天在外奔波，衣服穿得很随便，加之连日来事情很多，脸上也满是疲惫之色。当王小杰随随便便，拖着有些疲惫的步子走进聚会厅时，看到别人都衣着光鲜，神采飞扬，不觉心里有点不快，后悔自己勉强过来参加聚会，所以脸色更是难看，没有一点笑容。张忻过来招呼王小杰，王小杰勉强表达了祝福，便坐在一旁喝了几杯啤酒，也不想与人寒暄，坐了一会便又借故离开了。

【评析】

在面对赴宴时，要注重赴宴礼仪。在接受他人邀请后，如因故不能出席，应深致歉意，或登门致歉。作为宾客，应略早到达为好，且应在参加前做好仪容准备工作。席间交谈应与主人和同桌亲切交谈。告辞时间不宜过早。而王小杰在劳累时不应该勉强出席。而后，他匆忙赶到聚会厅，且衣着随意，显示出他对宴会的不重视。在宴会中，面无笑容，且提前离开都显示出他的不礼貌。既影响自己的心情，让自己过于疲惫，又影响他人心情。是失败的社交事件。

思考题

1. 商务交往中如何使用沟通技巧达到良好沟通的效果？
2. 职场交谈的忌语有哪些？
3. 介绍他人的时候应注意些什么问题？
4. 介绍的先后顺序是什么样的？
5. 握手的顺序是什么样的？
6. 握手时的忌讳有哪些？
7. 什么是名片使用"三不准"？
8. 名片的交换应注意哪些问题？
9. 接听电话有哪些注意事项？
10. 使用手机的注意事项？

实务培训

任务一：情景模拟——介绍、握手、名片礼仪

1. 地点
机场

2. 人物（角色安排）
张经理：张力也饰

经理助理：张熙柠饰

A 品牌销售经理：张晓彤饰

B 品牌销售经理：于瑶饰

旁白：张志宁

摄像：张义

事件背景：在机场张经理与助理去接 A、B 品牌的销售助理（分别是张晓彤与于瑶），展开一系列的对话，涉及礼义有握手座次等。

任务二：通信礼仪

项目 1：电话（手机）使用模拟训练
实训类型：单项训练

实训目的：掌握使用电话（手机）的礼仪，强化电话礼仪规范。

实训内容：

（1）双方第一次进行业务联系；

（2）下级向上级通过电话汇报工作；

（3）正在与客户交谈时电话震动提示有来电；

（4）在电影院看电影时必须接听一个十分重要的来电。

实训要求： 让学生掌握使用电话（手机）的礼仪。

项目2：手机短信的使用

实训类型：单项训练

实训目的：掌握手机短信的礼仪。

实训内容：模拟各种情形进行手机短信的发送和回复，掌握手机短信的礼仪。

实训要求： 要求学生在日常生活中能应用手机礼仪。

第十二章　商务仪式礼仪

【本章导读】

本章主要从开业礼仪、剪彩仪式礼仪和签约礼仪三方面介绍了商务仪式礼仪，主要介绍了开业仪式的概念、作用、筹备过程与运作等；剪彩仪式的程序和规范标准；签约仪式的准备工作与具体程序等。

【本章目标】

➢　掌握商务开业庆典礼仪
➢　掌握剪彩礼仪的准备、选定、程序和规范标准
➢　了解签字的种类及其人员确定
➢　掌握签字之前的筹备和签约仪式的程序

第一节　商务开业庆典礼仪

开业庆典（又称开张庆典）主要为商业性活动，小到店面开张，大到酒店、超市商场等的商务活动，开业庆典不只是一个简单的程序化庆典活动，而是一个经济实体、形象广告的第一步。它标志着一个经济实体的成立，昭示着社会各界人士——它已经站在了经济角逐的起跑线上。开业庆典的规模与气氛，代表了一个工商企业的风范与实力。公司通过开业庆典的宣传，告诉世人，在庞大的社会经济肌体里，又增加了一个鲜活的商业细胞。

从客观上来看，一个单位的开业庆典，就是这个单位的经济实力与社会地位的充分展示。从来宾出席情况到庆典氛围的营造，以及庆典活动的整体效果，都会给人一个侧面的诠释。一般来说，人们习惯用对比的方法来看待开业庆典，比如某商场举行开业庆典，人们首先想到的是，与其同等规模的其他商场开业时的情形，对比之下，人们会对新开业的商场持有一种看法，也就是认知程度的问题，如果印象比较好，对商场信赖程度就会提高，无形之中成为一种潜在的顾客。

开业庆典是一个经济实体的外貌，形象树立如何走好关键的第一步尤为重要，要迈好这第一步，庆典仪式方案及与之相关的庆典道具运用，无疑是挂"帅"点"将"，十分重要！同时，开业庆典也是中国人的一项传统风俗，从沿海到内陆都有着同样的风俗，认为开业庆典能给之后的活动带来好运。

一、开业庆典的作用

通常，开业仪式的作用主要有以下几个。

（1）有助于塑造出本单位的良好形象，提高本单位的知名度和美誉度。

（2）有助于扩大社会影响，吸引社会各界的重视和关心。

（3）有助于将本单位建成广而告之，为自己招揽顾客。

（4）有助于让支持自己的社会各界一同分享自己的喜悦，进而为今后合作奠定基础。

（5）有助于增加单位员工的自豪感和责任心，从而为自己的创造良好的开端和开创新的起点。

二、流程及筹备:

（一）指导原则

筹备开业仪式，要遵循"热烈""节俭"与"缜密"三原则。

（二）筹备工作

筹备开业仪式时，对于舆论宣传、来宾邀请、场地布置、接待服务、礼品馈赠和程序拟定等六个方面的工作。

1．舆论宣传

开业庆典最终的目标是什么要达到什么效果。类似引起消费者的注意，得到消费者的认可或提供知名度、美誉度，树立良好的企业形象，为以后的壮大做基础。开业庆典需要围绕一个什么样的主题？只有确定好了开业庆典才能有一个好的方向去通过宣传，扩大企业知名度。

2．来宾邀请

开业庆典的宾客邀请：一般有政府领导、上级领导、部门的负责人、新闻媒体记者、业内相关行业的一些权威人士等。至于邀请的方式既可以电话邀请，还可以发传真，当然发邀请函或当面邀请最能体现您的诚意了。

3．场地布置

开业庆典场地的选择也很重要。一般开业庆典活动的地点在公司企业所在的地方，目标客户集中所在的或者一个大型的会议场所。同时场地的规模大小需要根据参加开业庆典的人员而定，其他的关于交通、停车位、场地的环境布置也很重要烘托出喜庆的热烈气氛。

开业庆典的开业时间选择也是我们需要考虑好的。需要善于利用节假日借机宣传，同时需要考虑天气情况和周围居民的生活习惯，过早或过晚而扰民，值得注意的是千万不要在忌讳的日子里举办开业庆典。

4．接待服务

在举行开业仪式的现场，一定要有专人负责来宾的接待服务工作。除了要教育本公司的全体员工在来宾的面前，人人都要以主人翁的身份热情待客，有求必应，主动相助之外，更重要的是分工负责，各尽其职。在接待贵宾时，需由本公司主要负责人亲自出面。在接待其他来宾时，则可由本公司的礼仪小姐负责此事。若来宾须为来宾准备好专用的停车场、休息室，并应为其安排饮食。

5. 礼品馈赠

举行开业仪式时赠予来宾的礼品，一般属于宣传性传播媒介的范畴之内。若能选择得当，必定会产生良好的效果。根据常规，向来宾赠送的礼品，可选用本公司的产品，也可在礼品及其包包装上印有本公司的企业标志、广告用语、产品图案、开业日期等等。礼品应具有如下四大特征：宣传性、荣誉性、独特性、便携性。

6. 程序拟定

需要组建一个庆典策划分配团队协调办事，分清在开业庆典中各自的职责。负责制定庆典的仪式流程安排等各项事宜。

三、开业典礼的运作

（一）开幕仪式

开幕仪式是商务人士平日接触最多的一种仪式，通常它是指公司、企业、宾馆、商店、银行正式启用之前，或是各类商品的展示会、博览会、订货会正式开始之前，所正式举行的相关仪式。开幕仪式的地点一般选择在门前广场、展厅门前、室内大厅等较为宽敞的活动空间。

（二）开工仪式

开工仪式是指工厂准备正式开始生产产品前所专门举行的庆祝性、纪念性活动。

（三）奠基仪式

奠基仪式是各类开业仪式的形式之一，通常是一些重要的建筑物，比如大厦、场馆、亭台、楼阁、园林、纪念碑等等，在动工修建之初，所正式举行的庆贺性活动。

奠基仪式的程序大体上共分为以下五项。

第一项，仪式正式开始，介绍来宾，全体起立。

第二项，奏国歌。

第三项，主人对该建筑物的功能以及规划设计进行简介。

第四项，来宾致辞道喜。

第五项，正式进行奠基。此时，应锣鼓喧天，或演奏喜庆乐曲。首先由奠基人双手持握系有红绸的新锹为奠基石培土。随后，再由主人与其他嘉宾依次为之培土。

第二节　商务剪彩仪式礼仪

商务剪彩仪式指的是商界的有关单位，为了庆贺公司的设立、企业的开工、宾馆的落成、商店的开张、银行的开业、大型建筑物的启用、道路或航线的开通、展销会或展览会的开幕等等，而隆重举行的一项礼仪性程序。

在一般情况下，在各式各样的开业仪式上，剪彩都是一项极其重要的、不可或缺的程序。尽管它往往也可以被单独地分离出来，独立成项，但是在更多的时候，它是附属于开业仪式的。这是剪彩仪式的重要特征之一。 剪彩仪式上有众多的惯例、规则必须遵守，其具体的程序亦有一定的要求。

一、剪彩仪式的准备

剪彩的准备必须一丝不苟，与开业典礼的准备工作大同小异，涉及场地的布置、环境的卫生、灯光与音响的准备、媒体的邀请、人员的培训等等。在准备这些方面时，必须认真细致，精益求精，这自不待言。 除此之外，尤其对剪彩仪式上所需使用的某些特殊用具，诸如红色缎带、新剪刀、白色薄纱手套、托盘以及红色地毯，仔细地进行选择与准备。

二、剪彩人员的选定

（一）剪彩者

剪彩者一般不应多于 5 人。剪彩者一般是上级领导、主管部门负责人，或是某一方面的知名人士来担任。若是邀请几位剪彩者一起剪彩时，应事先征求每位剪彩者的意见，得到同意后才能正式确定下来。否则，对剪彩者是失礼的，甚至会闹出误会，把剪彩气氛弄僵。剪彩者的站位如图 12-1 所示。

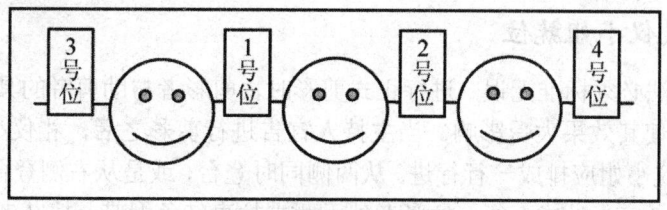

1、2、3、4 分别代表剪彩者的站位

图 12-1 剪彩者的站位

（二）助剪者

助剪者多由东道主一方的女职员担任。现在，人们对她们的常规称呼是礼仪小姐。具体而言，在剪彩仪式上服务的礼仪小姐，又可以分为迎宾者、引导者、服务者、拉彩者、捧花者、托盘者。

迎宾者的任务，是在活动现场负责迎来送往。引导者的任务，是在进行剪彩时负责带领剪彩者登台或退场。服务者的任务，是为来宾尤其是剪彩者提供饮料，安排休息之处。拉彩者的任务，是在剪彩时展开、拉直红色缎带。捧花者的任务则在剪彩时手托花团。托盘者的任务，则是为剪彩者提供剪刀、手套等剪彩用品。在一般情况下，迎宾者与服务者应不止一人。引导者既可以是一个人，也可以为每位剪彩者各配一名。拉彩者通常应为两人。捧花者的人数则需要视花团的具体数目而定，一般应为一花一人。托盘者可以为一人，亦可以为每位剪彩者各配一人。

三、剪彩仪式的程序

按照惯例，剪彩既可以是开业仪式中的一项具体程序，也可以独立出来，由其自身的一系列程序所组成。独立而行的剪彩仪式，通常应包含如下六项基本的程序。

第一项，请来宾就位。在剪彩仪式上，通常只为剪彩者、来宾和本单位的负责人安排座席。在剪彩仪式开始时，即应敬请大家在已排好顺序的座位上就座。在一般情况下，剪彩者应就座于前排。若其不止一人时，则应使之按照剪彩时的具体顺序就座。

第二项，宣布仪式正式开始。在主持人宣布仪式开始后，乐队应演奏音乐，现场可燃放鞭炮，全体到场者应热烈鼓掌。此后，主持人应向全体到场者介绍到场的重要来宾。

第三项，奏国歌。此刻须全场起立。必要时，亦可随之演奏本单位标志性歌曲。

第四项，发言祝贺。发言者依次应为东道主单位的代表、上级主管部门的代表、地方政府的代表、合作单位的代表，等等。其内容应言简意赅，每人不超过三分钟，重点分别应为介绍、道谢与致贺。

第五项，进行剪彩。此刻，全体应热烈鼓掌，必要时还可奏乐或燃放鞭炮。在剪彩前，须向全体到场者介绍剪彩者。

第六项，进行参观。剪彩之后，主人应陪同来宾参观被剪彩之物。仪式至此宣告结束。随后东道主单位可向来宾赠送纪念性礼品，并以自助餐款待全体来宾。

四、剪彩仪式的规范标准

（一）礼仪小姐就位

剪彩的做法必须标准无误。进行正式剪彩时，剪彩者与助剪者的具体做法必须合乎规范，否则就会使其效果大受影响。当主持人宣告进行剪彩之后，礼仪小姐即应率先登场。在上场时，礼仪小姐应排成一行行进。从两侧同时登台，或是从右侧登台均可。登台之后，拉彩者与捧花者应当站成一行，拉彩者处于两端拉直红色缎带，捧花者各自双手手捧一朵花团。托盘者须站立在拉彩者与捧花者身后一米左右，并且自成一行。

（二）剪彩者就位

在剪彩者登台时，引导者应在其左前方进行引导，使之各就各位。剪彩者登台时，宜从右侧出场。当剪彩者均已到达既定位置之后，托盘者应前行一步，到达前者的右后侧，以便为其递上并剪刀、手套。剪彩者若不止一人，则其登台时亦应列成一行，并且使主剪者行进在前。在主持人向全体到场者介绍剪彩者时，后者应面含微笑向大家欠身或点头致意。剪彩者行至既定位置之后，应向拉彩者、捧花者含笑致意。当托盘者递上剪刀、手套，亦应微笑着向对方道谢。

（三）剪彩者剪彩

在正式剪彩前，剪彩者应首先向拉彩者、捧花者示意，待其有所准备后，集中精力，右手手持剪刀，表情庄重地将红色缎带一刀剪断。若多名剪彩者同时剪彩时，其他剪彩者

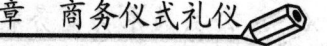

应注意主剪者动作，与其主动协调一致，力争大家同时将红色缎带剪断。

（四）花团落入托盘

按照惯例，剪彩以后，红色花团应准确无误地落入托盘者手中的托盘里，而切勿使之坠地。为此，需要捧花者与托盘者的合作。剪彩者在剪彩成功后，可以右手举起剪刀，面向全体到场者致意。然后放下剪刀、手套于托盘之内，举手鼓掌。接下来，可依次与主人握手道喜，并列队在引导者的引导下退场。退场时，一般宜从右侧下台。待剪彩者退场后，其他礼仪小姐方可列队由右侧退场。不管是剪彩者还是助剪者在上下场时，都要注意井然有序、步履稳健、神态自然。在剪彩过程中，更是要表现得不卑不亢、落落大方。

第三节　商务签约仪式礼仪

商务签约仪式组织与对方经过会谈、协商，形成了某项协议和协定，再互换正式文本的仪式。签字仪式签约仪式是商务活动中一种非常常见的仪式，下面就简单介绍一下签字仪式、签约仪式的过程和礼仪。

一、签字的种类

通常，签字的种类主要有以下几个。

（1）从礼仪有角度考虑，一般国家间通过谈判，就政治、军事、经济、科技等某一领域相互达成协议，缔结条约或公约，一般举行签字仪式。

（2）当一国领导人访问他国，经双方商定达成共识，发表联合公报有时也举行签字仪式。

（3）各地区、各单位在与国外交往中，通过会谈、谈判，最终达成的有关合作项目的协议、备忘录、合同书等，通常也举行签字仪式。

二、签字仪式的人员确定

（一）签字人

签字人是代表一个国家、政府或企业进行签字的人员，所以，签字人选择十分关键。签字人应视文件性质由缔约各方确定。有由国家领导人签字的，也有由政府有关部门签字的，如不是国家级的项目，是地区之间、部门之间的协议，则由地区、部门负责人签字（一般是法人代表）。但不管是哪一级，双方签字人的身份大体相当。

（二）助签人

助签人的职能是洽谈有关签字仪式的细节并在签字仪式上帮助翻阅与传递文本、指名签字处。双方的助签人由缔约双方共同商定。

（三）出席签字仪式的人员

出席签字仪式的人员应基本上是参加会谈或谈判的全体人员。如一方要求让某些未参加会谈或谈判的人员出席签字仪式，应事先取得对方的同意，另一方应予以认可。但应注意双方人数最好大体相等。不少国家与企业为了表示对签字仪式的重视，往往由更高级别或更多的领导人出席签字仪式。

三、签字之前的筹备

（一）签字文本的准备

安排签字仪式，首先应是签字文本的准备。负责为签字仪式提供待签的合同文本的主方，应会同有关各方一道指定专人，共同负责合同的定稿、校对、印刷、装订、盖火漆印工作。按常规，应为在合同上正式签字的有关各方，均提供一份待签的合同文本。必要时，还可再向各方提供一份副本。签署涉外商务合同时，比照国际惯例，待签的合同文本，应同时使用有关各方法定的官方语言，或是使用国际上通行的英文、法文。此外，亦可同时并用有关各方法定的官方语言与英文或法文。待签的合同文本，应以精美的白纸印制而成，按大八开的规格装订成册，并以高档质料，如真皮、金属、软木等作为其封面。

（二）签字物品的准备

要准备好签字用的文具、国旗等物品。

（三）服饰准备

在签字前要规范好签字人员的服饰。按照规定，签字人、助签人以及随员，在出席签字仪式时，应当穿着具有礼服性质的深色西装套装、西装套裙，并配以白色衬衫与深色皮鞋。在签字仪式上露面的礼仪、接待人员，可以穿自己的工作制服，或是旗袍一类的礼仪性服装。

（四）签字厅的布置

由于签字的种类不同，各国的风俗习惯不同，因而签字仪式的安排和签字厅的布置也不尽相同。 签字厅。签字厅有常设专用的，也有临时以会议厅、会客室来代替的，但一般要选择较有影响的、结构庄严的、宽敞明亮的、适宜于签字的大厅。

（五）签字桌

我国举行的签字仪式，通常是在签字厅内设置长方桌作为签字桌。桌面上覆盖深绿色的台呢。台呢色彩的选择，要考虑对对方的习惯与忌讳。桌后放两把椅子，面对正门主左右客作为双方签字人的座位。座前桌上摆放各方保存的文本，文本前方分别放置签字用的用具，中间摆放一个旗架，悬挂签字双方的旗帜，主方国与客方国旗帜悬挂的方位是面对正门客右主左，即各方的国旗须插放在该方签字人座椅的正前方。另外，还要与对方商定助签人员的安排，以及安排双方助签人员洽谈有关细节。

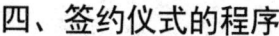

四、签约仪式的程序

（一）签字仪式正式开始

各国签字仪式的程序大同小异，以我国为例：双方参加签字仪式的人员步入签字厅。签字人入座。双方的助签人员分别站立于签字人员的外侧，协助翻揭文本及指明签字处。其他人员分主方、客方按身份顺序站立于后排，客方人员按身份由高到低从中向右边排，主方人员按身份高低由中向左边排。当一行站不完时，可以按照以上顺序并遵照"前高后低"的惯例，排成两行、三行或四行。

（二）签字人正式签署合同文本。

通常的做法，是先签署己方保存的合同文本，再接着签署他方保存的合同文本。每个签字人在由己方保留的合同文本上签字时，按惯例应当名列首位。因此，每个签字人均应首先签署己方保存的合同文本，然后再交由他方签字人签字（由助签人交换），其含义是在位次排列上，轮流使有关各方有机会居于首位一次，以显示机会均等，各方平等。

（三）签字人正式交换已经有关各方正式签署的合同文本

此时，各方签字人应热烈握手，互致祝贺，并可相互交换各自方才使用过的签字笔，以示纪念。全场人员应鼓掌，表示祝贺。

（四）饮香槟酒

换已签的合同文本后，有关人员，尤其是签字人当场干上一杯香槟酒，是国际上通行的用以增添喜庆色彩的做法。在一般情况下，商务合同在正式签署后，应提交有关方面进行公证，才正式生效。

案例及案例评析

【案例 12-1】都是位置惹的祸

经过长期洽谈之后，某经贸有限公司终于同美国的一家跨国公司谈妥了一笔大生意。在达成合约之后，双方决定正式为此而举行一次签字仪式。因为当时双方的洽谈在中国举行，故此签字仪式便由中方负责。在仪式正式举行的那一天，让中方出乎意料的是，美方差一点要在正式签字之前"临场变卦"。原来，中方的工作人员在签字桌上摆放中美两国国旗时，误以中国的传统做法"以左为上"，代替了目前通行的国际惯例"以右为上"，将中方国旗摆到了签字桌的右侧，而将美方国旗摆到了签字桌的左侧。结果，让美方人员恼火不已，他们甚至以此而拒绝进入签字厅。这场风波经过调解平息了。

问题：

1. 签字礼仪要注意哪些方面？

2. 签字礼仪中的物品的选择和摆放有哪些需要注意？

【评析】

在商务活动中要遵循商务礼仪规范，做到仪表整洁、保持风度、待人友好在国际商务交往中，要按照国际惯例，物品的选择注意禁忌和摆放要以"以右为上"的原则，否则就是有失礼仪，甚至会给谈判造成不良影响。

【案例 12-2】礼宾次序安排

1995 年 3 月在丹麦哥本哈根召开联合国社会发展世界首脑会议，出席会议的有近百家国家元首和政府首脑。3 月 11 日，与会的各国元首与政府首脑合影。照常规，应该按礼宾次序名单安排好每位元首、政府首脑所站的位置。首先，这个名单怎么排，究竟根据什么原则排列？哪位元首、政府首脑排在最前？哪位元首、政府首脑排在最后这项工作实际上很难做。丹麦和联合国的礼宾官员只好把丹麦首脑（东道国主人）、联合国秘书长、法国总统以及中国、德国总理等安排在第一排，而对其他国家领导人，就任其自便了。好事者事后向联合国礼宾官员"请教"，答曰："这是丹麦礼宾官员安排的。"向丹麦礼宾官员核对，回答说："根据丹麦、联合国双方协议，该项活动由联合国礼宾官员负责。"

【评析】

国际交际中的礼宾次序非常重要，在国际礼仪活动中，如安排不当，或不符合国际惯例，就会招致非议，甚至会引起争议和交涉，影响国与国之间的关系。在礼宾次序安排时，既要做到大体上平等，又要考虑到国家关系，同时也要考虑到活动的性质、内容、参加活动人员的威望、资历、年龄，甚至其宗教信仰、所从事的专业以及当地风俗等。

但礼宾次序不是教条，不能生搬硬套，要灵活运用，见机行事。有时由于时间紧迫，无法从容安排，只能照顾重要到场人员。本例就是灵活应用礼宾次序的典型案例。

思考题

1. 试述举行开业仪式对企业而言，至少可以收到哪些方面的成效。
2. 试述签约仪式的程序。
3. 开发布会要注意哪些问题？
4. 开业与剪彩仪式有什么作用？
5. 开业有什么具体的要求？
6. 开业仪式有哪些程序？
7. 庆典仪式要做什么样的准备工作？
8. 庆典仪式时要注意礼客次序，到底要怎么排列他们呢？

实务培训

任务一：以组为单位完成一个商务仪式的方案设计

要求：内容具体，包括时间、地点、名义、目标、单位、人员、方案策略、具体内容、流程等。

时间：上午

地点：教室

名义：商务礼仪方案

目标：庆典与发布会

单位：11431

人员：各小组全体人员

流程：各小组最后派出代表以 PPT 形式汇报方案设计的成果，并由各组派出的一名同学组成评委组进行评比。

任务二：模拟开业庆典

实训类型：单项训练

实训目的：掌握开业庆典的组织和相关礼仪规范。

实训内容：模拟某企业开业庆典仪式，使仪式落实在某个商业组织上。

实训要求：让学生模拟演示角色，掌握开业庆典的组织和相关礼仪规范。

任务三：模拟签字仪式

实训类型：单项训练

实训目的：掌握签字仪式的程序以及相关礼仪。

实训内容：模拟签订合同，举行签字仪式。

实训要求：掌握签字仪式的程序以及相关礼仪。

第十三章　商务会务礼仪

【本章导读】

本章介绍常见的洽谈会礼仪、发布会礼仪、展览会礼仪、赞助会礼仪等商务会务礼仪的会务流程及会务礼仪规范。

【本章目标】

➤ 了解会务的类型、工作流程和会议礼仪
➤ 掌握商务洽谈的基本程序、常用礼节及其礼仪要求
➤ 掌握新闻发布会的时间、地点选择、媒体和来宾的邀请，以及会议主持人的注意事项
➤ 了解展览会的基本程序、礼仪规范及其注意事项
➤ 掌握赞助会的基本程序和活动程序

第一节　会务与会务礼仪

会务指有关会议议程安排的事务，关于某些团体组织或会议的事务。会务，从字面上来解释就是对会议进行服务，本身其实是一个短语，现在会务已经逐渐成了一个词语，很多人现在说的会务，其实就是指会议。商务人员在日常交往中所必不可少的一件事情，就是要组织会议、领导会议或者参加会议，因此会议自然而然地成为商务活动的有机组成部分之一。

会议，又称集会或聚会。在现代社会里，它是人们从事各类有组织的活动的一种重要方式。在一般情况下，会议是指有领导、有组织地使人们聚集在一起，对某些议题进行商议或讨论的集会。

一、会务的类型

在商界之中，由于会议发挥着不同的作用，因此便有着多种类型的划分。依照会议的具体性质来进行分类，商界的会议大致可以分为如下 4 种类型。

（1）行政型会议。它是商界的各个单位所召开的工作性、执行性的会议。例如，行政会、董事会，等等。

（2）业务型会议。它是商界的有关单位所召开的专业性、技术性会议。例如，展览会、供货会，等等。

（3）群体型会议。它是商界各单位内部的群众团体或群众组织所召开的非行政性、非业务性的会议，旨在争取群体权利，反映群体意愿。例如，职代会、团代会，等等。

（4）社交型会议。它是商界各单位以扩大本单位的交际面为目的而举行的会议。例如，茶话会、联欢会，等等。

二、会务工作流程

（一）会前准备

1. 会议基本情况的确定

这主要包括确定会议主（议）题、召开时间、出席范围和人数，会场地点。

2. 发布会议通知

通知内容主要包括主（议）题、时间、地点、出席范围和其他需要 提醒的事项。通知的方式主要包括列入局会议安排表、在政府网公布、电话通知、电子邮件通知、书面通知、移动短信通知等，根据会议的需要采取一种或多种方式的通知，及时向办公室负责人报告通知送达的情况和拟出席情况。

3. 邀请领导、嘉宾

如邀请上级领导及来宾与会，要提前制发邀请函并在会前汇总反馈情况报有关领导。根据需要，安排车辆接送事宜。

4. 准备会议材料

会议材料主要指会议文件、与会人员胸卡、文件袋等涉会材料与物品。在会议召开之前，提交领导审定后印制。

5. 落实会场布置

一般来说，落实会场布置主要包括以下内容。

（1）主席台布置。这主要包括：①会标、主席台座次和席位牌、会议材料、话筒、茶水等；②划分参会人员座位区域分布，绘制分布图，摆放参会人员座签；③会场环境。包括会标布置、引导牌安置、音响设备、灯光、空调等，安排就座区域分布；④落实会务人员职责。包括签到、材料分发、茶水（矿泉水）和 其他应急服务。

（2）安排会议接待。根据会议需要，做好接站、住宿和返程票务安排等。大型会议要制作接送安排一览表、住宿安排一览表。根据会议安排，落实参观游览安排，及有关纪念品赠送工作。

（3）发布新闻信息。通知党委宣传部，做好新闻宣传工作安排。如有必要，安排专人做好会议记录，做好会议简报的准备工作。

（4）制定分工预案、召开会务人员动员会。 明确工作目标、任务、期限；明确责任部门、责任人。动员会前，一般应提出工作分工预案。

（5）检查会务准备情况。 会务准备工作布置后，要重视动态的检查监督，对没有及时完成规定任务的，要及时采取措施加以弥补。

（二）会中服务

通常，会中服务主要包括以下内容。

（1）检查会场布置情况。提前开启空调设备。重点检查音响、灯光等 设备、主席台的布置情况。

（2）检查会务人员就位情况。检查签到准备工作，签到处负责 人员应该提前到位，做好签到和会议材料准备工作。检查迎领、礼 仪等其他服务人员就位情况。

（3）检查休会期间茶点服务等。

（4）检查会议记录人员到位情况。记录要准确、完整；重要内容要记 清原话；必要时要做好录音准备工作。

（5）检查摄影、摄像、录音等工作到位情况。

（6）做好与会人员合影的各项准备工作。

（7）做好会议的新闻采访、安全保卫和医疗保障工作。

（8）编印会议简报。

（9）编印会议通讯录。

（10）做好与会人员返程的相关安排。

（三）会后工作

通常，会后工作主要包括以下内容。

（1）分发与会人员照片、通讯录。

（2）安排相关人员、车辆为与会人员送行。

（3）做好会议记录及相关材料的整理归档工作。

（4）落实会议形成的决议，明确专人协调落实，必要时予以督查督办。

（5）根据工作需要，对与会人员进行必要的问候和工作联系。

二、会议礼仪

会议礼仪，是指召开会议前、会议中、会议后以及参会人员应注意的一系列职业礼仪规范，懂得会议礼仪对会议精神的执行有较大的促进作用。

（一）会议礼仪的内容

1. 座次礼仪

座次的布置主要包括环绕式、散座式、圆桌式、主席式等。

（1）环绕式。就是不设立主席台，把座椅、沙发、茶几摆放在会场的四周，不明确座次的具体尊卑，而听任与会者在入场后自由就座。这一安排座次的方式，与茶话会的主题最相符，也最流行。

（2）散座式。散座式排位，常见于在室外举行的茶话会。它的座椅、沙发、茶几四处自由地组合，甚至可由与会者根据个人要求而随意安置。这样就容易创造出一种宽松、惬意的社交环境。

（3）圆桌式。圆桌式排位，指的是在会场上摆放圆桌，请与会者在周围自由就坐。圆桌式排位又分下面两种形式：一是适合人数较少的，仅在会场中央安放一张大型的椭圆形会议桌，而请全体与会者在周围就座。二是在会场上安放数张圆桌，请与会者自由组合。

（4）主席式。这种排位是指主持人、主人和主宾被有意识地安排在一起就座。

2. 发言礼仪

会议发言有正式发言和自由发言两种，前者一般是领导报告，后者一般是讨论发言。正式发言者，应衣冠整齐，走上主席台应步态自然，刚劲有力，体现一种成竹在胸、自信自强的风度与气质。发言时应口齿清晰，讲究逻辑，简明扼要。如果是书面发言，要时常抬头扫视一下会场，不能低头读稿，旁若无人。发言完毕，应对听众的倾听表示谢意。

自由发言则较随意，应要注意，发言应讲究顺序和秩序，不能争抢发言；发言应简短，观点应明确；与他人有分歧，应以理服人，态度平和，听从主持人的指挥，不能只顾自己。

如果有会议参加者对发言人提问，应礼貌作答，对不能回答的问题，应机智而礼貌地说明理由，对提问人的批评和意见应认真听取，即使提问者的批评是错误的，也不应失态。

3. 与会礼仪

作为职场中人，在公司里，一定要养成顾全企业大局的习惯。除开公司和部门内部的会，职场人士也有机会参加其他一些公司以外的会议，因此，在参加会议之前，要做好准备。

开会前，如果你临时有事不能出席，必须通知对方。参加会议前要多听取上司或同事的意见，做好参加会议所需资料的准备。

开会的时候，如果让你发言，你的发言应简明扼要。在你听其他人发言时，如果有疑问，你要通过适当的方式提出来。在别人发言时，不要随便插话，破坏会议的气氛，开会时不要说悄悄话和打瞌睡，没有特别的情况不要中途退席，即使要退席，也要征得主持会议的人同意。要利用参加会议的机会，与各方面疏通，建立良好的人际关系。

会议参加者应衣着整洁，仪表大方，准时入场，进出有序，依会议安排落座，开会时应认真听讲，不要私下小声说话或交头接耳，发言人发言结束时，应鼓掌致意，中途退场应轻手轻脚，不影响他人。

4. 主持礼仪

各种会议的主持人，一般由具有一定职位的人来担任，其礼仪表现对会议能否圆满成功有着重要的影响。

（1）主持人应衣着整洁，大方庄重，精神饱满，切忌不修边幅，邋里邋遢。

（2）走上主席台应步伐稳健有力，行走的速度因会议的性质而定，对快、热烈的会议步频应较慢。

（3）入席后，如果是站立主持，应双腿并拢，腰背挺直。持稿时，右手持稿的底中部，左手五指并拢自然下垂。双手持稿时，应与胸齐高。坐姿主持时，应身体挺直，双臂前伸，两手轻按于桌沿，主持过程中，切忌出现搔头、揉眼、抖腿等不雅动作。

（4）主持人言谈应口齿清楚，思维敏捷，简明扼要。

（5）主持人应根据会议性质调节会议气氛，或庄重，或幽默，或沉稳，或活泼。

（6）主持人对会场上的熟人不能打招呼，更不能寒暄闲谈，会议开始前，可点头、微笑致意。

（二）会议礼仪注意事项

1．精心而周全的策划

通常，精心而周全的策划主要包括以下内容。

（1）会议的时间选择要合适。

（2）会议的场所选择要恰当。

（3）在场所选择上，主要考虑以下因素：交通要便利、大小要适中、设施要齐全、要符合主题、要方便停车、费用要合理。

（4）拟定嘉宾名单要谨慎，嘉宾主要包括上级领导、社会名流、新闻记者、同行业代表、广告公司、主要客户与项目相关度的本单位负责人、技术人员等。

2．合理而周密的安排

通常，合理而周密的安排主要包括以下内容。

（1）适时发出会议通知。

（2）科学安排会期长短。

（3）依礼排定席位次序。

一般情况下，嘉宾人数较多，其席位可以排成多排，以第一排为尊贵，从前往后依次排列。第一排的席位以中间最为尊贵，依我国传统，一般由中间按左高右低顺序往两边排开，即第二尊贵的客人排在职位最高者（有时是主人）的左侧，第三尊贵的客人排在职位最高者的右侧，以此类推。若人数正好成双，则职位最高者在中间左侧，第二尊贵的客人在中间右侧，也以此类推。

目前国际上流行右高左低，在商务会议活动中，尤其在涉外会议活动中，应该遵循"以右为尊""以前为贵""中间高于两侧"的基本原则，安排嘉宾就座和站立的次序。

第二节　洽谈会礼仪

商务洽谈又称商务谈判，是指买卖双方为实现某种商品或劳务的交易就多种交易条件进行的协商活动。通常人们更习惯将在非正式场合举行的，或并非解决某项重大问题或协调争端的谈判称为洽谈。因洽谈而进行的有关各方的会晤，被称为洽谈会。洽谈会比正式谈判的气氛显得柔和、亲切，因而也就更需要重视礼仪。

在商务洽谈中，应善于收集与洽谈内容有关的信息，善于进行认真分析思考，抓住问题的本质，然后将自己所要表达的内容，运用恰当的方式与策略将其准确、简练地表达出来。其次，了解选择洽谈时间、地点的技巧，它们在洽谈中也占有重要的地位。最后，洽谈策略的把握。如：开局策略，报价策略，拒绝策略等。

一、商务洽谈的基本程序

（一）迎接

客人到达时，主人在门口迎候。可以在大楼正门迎候，也可以在会客厅门口。如果主人不到大楼门口迎候，则应由工作人员在大楼门口迎接，引入会客厅。如有合影，宜安排在宾主握手之后，合影后再入座。会见结束时，主人应送至车前或门口握别，目送客人离去后再回室内。

（二）站姿

正确的站姿是抬头、目视前方、挺胸直腰、肩平、双臂自然下垂、收腹、双腿并拢直立、脚尖分呈 V 字形、身体重心放到两脚中间；也可两脚分开，比肩略窄，将双手合起，放在腹前或腹后。

二、常用礼节

（一）握手

握手是我们日常工作中最常使用的礼节之一。你知道握手的基本礼仪知识吗？握手时，伸手的先后顺序是上级在先、主人在先、长者在先、女性在先。握手时间一般在两三秒或四五之间为宜。握手力度不宜过猛或毫无力度。要注视对方并面带微笑。

（二）鞠躬

鞠躬也是表达敬意、尊重、感谢的常用礼节。鞠躬时应从心底发出对对方表示感谢、尊重的意念，从而体现于行动，给对方留下诚意、真实的印象。

（三）问候

文明用语，客人来访或遇到陌生人时，应使用文明礼貌语言。基本用语如下。

"您好"或"你好"：初次见面或当天第一次见面时使用。清晨（十点钟以前）可使用"早上好""您早"等，其他时间使用"您好"或"你好"。

"欢迎光临"或"您好"：前台接待人员见到客人来访时使用。

"对不起，请问……"：向客人等候时使用，态度要温和且有礼貌。

"让您久等了"：无论客人等候时间长短，均应向客人表示歉意。

"麻烦您，请您……"：如需让客人登记或办理其他手续时，应使用此语。

"不好意思，打扰一下……"：当需要打断客人或其他人谈话的情况时使用，要注意语气和缓，音量要轻。

"谢谢"或"非常感谢"：对其他人所提供的帮助和支持，均应表示感谢。

"再见"或"欢迎下次再来"：客人告辞或离开平安时使用。

（四）入座

入座时的基本要求如下。

（1）在别人之后入座。出于礼貌，和客人一起入座或同时入座时，要分清尊卑，先请对方入座，自己不要抢先入座。

（2）从座位左侧入座。如果条件允许，在就座时最好从座椅的左侧接近它。这样做，是一种礼貌，而且也容易就座。

（3）向周围的人致意。在就座时，如果附近坐着熟人，应该主动跟对方打招呼。即使不认识，也应该先点点头。在公共场合，要想坐在别人身旁，还必须征得对方的允许。还要放轻动作，不要使座椅乱响。

（4）以背部接近座椅。在别人面前就座，最好背对着自己的座椅，这样就不至于背对着对方。得体的做法是：先侧身走近座椅，背对着站立，右腿后退一点，以小腿确认一下座椅的位置，然后随势坐下。必要时，用一只手扶着座椅的把手。

（五）寒暄

寒暄说白了就是问候与应酬。寒暄语是自我推销和人际交往时与对的最常用的口才方法。典型问候的说法是问好。常说的是"你们好！""大家好！"等等，这是近几十年来新型的问候语，也是导游交际过程中用得最多的一种问候语。另外近些年开始流行英文化的问候方式，如"嗨"等。

（六）会谈

根据会谈计划进行实质性的谈判，也是会谈的核心，会谈中遵循相互尊重，平等互利的原则达成最终的协议。

（七）送客

贵宾离开时，东道主亲自或派人与客人亲切告别，并且目送对方渐渐离去的过程。一般来说，需要为之送行的主要对象包括：关系密切的协作单位的负责人、重要合作单位的有关人员等。为来宾送行的具体时间应兼顾以下两点：一是切勿耽误来宾的行程；二是切勿干扰来宾的计划。

三、商务洽谈的礼仪要求

（一）仪表庄重

谈判代表要有良好的综合素质，谈判前应整理好自己的仪容仪表，穿着要整洁正式、庄重。男士应刮净胡须，穿西服必须打领带。女士穿着不宜太性感，不宜穿细高跟鞋，应化淡妆。

（二）遵守时间

在谈判过程中注意谈判总体时间及分段时间安排。

（三）按例排座

布置好谈判会场，采用长方形或椭圆形的谈判桌，门右手座位或对面座位为尊，应让给客方。谈判前应对谈判主题、内容、议程做好充分准备，制订好计划、目标及谈判策略。

（四）遵守基本原则

通常，商务洽谈的礼仪需要遵守以下几个基本原则。

（1）多使用敬语。

（2）要认真倾听对方发言。

（3）要尊重对方的宗教信仰、风俗习惯、个人隐私和情感。

第三节　发布会礼仪

信息发布会简称发布会，有时亦称记者招待会。它是一种由社会组织召开的、集中向各新闻机构的记者发布有关本组织信息的特殊会议。发布会礼仪一般是指有关举行新闻发布会的礼仪规范。对商界而言，发布会礼仪至少应当包括会议的筹备、媒体的邀请、现场的应酬、善后的事宜四方面的内容。

信息发布会的基本程序主要包括：签到、分发会议资料、宣布会议开始、发言人讲话、回答记者提问、接受重点采访等。

一、新闻发布会的时间

新闻发布会的时间的一般限制在 2 小时以内。新闻发布会的时间应注意以下四个细节问题。

（1）避开节日与假日。

（2）避开本地重大社会活动。

（3）避开其他单位的新闻发布会。

（4）避开与新闻界的宣传报道重点撞车或相左。

二、新闻发布会的地点选择

选择新闻发布会的地点应注意以下问题。

（1）本单位本部所在地、活动或事件所在。

（2）影响巨大的中心城市等。

三、媒体和来宾的邀请

（1）确定是否邀请电视、报纸、广播、杂志 、网络等新闻界人士参加。

（2）应当如何协调主办单位与新闻界人士的相互关系。

（3）要把新闻界人士当作自己真正的好朋友对待，对对方既要尊重友好，更要坦诚相待。

（4）要对所有与会的新闻界人士一视同仁，不要有亲有疏、厚此薄彼。

（5）要尽可能地向新闻界人士提供对方所需要的信息，要注重信息的准确性、真实性与时效性，不要弄虚作假，爆炒旧闻。

（6）要尊重新闻界人士的自我判断，不要指望拉拢、收买对方，更不要打算去左右对方。

（7）要与新闻界人士保持联络，要注意经常与对方互通信息，常来常往，争取建立双方的持久关系。

四、会议主持人的注意事项

（一）会议主持人务必做到的事项

通常，会议主持人务必做到以下事项。

（1）会议主持人要严格遵守会议的开始时间，不迁就迟到者。

（2）会议主持人要在开头就议题的要点做一番简洁的说明。

（3）会议主持人要把议题的进行顺序与时间的分配预先告知与会者。

（4）要引导大家在规定时间内做出结论。

（5）必须延长会议时间时，要取得大家的同意并明确延长的时间。

（6）要把整理出来的结论交由全体人员表决确认。

（7）要把决议付诸实行的程序整理成文，加以确认

（二）会议进行中会议主持人须密切注意的几个问题

通常，在会议进行中，会议主持人须密切注意以下几个问题。

（1）发言内容是否偏离了议题？

（2）发言者的观点是否出于各人的利害？

（3）全体人员是否都在专心聆听发言？

（4）发言者是否过于集中于少部分人？

（5）是否有从头到尾都没有发过言的人？

（6）某个人的发言是否过于冗长？

（7）发言的内容是否正在朝着得出清晰明确的结论推进？

第四节　展览会礼仪

展览会又称为展览、展示或展示会。对商界而言，主要是特指有关方面为了介绍本单位的业绩，展示本单位的成果，推销本单位的产品、技术或专利，而以集中陈列实物、模型、文字、图表、影像资料供人参观了解的形式，所组织的宣传性聚会。

一、展览会的基本程序

一般来说，展览会的基本程序如下。

（1）确定展览会的主题。

（2）选择参展单位。

（3）分配展台位置。

（4）准备展览会的宣传材料、辅助设备及相关服务。

（5）培训工作人员。

（6）成立专门的新闻发布机构。

（7）做好安全保卫工作。

（8）精心准备纪念礼品。

二、展会商务礼仪规范

（一）要努力维护整体形象

在参与展览时，参展单位的整体形象直接映入观众的眼里，因而对自己参展的成败影响极大。参展单位的整体形象，主要由展示之物的形象与工作人员的形象两个部分所构成。对于二者要给予同等的重视，不可偏废其一。

展示之物的形象，主要由展品的外观、展品的质量、展品的陈列、展位的布置、发放的资料等构成。用以进行展览的展品，外观上要力求完美无缺，质量上要优中选秀，陈列上要既整齐美观又讲究主次，布置上要兼顾主题的突出与观众的注意力。而用以在展览会上向观众直接散发的有关资料，则要印刷精美、图文并茂、资讯丰富，并且注有参展单位的主要联络方法，如公关部门与销售部门的电话、电报、电传、传真以及电子邮箱的号码，等等。

工作人员的形象，则主要是指在展览会上直接代表参展单位露面的人员的穿着打扮问题。在一般情况下，要求在展位上工作的人员应当统一着装。最佳的选择，是身穿本单位的制服，或者是穿深色的西装、套裙。

（二）要时时注意待人礼貌

在展览会上，不管它是宣传型展览会还是销售型展览会，参展单位的工作人员都必须真正地意识到观众是自己的上帝，为其热情而竭诚地服务则是自己的天职。为此，全体工作人员都要将礼貌待人放在心坎上，并且落实在行动上。展览一旦正式开始，全体参展单位的工作人员即应各就各位，站立迎宾。不允许迟到、早退，无故脱岗、东游西逛，更不允许在观众到来之时坐、卧不起，怠慢对方。

当观众走近自己的展位时，不管对方是否向自己打了招呼，工作人员都要面含微笑，主动地向对方说："您好！欢迎光临！"随后，还应面向对方，稍许欠身，伸出右手，掌心向上，指尖直指展台，并告知对方："请您参观"。

当观众在本单位的展位上进行参观时，工作人员可随行于其后，以备对方向自己进行咨询；也可以请其自便，不加干扰。假如观众较多，尤其是在接待组团而来的观众时，工作人员亦可在左前方引导对方进行参观。对于观众所提出的问题，工作人员要认真做出回答。不允许置之不理，或以不礼貌的言行对待对方。当观众离去时，工作人员应当真诚地向对道以"谢谢光临"，或是"再见"。

（三）要善于运用解说技巧

解说技巧，此处主要是指参展单位的工作人员在向观众介绍或说明展品时，所应当掌握的基本方法和技能。具体而论，在宣传性展览会与销售性展览会上，其解说技巧既有共性可循，又有各自的不同之处。

在宣传性展览会与销售性展览会上，解说技巧的共性在于：要善于因人而异，使解说具有针对性。与此同时，要突出自己展品的特色。在实事求是的前提下，要注意对其扬长避短，强调"人无我有"之处。在必要时，还可邀请观众亲自动手操作，或由工作人员为其进行现场示范。此外，还可安排观众观看与展品相关的影视片，并向其提供说明材料与单位名片。通常，说明材料与单位名片应常备于展台之上，由观众自取。

三、参展注意事项

通常，在参展过程中应注意以下事项。

（1）不要坐着。展览会期间坐在展位上，给人留下的印象是：你不想被人打扰。例如在咨询台附近的人员最好是站立的而不是端坐的，当有观众表示出对你们企业有兴趣的时候主动地去询问是否有需要解答的地方。

（2）不要在展位上吃东西。那样会显得漠不关心，而且吃东西时潜在顾客不会打扰你。

（3）不要以貌取人。展览会上唯一要注重仪表的是参展单位的工作人员，顾客都会按自己的意愿尽量穿着随便些，如牛仔裤、运动衫、便裤，什么样的都有。所有，不要因为顾客穿着随意就低眼看人。

（4）不要聚群。如果与两个或更多参展伙伴或其他非潜在顾客一起谈论，那就是聚群。在参观者眼中，走近一群陌生人总令人心里发虚。在展位上创造一个温馨、开放、吸引人的氛围。

（5）要满腔热情。常言说得好，表现得热情，就会变得热情，反之亦然。如果一副不耐烦的样子，就会变得不耐烦，而且讨人嫌。热情洋溢无坚不摧，十分有感染力。要热情地宣传自己的企业和产品。在参观者看来，就代表着企业。每个人言行举止和神情都会对参观者认识企业产生极大的影响。

（6）要善用潜在顾客的名字。人们都喜欢别人喊自己的名字。努力记住潜在顾客的名字，在谈话中不时提到，会让他感到自己很重要。大胆些，直接看着参观者胸前的名牌，大声念出他的名字来。遇到难读的名字就问。如果是个极不寻常的名字，也许就是你同潜在顾客建立关系最得手的敲门砖。

第五节　赞助会礼仪

所谓赞助，通常是指某一单位或某一个人拿出自己的钱财、物品，对其他单位或个人进行帮助和支持。在现代社会中，赞助乃是社会慈善事业的重要组成部分之一。它不仅可以扶危济贫，向社会奉献自己的爱心，体现自己对于社会的高度责任感，以自己的实际行动报效于社会、报效于人民，而且也有助于获得社会对自己的好感，提高自己在社会上的

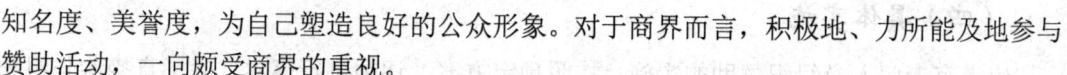

知名度、美誉度，为自己塑造良好的公众形象。对于商界而言，积极地、力所能及地参与赞助活动，一向颇受商界的重视。

为了扩大影响，商界在公开进行赞助活动时，往往会专门为此而举行一次一定规模的正式会议。这种以赞助为主题的会议，即为赞助会。赞助会礼仪，一般指的是筹备、召开赞助会的整个过程中所应恪守的有关礼仪规范。

一、赞助会的基本程序

通常，赞助会的基本程序如下。

（1）宣布赞助会正式开始。

（2）奏（或唱）国歌。

（3）赞助单位正式实施赞助。

（4）赞助单位代表发言。

（5）受赞助单位代表发言。

（6）来宾代表发言。

（7）赞助会结束。

在赞助会正式结束后，赞助单位、受赞助单位双方的主要代表以及会议的主要来宾，通常应当全景留念。此后，宾主双方可稍事晤谈，然后来宾即应——告辞。在一般情况下，在赞助会结束后，东道主大都不为来宾安排膳食。如确有必要，则至多略备便餐，而绝不宜设宴待客。

二、赞助活动程序

赞助活动需要认真策划和精心组织，才能收到预期的效果。一般的组织步骤如下。

（一）项目选择

选择赞助项目有两种情形：一种是应邀赞助，有关方面提出赞助邀请，赞助单位做出反应；一种是对信誉投资市场进行调研，主动提出赞助项目。赞助项目的选择，需要对赞助项目目标方向进行细致的分析，对赞助效益进行科学的预测。在深入调查和分析的基础上，确定赞助方针策略和具体项目。

（二）计划制订

项目一经确定，就要制订一个详尽的赞助计划。包括赞助项目内容、赞助方式、经费预算及组织实施。

（三）项目审核

赞助项目在实施之前，要组织有关领导、专家或由专门的赞助审议委员会进行审核评定，审核重点是赞助的可行性及有效性。审批赞助计划，确定赞助数额、时机、方式。

（四）具体实施

应当有专门人员组织赞助的实施。按照预定方案，逐项进行落实。除了直接参与组织活动外，还要充分利用现代传媒，对赞助活动的目的、意义、具体项目进行宣传，扩大赞助活动的影响。

（五）效果测评

就是赞助活动完成后，对活动效果进行调查测评。对照活动方案，检查项目的落实情况，跟踪赞助活动的影响和效果。对效果不明显的，要进行原因分析，吸取教训，以便改进。

案例及案例评析

【案例 13-1】

小郑刚参加工作不久，公司举办了一次大型的产品发布会，要求国内很多知名企业人士参加。小郑被安排在接待工作岗位上。接待当天，小郑早早来到机场，当等到来参加发布会的人时，他便开口说："您好！是来参加发布会的吗？您的单位及姓名，以便我们安排好就餐与住宿问题。"小郑有条不紊地做好了记录。后来在会场，小郑帮客人引路，小郑一直小心翼翼，虽然自己一向走路很快，但是他放慢步伐，很注意与客人的距离不能太远，一路带着客人，电梯上下，小郑也是走在前面，做好带路工作。原本心想很简单的事情，却几次被上司批评。

【评析】

在迎接礼仪中，小郑与客人职位和身份并不相当，他应主动向客人做出礼貌的解释。而小张没有做出任何解释，容易引起客人误会。接到客人后要主动打招呼，握手表示欢迎，同时说些寒暄辞令、礼貌用语等，而小张没有要事先了解要接待客人的相关信息，张口就问，十分不礼貌。在引导客人时，应主动配合客人步伐，保持一定距离。在出电梯时，应改为客人先走出电梯，自己在后面，以保证客人安全，而小张出电梯时，自己走在前面也是不恰当的。小张既破坏了客人的心情，也被上级批评了，因此是失败的社交事件。

思考题

如果你是公司的公关部经理。公司最近要购买生产设备，下周有一企业"恒金实业有限公司"派人前来洽谈业务，对方来两个人：刘总经理（营销部经理）和李经理（市场部经理）。作为公关部经理，这场商务谈判需要你来准备。请你从着装、介绍、握手、名片、入座、接待、谈判、宴会、送客等方面细述。（注意条理要清晰）

实务培训

项目1：模拟洽谈会

实训类型：单项训练

实训目的：掌握洽谈会相关礼仪规范。

实训内容：某职业技术学院拟为推荐毕业生就业，专门邀请了 10 家企业的领导进行会谈。请模拟演示这次洽谈会程序，最后安排企业领导与师生合影。

实训要求：掌握洽谈会相关礼仪规范。

项目2：模拟新闻发布会

实训类型：单项训练

实训目的：掌握新闻发布会的组织，锻炼提问能力和回答问题能力。

实训内容：模拟"新闻发布会"活动。

实训要求：要求学生掌握新闻发布会的组织。

第十四章　商务涉外礼仪

【本章导读】

本章主要介绍相关涉外交际礼仪知识，不仅让人们在当今日益频繁的涉外交往中成为一个有修养、有品位、举止得体的人，还会促进人们在跨文化交际中成为一个成功者。

【本章目标】

➤ 了解涉外交往礼仪的基本原则和基本通则
➤ 理解涉外交际的意义和礼仪
➤ 了解主要国家的礼仪习俗

第一节　涉外交往礼仪通则

涉外礼仪是指国家或个人在对外交交往和涉外工作中，在维护国家及个人形象的前提下，所执行的向交往国或个人表示尊重，友好和礼貌的礼仪规范。它强调交往中的规范性、对象性、技巧性。

一、涉外礼仪的基本原则

通常，涉外礼仪的基本原则主要有以下几个。

（一）维护国家利益

在参与涉外交往活动时，应时刻意识到在外国人眼里，自己是国家、民族、单位组织的代表，做到不卑不亢。自己的言行应当端庄得体，堂堂正正。在外国人面前，既不应该表现得畏惧自卑、低三下四，也不应该表现得自大狂傲、放肆嚣张。应表现得既谨慎又不拘谨，既主动又不盲动，既注意慎独自律又不是手足无措、无所事事。

（二）基本要求：仪表

讲究仪表与衣帽整洁，面、手、衣履要洁净。男子的头发、胡须不宜过长，应修剪整齐。指甲要经常修剪，一般与指尖等长，不留污垢，保持手部清洁，若手部有疾症或疤痕要戴手套。

衣着要整洁笔挺，不能有褶皱，纽扣均应整齐，裤扣不能在室外或公共场合整理。衬衣一般为白色硬领，袖与下摆不露出外套，并放入裤内。要按交际场所或交际需要着装。礼服、领带或领花应结好，佩戴端正，并备洁净手绢与梳子。皮鞋应擦亮。

不要在人前做剔牙、抠鼻、掏耳、剪指甲、搔痒等不雅的小动作。也不要在人前打哈欠、伸懒腰、打喷嚏、擦鼻涕、咳嗽，打喷嚏时应用手帕、餐巾纸捂口鼻，面向一旁，避免发出大声响。

（三）行为举止

举止大方得体，态度和蔼端庄，精神饱满自然，言行检点。站、坐、走都要符合常规，任何失礼或不合礼仪的言行者会被视为有失体面。

（四）说话语气

说话客气，注意身份。说话时神情矜持和蔼，面带微笑。随便与人攀谈是失礼行为，萍水相逢，应在有人介绍后方可交谈。

（五）遵守公共秩序

遵守公共秩序，不打搅、影响别人，尊重别人。不随意指责别人或给别人造成麻烦或不便。发表议论与指责别人会被认为缺乏教养。在图书馆、博物馆、医院、教堂等公共场所都应保持安静。在隆重的场合，如举行仪式、听讲演、看演出等，要保持肃静。

（六）守约遵时

这是国际交往中极为重要的礼貌。参加各种活动，应按约定时间到达。过早抵达，会使主人因准备未毕而难堪；迟迟不到，则让主人和其他客人等候过久而失礼。因故迟到，要向主人和其他客人表示歉意。万一因故不能应邀赴约，要有礼貌地尽早通知主人，并以适当方式表示歉意。与人约会不能失约，不能超时。失约和超时是很不礼貌的行为。承诺别人的事情不能遗忘，必须讲"信用"，按时做好。

（七）信守约定

当前，在国际交往活动中，人们将尊重对方，即将对交往对象的重视、恭敬、友好作为涉外礼仪的核心。在一切涉外交往中，都必须认真而严格地遵守自己的所有承诺，说话务必要算数，许诺一定要兑现。

（八）礼貌用语

礼貌用语是礼仪的表现形式，能传达爱心与礼节，使说话人更被人敬重。"您好、请、谢谢、对不起、再见"在国际交往中要经常使用。

"请"。几乎任何需要麻烦他人的事情，都应该说"请"。

"谢谢"。只要别人为你做了什么，都应该说声"谢谢"，包括家人或关系密切的朋友。

"对不起"。凡是不小心妨碍或干扰了别人，都要说"对不起"。

"再见"。"再见"不仅是同事、朋友、家人之间相互告辞时的礼貌用语，也是陌生人之间接触后相互告辞时的礼貌用语。

（九）尊重隐私

对于西方人来讲，凡涉及经历、收入、年龄、婚恋、健康状况、政治见解等均属个人隐私，别人不应查问，即在交往中"有所不为"。

（十）女士优先

在男女都在的社交场合中，男士要照顾、礼让女士，遵循"尊重妇女、女士优先"原则。它要求在一切社交场合（有些公务场合除外），成年男子都有义务主动自觉地以自己的实际行为去尊重妇女，照顾妇女，体谅妇女，关心妇女，保护妇女，并尽心竭力地去为妇女排忧解难。

（十一）爱护环境

通常，爱护环境需要做到以下几点。
（1）不可毁损自然环境。
（2）不可虐待动物。
（3）不可损坏公物。
（4）不可乱堆乱挂私人物品。
（5）不可乱扔乱丢废弃物品。
（6）不可随地吐痰。
（7）不可到处随意吸烟。
（8）不可任意制造噪声。

（十二）不卑不亢

涉外交往是面对全球的跨文化活动，是一种双向互动交流活动。中国传统文化形成的热情好客、宾至如归以及谦逊等美德，在国际交往待人接物中必须有所适"度"。所以，在涉外礼仪中遵循热情有度、不必过谦原则尤为必要。

（十三）入乡随俗

在涉外交往中，要真正做到尊重交往对象，就必须了解和尊重对方所独有的风俗习惯。做不到这一点，对于交往对象的尊重、友好和敬意，便无从谈起。这就要求，首先必须充分地了解与交往对象相关的习俗，即在衣食住行、言谈举止、待人接物等方面所特有的讲究与禁忌。其次必须充分尊重交往对象所特有的种种习俗，既不能少见多怪，妄加非议，也不能以我为尊，我行我素。

（十四）不宜先为

在涉外交往中，面对自己一时难以应付、举棋不定，或者不知道到底怎样作才好的情况时，如果有可能，最明智的做法，是尽量不要急于采取行动，尤其是不宜急于抢先，冒昧行事。

二、涉外礼仪的基本通则

所谓涉外通则，是指中国人在接触外国人时，应当遵守并应用的有关国际交往惯例的基本原则。它既是对国际交往惯例的高度概括，又是对于参与涉外交际的中国人具有普遍的指导意义。

（1）个人形象：第一印象十分重要，包括仪容仪表，言谈举止，服装等。

（2）不卑不亢：要意识到自己代表自己的国家、民族、所在单位，言行应从容得体，堂堂正正。不应表现得畏惧自卑，低三下四，也不应表现得狂傲自大，目中无人。

（3）信守约定：认真严格地遵守自己的所有承诺，说话务必算数，许诺一定兑现，约会必须要如约而至。在一切有关时间方面的正式约定之中，尤其需要恪守不怠。

（4）热情适度，内外有别：不仅待人要热情友好，更为重要的是要把握好待人热情友好的具体分寸。否则就会事与愿违，过犹不及，会使人厌烦或怀疑你别有用心。要分清内外，注意保密。

（5）谦虚适当：一方面反对一味地抬高自己，但也绝对没有必要妄自菲薄，自我贬低。

（6）求同存异：各国礼仪习俗存在着差异，重要的是了解，而不是评判是非，鉴定优劣，握手礼通行各国。

（7）入乡随俗：要真正做到尊重交往对象，就必须尊重对方所独有的风俗习惯。当自己身为东道主时，通常讲究"主随客便"；而当自己充当客人时，则又讲究"客随主便"。

第二节　涉外交际礼仪

一、涉外交际的意义

人与人接触交往，应注意外在形象和内在素养。外在形象是指仪容仪表和言谈举止，不仅关系到个人的体面，也体现了对别人的尊重。我们在涉外交际中，要注意仪容仪表和言谈举止的规范、庄重。然而，仪表仪容毕竟是外表，而通过言谈举止表现出来的内在素养，却给人留下深刻、持久的印象。

此外，与人交往，要懂得一些基本技巧，如能熟练运用礼貌语言和尊称，掌握、使用涉外礼仪礼节，了解外国的礼俗禁忌等等，也是做好交际工作的重要方面。有的人不会问候人，不熟悉礼貌用语，常常得罪人、把事情办糟。从事外事工作的同志，打交道的对象多是外国人，了解外国，对做好外事工作很有好处。例如，西方人很注意讲究女士优先；大多数穆斯林妇女不同男人握手；在马来西亚，如见到男士就称先生，很可能会引起不满等。各国都有一些特殊的礼节，我们都应该了解和学会运用。为了使交际更有意义，收到更好效果，我们要细心观察，不断丰富自己各方面的知识，努力提高自己的内在素养，不断提升自己对外交往形象。

二、涉外社交的礼仪

（一）服饰与举止

俗话说，人靠衣服马靠鞍，也就是说人的仪表在相当程度上与服饰有关。接触一个人第一印象就是穿着打扮。对外活动中衣着整齐得体，不仅使人显得很有教养，也是对别人的一种礼貌和尊重。国外一些高级餐厅、饭店谢绝衣帽不整者进入，剧院、音乐厅对服装的要求更为严格。

外事场合，不能穿背心、短裤，衣着要清洁整齐。外衣和裤子都应熨烫平整。有些同志外衣挺高级，但衬衣却较脏，而且皱皱巴巴的，令人感觉不舒服。长袖衫不要卷袖口，衣摆要放到裤子里面，不要露在外面。西装一定要配皮鞋，西服革履，不要穿凉鞋、布鞋、球鞋、旅游鞋，更不能不穿袜子光着脚。皮鞋要保持干净，不能沾满灰土。单排扣西服上衣可只系第一个扣子，但双排扣西服就要全部扣上。就座时，西服扣子可以解开，但起身时，要立刻把扣子系上，站起来敞着衣服很不好看。穿中山装时，领扣领钩和全身的扣子都要扣上。男同志特别注意要扣好裤扣，如果发现衣着不整齐，不要当众整理，前往洗手间整理好再出来。西服和衬衫、鞋袜要注意搭配，衬裤不能外露，西装外面的口袋主要是为了装饰，不要塞得鼓鼓囊囊，领带要系好推至领口，不能松松垮垮挂在脖子上，长度到皮带扣。非正式场合可以不系领带，但衬衣最上面的扣子则应解开。夏天不能图省事，短袖衫外面直接套西服。参加正式活动时，西服上衣里不要穿羊毛衫。

女装要美观大方，如果不是套装，要注意衣服颜色的协调。首饰、手包、鞋子的颜色和款式与服装要搭配。女士的内衣，如背带、衬裙、袜口不能外露，如果不慎露出来，发现后不要当众整理，应及时到洗手间去，整理好后再出来参加活动。旗袍开叉不能太高，袜子不能让人看到袜边、袜口，不要穿已起球或破损的丝袜。正式场合，女士不要穿长筒靴、紧身裤、超短裙。参观游览活动可穿羊毛衫，但正式场合不合适。国际上，女士着裤装已渐渐普遍，但在西方，隆重的场合，有身份的女士还是穿裙装。

外事场合，女士应化淡妆，化妆是对别人的尊敬，但不要化浓妆。佩戴首饰要少而精，和服装相配，耳环和项链的颜色式样要一致。室内活动，应摘帽，脱掉大衣、风雨衣等，不要戴墨镜。在室外，如果是隆重场合，也不应戴墨镜。住旅馆或饭店，不要穿睡衣或赤脚在走廊里走动。

参加一些特殊场合的活动，如丧葬，应穿深色衣服．如黑色，不佩戴抢眼的饰品。衣着不在于是否高级，而要搭配得当，最关键的是要根据场合和身份选择服饰，不能在隆重的场合穿着过于随便，一般的场合穿着又过于正式。

举止风度体现一个人所受的教育、一个民族的文明，所以在对外交往中要举止大方，彬彬有礼，风度潇洒。俗话说"站有站相、坐有坐相"，应再加一句"走有走像"。站立时全身要站直，不要随处靠；坐时，上身要坐直，不能跷二郎腿，不要晃腿，不要缩着身子。女士就座时要把裙子拽平，两腿并拢，穿长裙时，应把腿部全部盖住。男士就座时，腿可以稍稍叉开一点，两个脚不要往前平伸。走路脚步要轻，遇有急事可以加快脚步，但不要慌张，不要勾肩搭背。人多时不要排成一行，影响其他人行走。

（二）见面、问候

见面礼节很多，有握手礼、吻手礼、拥抱礼、鞠躬礼、碰鼻尖礼、屈膝礼、双手合十礼、跪拜礼等。要根据对象和场合，使用不同的礼节。

现在最普遍使用的是握手礼。初次见面握手时，用力需适度，不能太用力，但也不能软绵无力，令人感觉不够真诚。男子与初识的女士握手，轻轻握一下即可；老朋友见面，紧紧握手是关系密切深厚的表示。年轻人对年长者，身份低的对身份高的，为表示尊敬，握手时身体可微微前倾。握手有先后顺序，主人和客人，年长者和年轻人，身份高的和身份低的，女士和男士见面时，应是后者先问候，等到对方伸出手时，再去握手。见到领导同志，工作人员不要一拥而上，可以先问候，等到领导伸出手来，再去握手。别人握手时，注意不要越过别人握手，等他们握完后，再伸手去握。握手时双目要注视对方，不要看着他处或和其他人说话，否则对别人很不尊重。握手时应先脱下手套，摘掉帽子；女士戴的装饰性的薄纱手套可以不脱。如果是一天多次见面的熟人，相互点头致意即可。对于一面之交或者是不相识的，交际场合也可以仅点头微笑致意，而不一定要去握手。

其他的见面礼，比如双手合十礼，一般用于东南亚信奉佛教的国家。双手合十的姿势是有讲究的，年轻的、身份低的向年长的、身份高的致意时，双手合十要置于颌和胸之间，头要低一些。年长者、身份高的人还礼时，双手合十可不高于胸前。

日本人见面、告别时行鞠躬礼。鞠躬礼在见面时要求为30°，称问候礼；告别时为45°，称告别礼。别人鞠躬时，我们不应站着不动，而应鞠躬还礼，约15°。

在欧洲，熟人、老朋友见面会拥抱、贴脸。拥抱时，右手搭在对方肩上、左手扶在其腰间；贴脸时为先右边，后左边，再右边，共三下。有时为表示加重感情，双手还要拍拍对方的背。通常，长辈亲吻晚辈的额头；晚辈亲吻长辈的面颊；同辈之间贴脸。男子对尊贵的妇女行吻手礼，其动作是：女士手背朝上，男士将手背托起，亲吻手背，以示尊敬。

在君主制国家，百姓见了王室成员行跪拜礼。在泰国只要有王室成员在场，其他人员都必须匍匐在王室成员的脚边。我们驻外人员参加泰王室活动时，不必行跪拜礼，而以鞠躬礼取代。总之见面礼节多种多样，要根据各国具体情况，做到恰如其分，恰到好处。

人与人交往，彼此介绍时应注重礼节。要把年轻的、身份低的、主人、男士介绍给年长的、身份高的、客人、女士。除了长者和妇女外，一般人在被介绍时，要起立，同对方握握手。如果对方递名片时，要用双手接，并表示感谢，同时递上自己的名片。如果没带名片，要解释原因，表示歉意，而不能把别人的名片往口袋里一揣就完事。餐桌上大家互相介绍，可不必起立。如果距离较远可以不握手，点头致意即可。

（三）称呼问题

各国语言不同，文化生活有差异，社会制度不同，在称呼方面差别很大，如果用错了，会令别人不高兴，引起误会。

对外场合一般称国家领导人、部长、大使、将军等官员为阁下，称其他男士为先生。但有些国家，如美国，即使对总统也只称总统先生，不称总统阁下。对已婚女子，一般称某某夫人、某某太太；未婚女子，即使单身的老太太也要称小姐；对不知是否结婚的女子称女士，有些职业妇女不管是否结婚也喜欢被称为女士。称呼有学位、军衔、有技术职称的人，尤其德国、芬兰人，要加头衔或职称，如某某上校、某某工程师。曾获得博士学位的人，要称其为"某某博士"。外国人一般不用行政职务来称呼人，比如某某局长、某某经理。

在君主制国家习惯上称国王、王后为陛下，称王子、亲王、公主为殿下。对有爵位的人可称其爵位，如公、侯、伯、子、男。在泰国称佛教领袖、僧王为座下。对于一些社会主义国家，比如古巴、越南、朝鲜、老挝，我们一般称同志。

第三节 主要国家的礼仪习俗

一、美国的礼仪习俗

（一）美国人的特点

性格外露、坦率、真挚、热情、自信，办事比较干脆利落。善于长谈，谈锋甚健，并不断地发表自己的见解，注重实际，追求物质上的实际利益。通常，美国人的性格特点如下。

第一，随和友善，容易接近。

第二，热情开朗，不拘小节。

第三，城府不深，喜欢幽默。

第四，自尊心强，好胜心重。

（二）美国人用餐的戒条

通常，美国人用餐的戒条主要包括以下内容。

（1）不允许进餐时发出声响。

（2）不允许替他人取菜。

（3）不允许吸烟。

（4）不允许向别人劝酒。

（5）不允许当众脱衣解带。

（6）不允许议论令人作呕之事。

（三）美国人的着装礼仪

总体而言，美国人平时的穿着打扮不太讲究。崇尚自然，偏爱宽松，讲究着装体现个性，是美国人穿着打扮的基本特征。

（1）美国人非常注重服装的整洁。

（2）拜访美国人时，进了门一定要脱下帽子和外套，美国人认为这是一种礼貌。

（3）美国人十分重视着装细节。

（4）在美国，女性最好不要穿黑色皮裙。

（5）在美国，一位女士要是随随便便地在男士面前脱下自己的鞋子，或者撩动自己裙子的下摆，往往会令人产生成心引诱对方之感。

（6）穿睡衣、拖鞋会客，或是以这身打扮外出，都会被美国人视为失礼。

（7）美国人认为，出入公共场合时化艳妆，或是在大庭广众之前当众化妆补妆，不但会被人视为缺乏教养，而且还有可能令人感到"身份可疑"。

（8）在室内依旧戴着墨镜不摘的人，往往会被美国人视作"见不得阳光的人"。

（四）美国人送礼

美国人送东西要送单数，且讲究包装，他们认为蜗牛和马蹄铁是吉祥物。

二、法国的礼仪习俗

（一）法国人的送礼礼仪

通常，法国人的送礼礼仪如下。

（1）送花的时候不要送菊花、杜鹃花及黄色的花。

（2）不要送带有仙鹤图案的礼物，仙鹤是蠢汉的标志。

（3）不要送核桃，因为核桃不吉祥。

（二）法国人待人接物的习俗

通常，法国人待人接物的习俗如下。

（1）爱好社交，善于交际。

（2）诙谐幽默天性浪漫。

（3）渴求自由，纪律较差。

（4）自尊心强，偏爱"国货"。

（5）骑士风度，尊重妇女。

（三）法国人的着装礼仪

通常，法国人的着装礼仪如下。

（1）在正式场合：法国人通常要穿西装、套裙或连衣裙，颜色多为蓝色、灰色或黑色，质地则多为纯毛。

（2）出席庆典仪式时：一般要穿礼服。男士所穿的多为配以蝴蝶结的燕尾服，或是黑色西装套装；女士所穿的则多为连衣裙式的单色大礼服或小礼服。

（3）注重搭配：在选择发型、手袋、帽子、鞋子、手表、眼镜时，都十分强调要使之与自己着装相协调，相一致。

（四）法国就餐的礼节

通常，法国就餐的礼节如下。

（1）吃完抹手抹嘴切忌用餐巾大力擦，注意仪态用餐巾的一角轻轻印去嘴上或手指上的油渍便可。

（2）假如吃多过一道主菜，吃完第一道（通常是海鲜）之后，侍者应会送上一杯雪葩、用果汁或香槟，除了让口腔清爽之外，更有助增进你食下一道菜的食欲。

（3）就算凳子多舒服，坐姿都应该保持正直，不要靠在椅背上面。进食时身体可略向前靠，两臂应紧贴身体，以免撞到隔壁。

（4）吃法国菜同吃西餐一样，用刀叉时记住由最外边的餐具开始，由外到内，不要见到美食就扑上去，这样十分失礼。

三、英国的礼仪习俗

通常，英国的礼仪习俗如下。

（1）英国人崇尚"绅士风度"和"淑女风范"，讲究"女士优先"。

（2）英国人注意仪表，讲究穿着，男士每天都要刮脸，凡外出进行社交活动，都要穿深色的西服，但忌戴条纹的领带；女士则应着西式套裙或连衣裙。

（3）英国人的见面礼是握手礼，戴着帽子的男士在与英国人握手时，最好先摘下帽子再向对方示敬。

（4）奉行"不问他人是非"的信条，也不愿接纳别人进入自己的私人生活领域，把家当成"私人城堡"，不经邀请谁也不能进入，甚至邻里之间也绝少往来。

四、日本的礼仪习俗

通常，日本的礼仪习俗如下。

（1）信仰禁忌：日本人多信仰神道和佛教，也有的信仰基督教等宗教。不喜欢紫色，认为它代表悲哀；最忌讳绿色，认为是不祥之物。喜欢红、黄色，也喜欢红白相间的色彩。忌3人一块合影。

（2）礼仪习俗：日本人见面多以鞠躬为礼。在与日本人交谈时，不要边说边指手画脚，别人讲话时切忌插话打断。日本人给老人祝寿，是选一些有特定意义的年岁。日本人对坐姿很有研究。

（3）饮食特点："日本料理"的特点是以鱼、虾、贝等海鲜为烹调原料，可热吃、冷吃、生吃或熟吃。主食为大米，逢年节和生日喜欢吃红豆饭，喜欢吃酱和酱汤。餐前餐后一杯茶。

案例及案例评析

【案例14-1】她为什么受到冷遇？

张女士是位上午工作者，由于业务成绩出色，随团到中东地区某国考察。抵达目的地后，受到东道主的热情接待，并举行宴会招待。席间，为表示敬意，主人向每位客人一一递上一杯当地特产饮料。轮到张女士接饮料时，一向习惯于"左撇子"的张女士不假思索，便伸出左手去接，主人见情景脸色骤变，不但没有将饮料递到张女士的手中，而且非常生气地将饮料重重地放在餐桌上，并不在理睬张女士，这是为什么？

【评析】

《礼记》云："入境而问禁，入国而问俗，入门二问讳"。作为从事多年商务工作的张女士，理应对中东地区的忌讳习俗有一个基本的了解，但她却忽略了这一点。按伊斯兰教教规习俗，左手是拿不干净东西的，故在人际交往中，忌用左手递接物品。当东道主用右手递送饮料时，张女士应用右手接取，但她仍然按国内养成的习惯用左手去接，这是犯了中东地区不用左手的忌讳，而且是对主人的极大侮辱，难怪东道主满脸怒容，不再理睬她了。

【案例 14-2】到家的服务

一位纽约商人在周五住进曼谷东方饭店，发现饭店把他安排在二楼靠近楼梯的地方，因为基于宗教的原因，他不能在周五乘电梯。曼谷东方饭店员工的服务可谓到家了，连客人的宗教习惯也一清二楚，这位商人往后成了该店常客。

【评析】

信奉基督教国家的人，一般都视"星期五"为不吉利的日子。因为基督教传说耶稣钉死的这一天是星期五。又说星期五是亚当、夏娃违背上帝禁令偷吃了伊甸园禁果，犯了原罪，被赶出天堂的一天，同时也是他们死亡的日子。如果不幸的象征"13"日与不吉利的"星期五"碰巧在同一天时，这一天被称为"黑色星期五"。因此，逢星期五许多人不出门、不接客。许多舰船不出航，新船不下水。

思考题

1. 中餐宴请时应注意哪些风俗禁忌？
2. 西方人用餐六忌包括哪些？
3. 日本人的餐饮礼仪包括哪些内容？
4. 美国人用餐的六大戒条是什么？

实务培训

项目 1：模拟涉外迎送

实训类型：单项训练

实训目的：掌握涉外迎送的礼仪规范。

实训内容：模拟迎送外国贸易代表团（哪国由学生自拟），模拟见面、接站、送行、乘车的具体礼仪。

实训要求：掌握涉外迎送的礼仪规范。

项目2：到外国朋友家做客

实训类型：单项训练

实训目的：掌握涉外拜访的礼仪。

实训内容：模拟到日本、法国、美国等不同国家外国朋友家做客的情况。

实训要求：要求学生掌握语言表达、个人仪容仪表和举止礼仪。

项目3：涉外民俗礼仪模拟训练

实训类型：单项训练

实训目的：熟悉各主要国家的民俗。

实训内容：参考世界主要国家的民情风俗，创设涉外交际场景，进行礼仪趣味表演。

实训要求：要求学生熟悉各主要国家的民俗。

项目4：宗教场所实地考察

实训类型：单项训练

实训目的：掌握世界三大宗教礼俗。

实训内容：考察佛教寺院、基督教教堂、伊斯兰教清真寺。

实训要求：要求学生掌握宗教礼仪。

参考文献

[1] 胡百精. 公共关系学[M]. 北京：中国人民大学出版社，2018.

[2] 胡苗苗，胡柳. 公共关系学[M]. 武汉：武汉大学出版社，2017.

[3] 周安华. 公共关系——理论、实务与技巧[M]. 北京：中国人民大学出版社，2016.

[4] 居延安. 公共关系学[M]. 第5版. 上海：复旦大学出版社，2013.

[5] 张克. 非公共关系学[M]. 北京：高等教育出版社，2014.

[6] 何修猛. 现代公共关系学[M]. 上海：复旦大学出版社，2015.

[7] 张荷英. 现代公共关系学[M]. 第6版. 北京：首都经济贸易大学出版社，2017.

[8] 徐克茹. 商务礼仪标准培训[M]. 第3. 版北京：中国纺织出版社，2015.

[9] 马飞. 现代商务礼仪规范手册[M]. 北京：金城出版社，2013.

[10] 刘民英. 商务礼仪[M]. 上海：复旦大学出版社，2014.

[11] 李嘉珊. 国际商务礼仪[M]. 第2版. 北京：电子工业出版社，2011.

[12] 徐珍. 商务礼仪与沟通技巧[M]. 北京：电子工业出版社，2016.

参考文献

[1]
[2]
[3]
[4]
[5]
[6]
[7]
[8]
[9]
[10]
[11]
[12]